UNDERSTANDING
ENTREPRENEURSHIP
Situation, Thinking and Action

理解创业

情境、思维与行动

张玉利 张敬伟 等编著

图书在版编目（CIP）数据

理解创业：情境、思维与行动 / 张玉利等编著 . -- 北京：机械工业出版社，2021.6
ISBN 978-7-111-68247-9

I. ①理… II. ①张… III. ①企业管理 - 创业 IV. ① F272.2

中国版本图书馆 CIP 数据核字（2021）第 091373 号

  近些年来，全球范围内涌现的创业热潮方兴未艾，创业实践的蓬勃发展也引发了创业研究如火如荼地开展。本书以创业认知学派的基本理论逻辑为指引，采用"创业情境—创业思维—创业行动"的理论框架，希望通过解析创业情境，进而剖析创业思维的独特性以及多样化的创业行动类型，揭示创业行动背后的认知机制与情境诱因，有助于丰富和加深创业学者、教育者与实践者对于创业的理解。

  本书适合高等院校及科研院所不同专业的高年级本科生、研究生研读，也可供创业学者、教育者参考，还可供创业实践者借鉴。

出版发行：机械工业出版社（北京市西城区百万庄大街 22 号　邮政编码：100037）
责任编辑：施琳琳　　　　　　　　　　　　　　责任校对：殷　虹
印　　刷：大厂回族自治县益利印刷有限公司　　版　　次：2021 年 6 月第 1 版第 1 次印刷
开　　本：185mm×260mm　1/16　　　　　　　印　　张：18.25
书　　号：ISBN 978-7-111-68247-9　　　　　　定　　价：59.00 元

客服电话：（010）88361066　88379833　68326294　　投稿热线：（010）88379007
华章网站：www.hzbook.com　　　　　　　　　　　读者信箱：hzjg@hzbook.com

版权所有·侵权必究
封底无防伪标均为盗版
本书法律顾问：北京大成律师事务所　韩光 / 邹晓东

基金资助

国家自然科学基金重点项目

网络及不确定环境下创业者的行为认知与决策机制研究

（项目编号：71532005）

国家自然科学基金面上项目

"连续变革"视域下的新企业适应：创业者认知视角的理论与实证研究

（项目编号：71672167）

资助成果

参与撰写的作者[一]

张玉利	张敬伟	李华晶	杨　俊	于晓宇	郝喜玲	李雪灵	李志刚
刘依冉	刘　振	罗顺均	吕　峰	潘燕萍	周　翔	戴维奇	杜运周
葛宝山	郭　峰	梁　强	宋正刚	田　莉	邬爱其	项国鹏	杨学儒
尹苗苗	尤树洋	张慧玉	朱秀梅	邹　波	靳秀娟	杜　鑫	郭津毓
刘丽娟	涂玉琦	王　青	张晓宏	赵丽仪	常晓兰	杜雪晴	侯瑜静
李金霞	李琪琪	马金月	毛彦丽	田志凯	王静怡		

[一] 排序说明：教师作者按照作品数量和类型进行排序，相同数量和类型下按照姓氏拼音首字母排序；学生作者按照参与的作品数量、学历类型进行排序，相同数量和学历下按照姓氏拼音首字母排序。

序　言

　　进入 21 世纪以来，企业经营环境的不确定性、动态性更趋显著。2001 年 "9·11" 事件、2008 年金融危机、2016 年美国总统特朗普上台以来奉行 "美国优先" 的单边主义行动、2018 年美国发起贸易战，再到 2019 年年末 2020 年年初的新冠肺炎疫情（简称 "新冠疫情"），让我们看到多样化的 "黑天鹅" 和 "灰犀牛" 在冲击着企业原本就日趋严苛的经营环境。企业的可持续发展面临着严峻的挑战，以至于悲观主义者怀疑世界末日是否即将到来。

　　在这样一个动荡的、不确定的甚至有些混沌的世界，一方面，我们看到 "9·11" 事件后航空业的大萧条、2008 年经济危机中百年老店的破产、中美贸易战中中兴被卡脖子后的瞬间崩溃，以及新冠疫情肆虐给全球经济社会带来的极大震荡和破坏——能活下来可能是很多企业 2020 年唯一的希望；另一方面，我们也注意到，同样是这些年，新兴的公司和行业不断涌现，今日头条、大疆、小米等独角兽在短短数年内就成为新财富的代言人，云计算、区块链、移动互联网、人工智能等新技术在催生越来越多的新行业和新市场。在这个时期涌现的很多新兴企业并未将眼光局限于经济效益，而是在改善全球气候、减少贫困、攻克疾病等人类社会面临的大挑战（grand challenges）方面积极作为。例如，伴随着中国互联网发展而兴起的阿里巴巴、腾讯、京东等很多企业在这次疫情中的表现令人印象深刻。

　　英国作家查尔斯·狄更斯（Charles Dickens）曾经借《双城记》发表感慨：这是一个最好的时代，也是一个最坏的时代。但或许，世界运行的本来面目就是如此：有好，有坏；有不好，也有不坏。简单的好坏二分反而让我们难以看清世界的真实样貌。其实，无论是在当下的时代，还是在悠久的人类历史长河中，富有企业家精神的创业者永远不会为时代是好是坏的问题而困扰。他们是富有创造力的问题解决者，是具有探索精神的开荒者，是新机会的利用者、开创者，是旧规则的破坏者和新规则的塑造者。即使遭遇了最坏的状况，创业者也往往不会束手无策，怨天尤人，而是会发挥主动性、积极性和创造性，把坏变得不那么坏，把坏变成好，让好充盈到更多的领域，让更多人受益。

所以我们永远不能低估创业者的力量，永远不能忘记企业家精神是任何时代都不会贬值的宝贵财富。创业者可以身处任何阶层、任何组织，创业者与其身份无关，他可以是学生、农民、官员、拾荒者、教授、修理工、服务员，也与年龄、性别没有必然联系，新生代创业者好多不过20岁出头，但也有不少创业者老骥伏枥、志在千里，例如，任正非创办华为时已经44岁，布鲁斯·亨德森（Bruce Henderson）创办波士顿咨询公司（BCG）时已经48岁。从某种意义上讲，创业是初心、是改变、是责任。

不过，如果我们把创业者看作一个独特的群体，去解析他们有什么样的特质，从创业者是天生的这一角度去寻找创业者，那么我们就走错了路。20世纪60～80年代，哈佛大学创业史研究中心历经20年的研究去识别成功创业者的共性特质，结果成效甚微。1988年，威廉·加特纳（William B. Gartner）提出，谁是创业者是个错误的问题；同年，默里·洛（Murray B. Low）和伊恩·麦克米兰（Ian C. MacMillan）对创业文献的系统性评述，指引了创业研究发展的新方向。这些研究扭转了创业学界的认识，学者开始从连续性过程角度揭示创业活动的行为规律和特征，创业活动和过程研究成为创业研究关注的焦点。而到了90年代，罗伯特·巴隆（Robert A. Baron）和洛厄尔·布森尼兹（Lowell Busenitz）等代表性学者认识到，如果说创业者与非创业者有什么不同，那么差异可能不体现在特质方面，而在于思维和决策方式的差异；创业者的启发式决策、认知偏差与情感融入，恰恰为创业者带来了把握机会的时机、速度以及决策的效率和效果。学者进一步指出，这些思维方式的差异，源自创业者与非创业者面临的决策情境的差异：相比非创业者，创业者往往在高度不确定性、新颖性、复杂性以及高时间压力下做出决策，这些情境特征使创业者难以采取理性决策思路，而是代之以启发式、过度自信等有认知偏差的方式进行决策。这些研究启发了创业学者，并逐渐发展成一个新兴的研究流派——创业认知学派。创业认知学派构建了"创业情境—创业认知—创业行为"的理论框架，从创业情境出发，探究创业行为的情境诱因和认知解释机制，从而将创业研究推向深入。

那么，我们该如何刻画创业情境，如何透视创业思维，进而去理解创业行动呢？2019年新年伊始，张玉利教授开创NET2019公众号，组织创业领域的专家、学者针对上述问题展开讨论，并以公众号文章的形式予以发布。这些原创文章建立在广泛而扎实的创业研究的基础上，以通俗易懂的语言，从不同角度阐释了学者对于创业的理解。虽然创业是工商管理领域新兴的、相对小众的学科，但这些文章自发布以来，还是得到了广大读者的阅读、点赞、转发和评论，许多文章被"南开管理评论""管理学季刊"等10余家重要公众号转载，累计阅读量高达 30 余万，产生了广泛的社会影响。为了将这些文章和观点系统化地组织在一起，便于读者对"创业情境—创业思维—创业行动"的逻辑建立完整的认知，我们精心挑选了相关的文章，进行了梳理和编辑，形成了"创业情境""创业思维""创业行动"三篇，与读者朋友一起交流和学习创业。

第一篇以对创业情境的解读为主题，共计 3 章 8 篇文章，首发于 NET2019 公众号"观点思想"专栏。本篇的文章由张玉利教授拟定选题，组织了多名青年创业学者分享他们对于创业情境的理解。创业情境是创业思维的起点，引发创业者独特的思考方式。本篇关注的主要内容包括：如何理解创业情境、创业情境有哪些具体体现、如何理解不确定性及其影响、创业情境与创业理论存在怎样的关系等。正如著名组织学者卡尔·维克（Karl Weick）所言，理论是情境依赖、现象驱动的。创业情境既是理解创业的一个基本维度，也是开发创业理论的一个关键要素。因此，对创业情境的探讨，其重要性毋庸置疑。

第二篇重点解析创业者的思维方式到底有何不同，共计 4 章 17 篇文章，首发于 NET2019 公众号"观点思想"专栏。本篇的文章主要由张玉利教授撰写，从不同角度剖析了创业者独特的思维方式、推理方式和决策方式，其中有关分类思维、扬己之长、超越自我等创业思维方式以及对创业思维的概括性提炼，是张玉利教授对创业、创业思维乃至创业教育等诸多重要议题深入思考的结果。此外，本篇也包括对效果推理、直觉决策、反事实思维等知名创业认知理论的延伸讨论和新的解读，以期引发读者新的思考。

第三篇以常见的创业行动类型为解析对象，阐述不同类型创业的缘起、内涵、案例以及给创业领域带来的新启发，共计 6 章 20 篇文章和 14 篇短论，首发于 NET2019 公众号"创业类型解析"专题。我们组织了全国 20 所知名高校的 42 位创业学者和研究生，针对生存型创业、非正规创业、非常规创业、用户创业、数字创业、绿色创业、社会创业、制度创业、公司创业、家族创业、学术创业、裂变创业、女性创业、学生创业、国际创业、农村创业、战略创业和假设驱动型创业等 18 种创业行动类型展开解析，有助于读者从多维度审视创业行为的多样性、异质性及研究价值，进一步深化对于创业的理解。

最后，"尾声"部分收录了 8 篇文章，主要是张玉利教授结合近期的实地调研、学术报告以及研究思考，针对创业实践、创业研究和创业教育的最新趋势做出的判断与解读。结合前面三篇关于"创业情境—创业思维—创业行动"框架的主题内容，"尾声"部分的文章希望引发读者对于上述议题的新思考，从而更好地启发创业实践、创业研究和创业教育的开展。

相较于工商管理学科其他子领域的书籍，创业领域的书籍并不算十分丰富，与热闹的创业实践热潮不相匹配。现有创业书籍可大致分为如下几类：一是教材，如机械工业出版社出版的多部有影响力的教材，包括《创业管理》（已更新到第 5 版，张玉利等编著）、《创业管理（行动版）》（张玉利、杨俊主编）、《如何教创业》（内克等著，薛红志等译）等，主要面向本科生、研究生，帮助学生理解和掌握创业的基本理论；二是理论著作，既包括创业学者针对特定选题的系统性研究取得的成果，也包括像《创业研究经典文献述评》（张玉利等主编）这类系统性文献评述类著作，可以为创业学者、研究生提供理论和研究指导；三是创业实践者撰写的著作，如《精益创业》（莱斯著）、《创业的 36 条军规》（孙陶然著）等，通过总结成功创业经验，帮助读者理解复杂的创业实践。显然，前面两类出版物理论性强、实践性弱，而第三类则反之。那么，如何做到既基于科学的创业研究和经典文献，又能以轻松的文字将理论与创业实践结合起来，丰富和发展创业学者、教育者与实践者对于创业的认知呢？

这正是本书努力的方向。本书具有如下几个特点：第一，内容体系新颖。创业认知是创业研究领域新兴的流派，提出理解创业需要深入认识创业情境、洞悉创业思维，才有可能对创业行动为何如此开展有更深刻的理解。虽然"创业情境—创业思维—创业行动"的理论框架得到广泛的认可，但围绕这一完整框架对创业进行系统化解读的专著尚未出现，本书力图填补这一空白。第二，蕴含集体智慧。本书是国内创业学者广泛参与、合作共创而取得的成果。这些作者长期聚焦于创业研究，具有扎实的理论基础，也通过广泛调研把握创业实践的脉搏，因此，本书是国内创业学者思想的一次精彩呈现。第三，已获先行验证。本书的文章在聚焦创新创业的协同促进网络平台——NET2019 公众号上通过专题形式刊发，获得了较为广泛的读者基础，本书及时对这些公众号文章按照"创业情境—创业思维—创业行动"的理论框架进行整理、编辑和完善，既保证了时效性，又能够提升其完整性、系统性，从而显著提升了附加值。第四，可读性强。为满足观点严谨性以及公众号文章生动易读的要求，本书的文章均进行过细致的修改和编辑，力图将创业理论与实际相结合，用通俗易懂的文字呈现原创思想和观点，以满足不同类别和层次读者的需求。

本书适合创业学者、创业教育者和创业者阅读。本书可以作为创业学者、研究生的阅读材料、教辅材料和研究文献指引，从而服务于创业学者、学生和教育者，也可以供创业者参考，通过理解创业情境的性质，借鉴理论研究提供的创业思考方法和行动方法（以及相关案例），创业者也能够从中获得相应的启发。

张玉利　张敬伟
2021 年 3 月于南开园

目　录

序　言

第一篇　创业情境

第 1 章　认识创业情境 /2

　　创业情境随想
　　○张玉利 / 南开大学　/3

　　我所感知的创业情境
　　○于晓宇 / 上海大学　/6

第 2 章　创业情境的核心维度：不确定性 /8

　　我对不确定性的理解
　　○吕峰 / 南开大学　/9

　　不确定性选择创业者？
　　○杨俊 / 浙江大学　/13

再谈创业情境的风险和不确定性问题
◎杨俊 / 浙江大学　/ 16

创业的不确定性情境：时空观与金字塔四季歌
◎李华晶 / 北京林业大学　/ 20

第3章　创业情境与创业理论开发　/ 28

创业情境与创业理论：只缘身在此山中
◎李雪灵 / 吉林大学　/ 29

创业理论：因情境而生
◎张敬伟 / 燕山大学　/ 33

第二篇　创业思维

第4章　理解创业和创业者　/ 38

创业是一种机制
◎张玉利 / 南开大学　/ 39

创业者因何独特
◎张玉利 / 南开大学　/ 41

创业者是将假设变为现实的人
◎张玉利 / 南开大学　/ 45

创业者脱离不了普通人的本性但能超越普通人的行为
◎张玉利 / 南开大学　/ 48

创业者中的"扩疆者"与"开荒者"
◎张玉利 / 南开大学　/ 52

第5章　创业者如何思考　/ 56

对标与超越
◎张玉利 / 南开大学　/ 57

错位经营与扬己之长
◎张玉利 / 南开大学　/ 60

心智模式：分等与分类
○张玉利 / 南开大学　/ 63

分析与直觉判断
○张玉利 / 南开大学　/ 66

愿景驱动：创业者的远见该有多远
○张玉利 / 南开大学　/ 71

失败后如何反思：创业者的反事实思维
○郝喜玲 涂玉琦 / 安徽财经大学　/ 74

第 6 章　创业者如何看待机会与变化　/ 79

如何理解机会
○张玉利 / 南开大学　/ 80

机会识别过程分解：B-OICTMP
○张玉利 / 南开大学　/ 86

例外：机会还是威胁
○张玉利 / 南开大学　/ 90

计划与变化
○张玉利 / 南开大学　/ 93

第 7 章　创业思维再思考　/ 97

创业思维的两面性
○张玉利 / 南开大学　　○刘依冉 / 天津大学　/ 98

创业思维是管理思维与创造思维的平衡
○张玉利 / 南开大学　/ 102

第三篇　创业行动

第 8 章　认识多样化的创业行动　/ 106

百花齐放的创业类型研究
○张敬伟 / 燕山大学　/ 107

从创业类型解析"创业"万花筒
○张敬伟 / 燕山大学 / 112

第 9 章　我们身边悄然发生的创业行动　/ 119

生存型创业：在平凡生意中创造不凡
○张玉利 / 南开大学　张敬伟 / 燕山大学 / 120

非正规创业：不合法但合理的机会寻求
○张敬伟 刘丽娟 / 燕山大学 / 125

❖ 短论　容忍非正规创业的"混乱"和"叛逆"
　于晓宇 / 上海大学 / 129

制度创业：形塑规则中的利益寻求
○张敬伟 靳秀娟 / 燕山大学 / 131

❖ 短论 1　制度创业过程：多重制度逻辑的组合及其演化
　杜运周 / 东南大学　尤树洋 / 东北财经大学 / 137

❖ 短论 2　微观层面的制度创业理解
　项国鹏 / 浙江工商大学 / 137

第 10 章　新时代蓬勃兴起的创业行动　/ 139

数字创业：数字技术赋能新价值创造
○张敬伟 靳秀娟 / 燕山大学 / 140

❖ 短论　数字创业：数字经济发展的引擎
　朱秀梅 / 吉林大学 / 145

社会创业：从双重身份到价值融合
○刘振 / 山东大学 / 147

绿色创业：从生态系统到人工智能颜色
○李华晶 / 北京林业大学 / 152

❖ 短论　绿色创业的"名"与"实"
　张慧玉 / 浙江大学 / 157

非常规创业：不走寻常路的别样风采
○张敬伟 李金霞 / 燕山大学 / 159

用户创业："反客为主"的创富之旅
○张敬伟 靳秀娟 / 燕山大学 / 166

❖ 短论　不满意？"你"也可以创业
　尹苗苗 / 吉林大学 / 171

第 11 章　谁在创业？各类创业主体百舸争流 /173

公司创业：基业长青的战略路径
○罗顺均 周翔 / 广州大学 /174
* 短论　公司社会创业：紧跟时代要求的现代组织战略
　葛宝山 赵丽仪 / 吉林大学 /179

家族创业：家族烙印下的企业家精神
○张敬伟 李琪琪 / 燕山大学 /181
* 短论　创业型家族企业：家族创业过程中的战略平衡
　梁强 / 汕头大学 /186

学术创业：护育知识之花以求硕果
○张敬伟 张晓宏 王静怡 / 燕山大学 /189
* 短论　身份悖论与身份认同视角下的学术创业研究
　邹波 / 哈尔滨工业大学　郭峰 / 天津大学　郭津毓 / 哈尔滨工业大学 /194

裂变创业：蒲公英式的新组织衍生
○李志刚 杜鑫 / 中国海洋大学 /198
* 短论　对裂变式创业的思考
　田莉 / 南开大学 /203

女性创业："她"视角的企业家精神
○潘燕萍 王青 / 深圳大学 /205

学生创业：青春创富的逐梦之旅
○张敬伟 杜雪晴 马金月 / 燕山大学 /212

第 12 章　在哪里创业？透视不同地域中的创业 /219

国际创业：跨越国界的新价值创造
○张敬伟 田志凯 / 燕山大学 /220
* 短论　国际创业：一个有待更多关注的创业研究领域
　邬爱其 / 浙江大学 /226

农村创业：聚焦"三农"的致富经
○张敬伟 常晓兰 / 燕山大学 /229
* 短论　农村创业与可持续发展
　杨学儒 / 华南农业大学 /234

第 13 章　如何创业？浅析创业行动方法论 /237

战略创业：融合战略思维与创业思维
◦张敬伟 侯瑜静 / 燕山大学　/238
❖ 短论　战略创业与持续竞争优势
　　戴维奇 / 浙江财经大学　/243

假设驱动型创业：用精益思想开展创业
◦张敬伟 毛彦丽 / 燕山大学　/245
❖ 短论　假设驱动型创业对大学双创人才培养的启示
　　宋正刚 / 天津中医药大学　/251

尾声　创业实践、研究与创业教育 /253

创业新起点和方向
◦张玉利 / 南开大学　/254

让赚钱的路径和手段引领社会发展
◦张玉利 / 南开大学　/257

创业成长管理：应对成长中的复杂性
◦张玉利 / 南开大学　/260

能否像创业者寻找创业机会那样识别学术研究机会
◦张玉利 / 南开大学　/263

创业教育的"ASK-DO"学习模式
◦张玉利 / 南开大学　/266

问题导向：重要但难以培养的技能
◦张玉利 / 南开大学　/270

创业基础应该包含哪些内容
◦张玉利 / 南开大学　/272

突出企业家精神，深化创业教育
◦张玉利 / 南开大学　/275

致谢　/278

第一篇

创业情境

第1章

认识创业情境

时势造英雄，
英雄也造时势。
从情境中审视创业者，
将创业情境与创业者组合起来看创业，
既必要也重要。
那么，创业情境该如何描述和刻画？
创业情境如何影响创业者？
创业情境如何影响创业理论研究？
本章将对此做出探讨。

创业情境随想

◎张玉利 / 南开大学

关于创业情境，我想到的和积累的一些零散的点如下所述。

新冠疫情暴发时，很多人举了马云和刘强东在"非典"时期的例子。马云在2003年"非典"期间推动了C2C网站——淘宝的诞生；京东因"非典"而不得不通过线上做生意救活了公司，"非典"过去之后，刘强东关闭实体店，彻底转型做电子商务。这些都是因为疫情催生了新的产业，之后又对传统产业产生颠覆性冲击的例子。很多办法是人们试出来的，不只是想出来的，这样的机会更像是被创造出来的，不具有普遍性。多数创业者还是要立足于自身。

当然，"2003年'非典'成就了电商行业"真假不知，但如果成为励志的故事，一定害人。

我们都说"被逼上梁山"，上梁山真是被逼的！如果不是被逼无奈，谁会上梁山为寇呢？被逼本身就是情境。之所以改革开放初期涌现出了一批胆大、敢于冒险的创业者，那是被逼的，这样的故事天天都有。但反过来说，被逼落草的多数只是小土匪，能成为张作霖的太少了；梁山出了108个好汉，算是英雄密度高的地方了，所以梁山出名。这是创业者和情境互动的、难以解开的结，也是创业难讲清楚的结。时势造英雄，英雄也造时势，创业领域这么说。

百森商学院（Babson College）的创业教育全球第一，成绩不凡。百森商学院旗帜鲜明地宣称，哈佛、沃顿、斯坦福这些学校最多教学生怎么应对风险（risk），我们有本事教学生应对不确定性（uncertainty）！创业在于利用不确定性，为何要应对不确定性？风险和不确定性如何识别，能不能举出一些通俗易懂的例子？弗兰克·奈特（Frank Knight）教授在1921年的著作里面又是怎么讲的？

应对不确定性，创业者真的更厉害吗？

"读者"公众号发表了一篇文章，题目是《一场疫情，让我明白了普通人生活的6个扎心真相！》哪6个真相？分享如下。

在不确定的世界里，做好确定的自己。以前，变化只是生活的一部分。而现在，变化就是生活本身。面对不确定的世界，稳住心态，做好确定的自己，才能找到下一个风口浪潮。

安逸中，别忘提前蓄势。我们要在安逸中提前蓄势，才能在寒冬里等到春天。

平淡，才是生活的真相。人生的过程，5%是快乐，5%是痛苦，90%是平淡。从90%的平淡中，试着将生活向快乐那头靠拢（这个5%有点意思）。

家人，是我们最有力的支撑。所谓至亲，就是为彼此抵挡灾难袭击的人。死生契阔之间，家人在旁，是支撑我们走下去的力量。

亲友，是彼此支持的人。最好有一两个交心知己，说不定什么时候，他们就成了你的救命稻草。孤独并不可耻，活成孤岛却有些可怕。

守望互助，才是我们的本性。当危险降临时，任何个体都是脆弱的。

我一直在思考一个问题：创业者真的和普通人不一样吗？比普通人高明吗？

我认为，创业者至少是一群不甘寂寞、寻求改变的人。研究创业者特质没有出路，反过来可以看情境，也许透析情境比辨别创业者容易一些，或者我们需要把创业者和情境组合起来分析，就如同研究创业者和机会的匹配一样。我将近期的一些思考总结为图1-1，这也可以说是指引本书文章体系的一个概念框架。

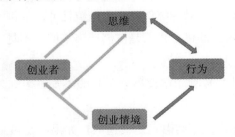

图1-1 创业情境、创业者、思维与行为的关系

众所周知，冯仑是一位乐观、进取、积极学习的企业家。他也关注未知，未知当然就是不确定性，但这个未知是相对的，他说："你的未知，和全人类的未知，是不一样的。"从理论上讲，只要不是全人类的未知，就不是真正的或完全的未知，只是你我个人的未知。进一步说，个人的未知是不知道的不知道（unknown unknown），或是不想知道的不知道，只要接触，只要学习，也就知道了，知道了也就不神秘了；如果努力，或许还能成为专家，原来属于不确定的事情也就变得可控了。

人们经常说，创业就是走上了不能回头的路，那又是什么样的路呢？

创业者更加擅长应对不确定性,但这并不意味着创业者喜欢不确定性。创业者应对不确定性的能力是在不确定性的情境中锻炼出来的,不得已的成分更大。本篇后面的 7 篇文章由多位长期从事创业研究和教学的青年学者撰写,他们分享对创业情境、不确定性等问题的理解,希望引发读者对这些重要问题的思考和研究探讨。

我所感知的创业情境

◎ 于晓宇 / 上海大学

我对于创业情境的看法可以总结为三句话：第一，创业者的认知和创业情境共同塑造了决策或行为的结果；第二，创业者必须深刻理解创业情境，创业情境既是约束，也有价值；第三，尽管创业情境框定了创业者认知的边界，但今天的创业者仍然能够在微观视域中有所作为。

我主要聚焦于与创业失败相关的研究，因此结合我与合作者的研究和我自己的观察，从创业失败的角度谈一谈我对以上三个观点的认识。

和当初史玉柱先生在第一次创业失败之后，选择暂时消失在公众视野不同，现在很多创业者会在创业失败之后，在网络上发帖，分享他们对于这次创业的反省。我先请各位读者猜猜，创业者写这个面向公众（网友）的帖子时，他们会如何反省创业失败？例如，他们是更多地去承担责任，还是推卸责任？他们会向网友表现一个什么样的"人设"？

我们正在做的一项研究是关于创业者在创业失败之后如何向网友陈述他们对这次创业失败的反省。数据分析的初步结果表明，中国创业者在反省创业失败的帖子中更倾向于承担责任，"这是我的错"。反观来自美国、德国的研究，这些国家的创业者更倾向于在帖子中推卸责任。尽管美国、德国的创业者有时也会在反思创业失败时表达自己对创业失败负有责任，但是他们仍会将创业失败的首要责任先推卸出去，只承担一些次要责任。此外，美国、德国的创业者更倾向于"集体承担责任"，例如，他们会使用"这是我们的失误""这是管理层的错"，而中国的创业者更强调"个体承担责任""这是我的失误，和他人无关"。

更有趣的一点是，尽管中国的创业者和美国、德国的创业者表现出不同的"人设"，但数据表明，他们的"人设"基本都得到了所在国家人们的接受和理解。这也表明中国的创业者和美国、德国的创业者对各自国家人们对不同类型"人设"的预期（创业认知）是比较准确的。这些预期（创业认知）和人们对创业者为创业失败"背锅"的要求（创业情境），共同决定了人们是否接受创业者的反省，是否支持创业者未来"东山再起"。

在"创业失败"的这场戏中，创业者为自己设定了"人设"，因为创业情境这个"剧本"有类似的要求，创业者对"人设"的理解（创业认知）和表演技能与"剧本"其他要素，决定了这场戏的精彩程度，以及创业者是否还有表演的机会。

创业情境不仅会影响创业者的认知和决策，还会影响与创业活动相关的其他主体的认知和决策。再说一个我们正在做的一项研究：中国的媒体如何报道创业失败呢？我先请各位读者猜猜，中国的官方媒体强调创业失败是创业者的责任，还是强调外部环境造成创业失败，抑或其他？

一项对美国媒体如何报道创业失败的研究发现，美国媒体会从"失误"或"不幸"来设计报道的基调，这一点不难理解，美国媒体在陈述事实的同时，在一定程度上扮演了"裁判员"的角色：谁应该为创业失败负责。我们的研究初步发现，中国区域官方媒体在报道创业失败时会从"机会"或"风险"来设计报道的基调，强调"创业到底意味着什么，机会还是风险？"。可见，中国区域官方媒体扮演的是"缓冲器"的角色，会依据区域创业的活跃程度来选择性地报道创业失败。例如，如果区域创业活动很活跃，那么区域官方媒体在报道创业失败时，倾向于将创业塑造成一项高风险的活动，进而挤压创业的"泡沫"。如果区域创业活动非常不活跃，那么区域官方媒体在报道创业失败时，则倾向于将创业塑造成一个通向成功的宝贵机会，因为"失败是成功之母"。

这个例子说明，站在创业者的角度，官方媒体的态度就是一个重要的创业情境。但站在官方媒体的角度，它们的认知和立场也会受到更加宏观的情境的影响。创业者必须深刻理解情境，尽管这并不容易。

最后，我再分享一项我和合作者正在做的研究。我们发现经历创业失败之后，创业者多有"承诺升级"的倾向，会仓促再次创业，并且加大投入，想证明自己没问题，是一个"合格的"创业者。事实上，这并不是一个理性的决策。换言之，"知耻而后勇"是一个非理性的决策。我们利用几十个国家的数据试图发现，在那些污名化失败[⊖]的国家中，创业者在创业失败之后的"承诺升级"效应被削弱了，创业者在创业失败之后表现得更理性。污名化失败的文化是一个非常重要的创业情境。从这个例子中我们可以看出，尽管创业情境常常是一个约束，但有时也有价值。

尽管创业情境像一个"剧本"，框定了创业者的认知边界，但是创业者就像电影《哪吒》中那句经典台词——"不信命，便是哪吒的命"，卓越的创业者会理解"剧本"，但仍然能在微观视域中有所作为。这也是我和许多创业者以及我的学生经常分享的这些年研究创业失败的心得与体会。

本文是国家自然科学基金面上项目（71972126）资助成果。

⊖ 污名化失败是指将创业失败视为一类污名，导致经历失败的创业者有较高的心理负担，由此会对企业家精神培育、连续创业等活动带来一定程度的影响。

第 2 章

创业情境的核心维度：不确定性

不确定性，
一个本身就神秘莫测的术语，
被认为是创业情境的一个核心维度。
那么，什么是不确定性？
如何把握不确定性的本质？
不确定性如何影响创业？
本章将对此做出探讨。

我对不确定性的理解

◎吕峰／南开大学

在热热闹闹地说了几年"互联网＋"后,伴随近两年经济的波动,在讨论经营环境方面,人们说得最多的词应该就是"不确定性"了。尽管有关不确定性的理论仍充满了不确定性,但这丝毫不妨碍不确定性作为一个概念,成了一个垃圾筐,什么都可以往里面放,又或成了理论万金油,可以用来解释一切现象。

1. 从来就没有确定过

自经济学家弗兰克·奈特于1921年首次提出不确定性的概念以来,人类对不确定性的感知从没有像今天这样真切而急迫。纳特·西尔弗(Nate Silver)的《信号与噪声》或许可以给出部分原因:科学技术尤其是当下人类互联互通后的各种技术的迅猛发展。急剧增加的全球人均国民生产总值所隐喻的就是人类发展的列车一直在踩着油门,只是这趟列车似乎没有刹车板(见图2-1)。

其实,不确定性的来源还不仅仅是环境本身的变化,从企业管理层面看,还应该包括企业最高领导者战略意图所拉伸(stretch)出来的不必要的不确定性。例如,如果将企业发展速度控制在一定范围内,很多事情自然是可以确定的,但如果非要跨越式发展、超常规发展或对赌式发展等,那就是人为地制造不确定性。例如,一名跑者如果按照合理的配速,可以顺利地完成马拉松,在整个过程中,大多数事情都是确定的。如果他非要加快速度或打破纪录,那么,整个过程自然就充满风险。

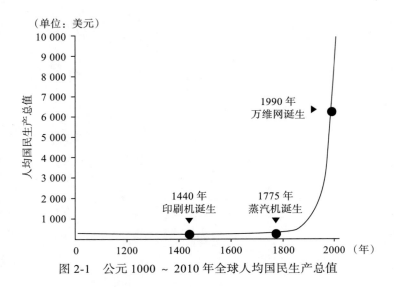

图 2-1　公元 1000 ~ 2010 年全球人均国民生产总值

回到图 2-1，我们似乎可以得出这样的结论：看看吧，在蒸汽机也就是工业革命之前，我们的环境是多么稳定，一切都尽在掌握之中。这种事后诸葛亮的说法显然是在拿今天的控制手段衡量过去的形势，这与今天看着某只股票的走势图说"早就告诉你们买（卖）了"一模一样。

不确定性本身就是主观对客观变化的判断与衡量。要知道相较于当时的形势，当时的手段也是非常有限的。例如，明清时的晋商，已经开始在全国做生意了。那时对下属票号的控制显然不像今天这么即时，财务报表也只能每年看一次，而对于那些掌柜的行为更是无从知晓。按今天的标准来看，那真的就是高度的不确定性。

当局者迷。我们从来就处在不确定性的环境中，这意味着不确定性不应该成为今天讨论经营的条件，它本身就是环境从未改变的底色。

2. 不确定性是无法解决的两难问题

如果按照定义"不确定性来自决策存在两个以上的可能结果时"，那么，不确定性就一定是一个给人类带来无解感的焦虑情景：认识水平提升的目的就是增加更多选择，但这同时意味着增加了不确定性，只是人们以为自己的理性能够找到最优选择而已。

曾经，获得诺贝尔经济学奖的管理学者赫伯特·西蒙（Herbert A. Simon）认识到了人类理性的有限性，才提出所谓的满意决策。可惜，这个认识没有被后学继承下来，今天的人们以为技术更为先进，于是又重燃寻找最优的本性。但有趣的是，偶尔谦虚的人们会冒出这样的想法——"我们是无知的"，尽管这种想法才是刻画人类行为的基本规律。于是，无知的我们根本驾驭不了我们自己创造出的相较于之前没有太多选择的更多选择（但又不包括全部选择）情境。

当人类的视野只局限在内陆的湖泊和河流时，他获得了与之相称的不确定性。当我们终于驶进大海时，越是努力地划桨，就越意味着我们将进入更广阔的海域并面对更强大的风浪。尽管我们的船只更加牢固，我们也拥有了更加精准的导航，但同时，我们也得到了相应的不确定性。

我们试图逃离不确定性，人们也希望过上踏踏实实的日子，但不幸的是，不确定性如影随形。我们根本不可能解决它。

3. 管控在降低不确定性吗

有个词最近频频出现：营商环境。我学习管理学近 30 年，这个词还真的是第一次听说，这意味着传统概念改变了吗？管理学教科书里有"经营环境""竞争环境""市场环境"，那么营商环境是什么意思呢？

这里，我们不妨引用一下百度百科对这个新概念的解释：营商环境包括影响企业活动的社会要素、经济要素、政治要素和法律要素等方面，是一项涉及经济社会改革和对外开放众多领域的系统工程。一个地区营商环境的优劣直接影响着招商引资的多寡，同时也直接影响着区域内的经营企业，最终对经济发展状况、财税收入、社会就业情况等产生重要影响。通过这个"定义"，我们大概能够知道营商环境和经营环境虽然在客观描述上差别不大，但是目的不一样；如果说经营环境还是一种客观存在的话，那么营商环境则是一种被干预后的市场环境；如果说经营环境有看得见的和看不见的手，那么营商环境就是看得见的手希望假装成看不见的手。

实际上，营商环境这个概念翻译自世界银行发布的《2020 营商环境报告》（*Doing Business 2020*），仔细看看这份报告的目录，我们知道它的本意很简单，就是"做生意"。也不知道译为"营商环境"出自何人之手？这里，我不想就翻译的标准"信达雅"去衡量，但成为以讹传讹的源头就不足取了。要知道，行为归纳出概念，概念演绎出行为，如果概念归纳有误，那么演绎出的行为一定会光怪陆离。

宏观层面的管控，其目的总是积极的，希望营造出可以被信赖的，从而降低不确定性的环境来帮助经营顺利展开。但是，《反脆弱》一书不断强调的关键是，这些貌似积极的做法或许会引致未来更大的风险。一个山林，总要通过必要的山火来清理那些易燃的植物从而避免更大的毁灭性火情，而防火的行为其实是在降低整个山林的自然防火性。身体的不适或疾病会让肌体作为一个系统更加健康，头疼医头、脚疼医脚正好相反。但是，各种人为的措施总是出现，作者将它定义为"天真的干预"。

各地的企业振兴政策已经开始比拼了：看看谁能够更好、更实惠地帮扶企业。这时候如果说企业根本不需要特别的帮扶（如果以此为契机，认真检索政策中本来就不适合的条款那是应该的），肯定不招人喜欢，但这一方面会影响本来就应该的深刻反思，另一方面也会影响未来的政策取向甚至会得出"守株待兔"的结果：情况一旦特殊，政策就可以调整，为不确定性注入稳定。"生活秘籍之一：没有波动，就没有稳定"。

最实惠的政策会养育出最依赖和最脆弱的孩子，柏拉图可能会这么说。

4. 拥抱不确定性

现在是时候再一次想想企业的本质与创业的本质了。作为一个组织的企业和作为一种活动的创业，它们只是社会系统的极小单元，它们的目的就是通过"承担风险和做出牺牲"并"遭受失败、轻慢和贫困"来推动"全球经济的增长"。所以，真正的企业家和创业者天生喜欢变化，就好像冲浪者和高山滑雪者，弄潮儿是喜欢变化的，"变化可以起到大清洗的作用""杀不死我的，只会让我更坚强"（尼采）。

不确定性带来的逻辑是：你不需要每次都正确，因为你总是在面对选择。就像户外徒步者，没有路，就意味着每次可能的岔口都是路，只要有一个总的方向就好。这恰是不确定性最迷人的地方，它会让过分的预先准备派不上用场。这样，可以随意地看到一些风景。正像随机出现的才是惊喜，例如邂逅。

接着，企业家和创业者面对不确定性的逻辑就是拥抱它。"风会熄灭蜡烛，却能使火越烧越旺"，风是不能被左右的，那么，如何理解风以及定位自己就决定了自己在风中的命运。

不确定性带来更多选择，同时意味着带来更多的信息，这些信息无论是强化生物体的体质还是提供生物体进化的更多可能性，都应该是有益的，因为它催生出生物体之所以为生物体的根本能量。

企业家和创业者的使命是"驯化、主宰甚至征服那些看不见的、不透明的和难以解释的事物"，这个要求确实有点高。降低一点要求，去拥抱不确定性吧，既然它一直伴随你，就干脆把它当作朋友！

本文是国家社会科学基金项目（19BGL118）资助成果。

不确定性选择创业者？

◎杨俊 / 浙江大学

  如果说不确定性被认为是创业情境的关键维度之一，相信大家都不会反对。简单理解，不确定性就是"一切皆有可能，一切也皆不可能"，换句话说，就是不受你控制还定不了的状态。在生活中，民间智慧也蕴含这个道理，"惊"字后面"连字成词"，大多数可以描述人们觉察不确定性后的心理状态。从结果上看，这些词表示正负面含义的都有，实力相当（比如《汉语成语词典》中以"惊"字打头的成语有：惊风骇浪、惊弓之鸟、惊慌失措、惊惶失措、惊魂未定、惊恐万状、惊世骇俗、惊天动地、惊喜交加、惊心动魄）。

  换句话说，不确定性是一种未定也未可知的客观状态，其结果有可能是坏事也有可能是好事。在经济学家眼里，其看重的是不确定性"向好"的一面，他们认为不确定性通过诱发经济活力来推动经济增长。其中的代表性人物是经济学家弗兰克·奈特。新古典经济学把"市场"想象得太完美：信息充分＋完全理性，价格机制犹如程序般指挥着普罗众生，井然有序，直至实现完全竞争的帕累托最优。在现实中，完全竞争市场并不存在，或者说仅存在近似的"完全竞争"市场，在广阔的时空范围内，超额利润总是确定的存在。在奈特看来，不确定性就成为企业超额利润产生的重要机制。

  借用奈特的话，风险是可度量的不确定性（人们可知其概率分布的不确定性），市场机制可以容忍甚至包容风险：有铤而走险的人，也会有保守稳健的人；不确定性是不可度量的风险（无法知道结果及其可能的概率分布），人们没有办法用已知去推测未来，其决策自然偏离理性，市场因此而失灵。在这时候，如果有人看到了不确定性中蕴含的机会，整合资源来把握和利用这些机会，就有可能获得超额利润，这些人就是奈特眼中的"创业者"。有趣的是，在《风险、不确定性和利润》一书中，奈特理论分析的亮点显然在于区分了风险和不确定性，但其出发点却是在讨论为什么个体户的利润趋向于平均，而企业却总能实现超额利润？如果说罗纳德·科斯（Ronald H. Coase）认为企业因交易费用而产生，那么奈特则认为企业因不确定性而存在。在奈特的理论分析中，"创业者"是少数的高风险偏好者，至少是低风险厌恶者，而大多数人是风险规避者或风险厌恶者，因此，大多数人愿意通过转嫁风险而成为雇员，而少数人愿意承担不确定性就成了企业家。

很多时候，经济学家的一笔带过，成就了管理学家的毕生追求。对于创业者在不确定性诱发超额利润中如何发挥作用，奈特没有讲太多，而这恰恰是创业研究的长期求索，愈久弥坚。讲到这里，"不确定性"这一概念不能继续在创业研究中被泛化了，并非所有的创业者都在利用不确定性创业，套用经济学家的习惯表述：不确定性在选择创业者。换句通俗的话，并非每位创业者都有本事靠不确定性赚取超额利润。这主要是因为以下三点。

第一，不确定性蕴含机会，而且这一机会的价值巨大，堪称超额回报。经济学家不会在乎谁看到基于不确定性的机会，因为必然有人会看到，他们需要做的，就是在其模型中把这一必然性加入，即可展开分析。但在现实中，并非每个人都有这样的能力。试着想一想，身边出现的破坏性创业者，谁在某些方面或某些领域没有过人之处？理性地分析，这一过人之处有天生的成分，但更多来自后天在经验中积累的知识，并通过对这些知识的消化和融合产生敏锐的洞察力。在不确定性中利用机会，仅仅"靠敢"还不够，还要"靠识"。杰弗里·麦克马伦（Jeffery S. McMullen）和迪安·谢泼德（Dean A. Shepherd）教授 2006 年在《美国管理学会评论》（Academy of Management Review，AMR）杂志上发表了《创业行为与不确定性在创业者理论中的角色》一文，这篇论文讲的就是不确定性诱发机会中产生的创业者筛选机制（感兴趣的朋友可以进一步阅读 NET2019 公众号 2019 年 2 月 15 日的文章：《定义机会：在怀疑中坚守的信念》）。因为这一机制是基于"识"判断出正确方向（机会），不确定性才有经济价值；盲目试错或跟风，即便碰着了，偶然成分也很大。

第二，不确定性也会带来损失，这一损失主要来自试错过程中产生的代价，而这一代价产生价值的前提在于通过试错找到了解决之道。有这么一个小故事：假如一个人干成某件事情的概率为 1%，那么他重复干 100 次，把这件事干成的可能性有多大？答案肯定不是 1%，实际上高达 64% 左右。这不是简单的励志故事，数学逻辑想要告诉大家的是，不断重复会产生学习效应。但问题是，资源对谁来说都是有限的，特别是对高不确定性的创业活动而言，这样的事情可能会普遍存在，试错的代价会有多大？因为这一机制，创业者的"识"很重要，它有助于促进学习；创业者的"资源"也很重要，它支撑起你学习活动的厚度。

第三，不确定性向超额利润转化的最大不确定性是时间，以及在时间维度上诱发的竞争。马云说过这么一句话，今天很残酷，明天很残酷，后天很美好，但大多数人倒在了明天晚上。尽管在今天不确定性向超额利润转化的时间已经显著缩短，但竞争却显著加剧，坚持看起来很美好，但在不确定性情境下的创业竞争之中，一将功成万骨枯，坚持远不是胜利的理由。罗里·麦克唐纳（Rory M. McDonald）和凯瑟琳·艾森哈特（Kathleen M. Eisenhardt）教授2019年在《行政科学季刊》（*Administrative Science Quarterly*，ASQ）上发表了《平行游戏：新创企业、新兴市场和有效商业模式设计》一文，描绘了从不确定性被觉察到最终结果揭晓的5年里发生的故事，我阅读完该文得到的最重要的启示是：在不确定性的时间竞争里，一步错满盘皆输。

在现实中，大多数创业者在奈特描述的风险情境下决策和行动，仅有少数创业者在真正的不确定性情境下探险和巡航。不确定性是创业情境的构成元素，但也许存在着层次的划分，这一划分的依据并不一定是不确定性高低，因为风险可以分高低，但不确定性难以区分高低。这或许是尽管很多学者认为效果逻辑（effectuation）理论适用于不确定性情境，但并没有得到充分验证的原因。

从学术研究上看，可能应警惕不确定性在创业情境下的泛化。从实践上看，如果说不确定性意味着超额利润，那么因为不确定性而产生的创业自然就会显著不同于以往，是创新甚至是破坏性创新；在宏观层次上，这样的创业活动发生的概率，其根本取决于人才队伍的质量，但因追求这样的活动而诱发的成本是可以被影响和左右的。

本文是国家自然科学基金重点项目（71732004）资助成果。

参考文献

[1] Knight F H. Risk, Uncertainty, and Profit[M]. Boston: Houghton Mifflin, 1921.
[2] McDonald R M, Eisenhardt K M. Parallel Play: Startups, Nascent Markets, and Effective Business-model Design[J]. Administrative Science Quarterly, 2019, 1-41.

再谈创业情境的风险和不确定性问题

◎杨俊 / 浙江大学

创业情境是个让人着迷又纠结的话题，因为它看似简单但又难以被精准概括。张玉利教授在 NET2019 公众号平台邀请和组织不少学者就这一话题展开讨论。借此机会，我从不确定性角度讨论了一点想法（见上一篇文章《不确定性选择创业者？》），结合课题研究和案例资料中的感受，感觉这一话题还可以接着说，故尝试把零散的想法总结出来，供大家批评指正。

1. 概括创业情境的三个理论视角

情境是理论构建的必要条件，创业研究自然也必须要关注创业情境问题。基于不同的学术流派或不同的问题侧重，不同学者可能对于创业情境的理解存在着差异。概括起来，主要包括以下三个角度。

第一，近期的主流观点来自基于认知和心理学派学者的认识，他们强调塑造创业者的思维和认知特殊性的情境因素，包括高度时间压力和反馈压力、模糊性、紧张等。关于这一流派的观点，在巴隆教授有关创业认知学派的开山之作中，有着丰富的论述。有兴趣的朋友可以阅读他的论文：

Baron R A. Cognitive Mechanisms in Entrepreneurship: Why and When Entrepreneurs Think Differently than Other People[J]. Journal of Business Venturing, 1998, 13（4）: 275-294.

核心观点：创业者表现出不同于普通人的思维和决策过程，但是，对于他们的研究重点不在于归纳和总结创业者与其他人群的差异，因为创业者思维过程差异并非因为创业者独特，而在很大程度上归结为创业者所面临的情境以高度不确定性、新奇性、高度资源约束、高度时间压力等为主要特征。①与普通人相比，创业者在面临困境时更善于利用反事实思维，恰恰是这种思维让创业者更敏锐，更容易看到被别人忽视的机会；②与其他工作相比，创业者在创业前往往深思熟虑，这种深度思考让创业者在创业之初就开始注入情感，创业者的思考、决断和决策因此而更情绪化和感性化；③大多数创业者更容易将成功归结为内因而将失败归结为外因，但成功的创业者不是这样；④创业者计划谬误偏见更加突出，这在很大程度上导致了他们对未来结果的过分自信以及他们可以做得更多更好的行动理念；⑤与普通人相比，创业者具有更强的承诺升级倾向，即该放手时不放手。

第二，基于战略学派的学者强调了创业情境高度资源约束基础上的新资源价值创造，这一观点的影响力很大，甚至在很长时间里主导着有关创业和小企业"行为—绩效"研究的基本前提。与这一观点相类似的还包括组织社会学家提出的"新进入缺陷"（liability of newness）观点，国内李新春教授团队将其翻译为"新创弱性"观点。就这一流派而言，杰恩·巴尼（Jay B. Barney）、雪伦·阿尔瓦雷斯（Sharon Alvarez）和洛厄尔·布森尼兹等学者在有关基于创业的资源基础观的研究中，呈现了清晰的理论脉络。有兴趣的朋友可以阅读相关论文：

Alvarez S A，Busenitz L W. The Entrepreneurship of Resource-based Theory[J]. Journal of Management，2001，27（6）：755-775.

Alvarez S A，Barney J B. Organizing Rent Generation and Appropriation: Toward a Theory of the Entrepreneurial Firm[J]. Journal of Business Venturing，2004，19，（5）：621-635.

核心观点：高度资源约束基础上的新资源价值创造，在很长时间里主导着有关创业和小企业"行为—绩效"研究的基本前提。

第三，基于经济学的学者强调的是风险和不确定性问题，其中奈特的观点最具有系统性，约瑟夫·熊彼特（Joseph Schumpeter）进一步强调了不确定性的价值，在上一篇《不确定性选择创业者？》的讨论中，已经或多或少地梳理了其中的基本观点和认识。但很有趣的是，在21世纪初，就有学者指出创业研究是"熊彼特主义"的遗产，意即没有熊彼特有关企业家创造性破坏的思想论述，创业研究不可能如此风光。从全球范围来看，创业研究在极短的时间里就快速普及，这一证据包括AOM创业分会的会员规模、论坛和论文增长数量，还包括全球商学院开设创业相关课程的速度、规模和范围。想想也是，如果创业研究聚焦于个体户，则吸引不了那么多高智商的学者，更吸引不了多学科学者的共同关注。

核心观点：在奈特看来，风险会产生利润，但不确定性是超额利润的重要来源，企业家/创业者善于利用不确定性来组织资源产出新价值，并从中获取其他人难以企及的超额利润。创业研究的魅力在于探索个体或组织通过突破、创造和破坏来创造新价值过程背后的管理机制。如果创业研究聚焦于个体户，则吸引不了那么多高智商的学者，更吸引不了

2. 测量奈特式不确定性的挑战

事实可能有些尴尬。迄今为止，尽管大多数创业研究论文都会提及不确定性问题，但我们对于创业者如何应对不确定性的策略仍然知之甚少。问题出在哪里？延续上一篇的讨论，这一篇文章进一步提出一个大胆的判断：问题可能出在我们长时间尝试去精准测量不确定性。问题倒不是不确定性可不可以被观测（这一问题很值得研究，社会科学家的重要工作就是在现象观测方面的创造力和贡献），而是我们测量的客观情境本身可能并不是经典意义上的不确定性（特别是奈特和熊彼特思想中的不确定性）。在创业研究领域，基于资源基础观的学者更多地沿袭了经典意义上的不确定性问题，并将其与资源相结合来阐述企业家如何在不确定性约束下塑造资源优势进而获取"创业租金"，产生了一系列极具洞见的理论论文，但并没有引起后续实证研究的足够重视，可能恰恰是因为这些理论论文中界定的"不确定性"很难在现实中被捕捉。有兴趣的朋友可以阅读相关论文：

Alvarez S A, Barney J B. How do Entrepreneurs Organize Firms under Conditions of Uncertainty?[J]. Journal of Management，2005，31(5)：776-793.

核心观点：尽管大多数创业研究论文都会提及不确定性问题，但我们对于创业者如何应对不确定性的策略仍然知之甚少。问题可能出在我们长时间尝试去精准测量不确定性。

3. 风险与不确定性的区分取决于变异事件的性质

什么是不确定性呢？如果将不知晓未来会发生什么定义为不确定性，那么就很容易将不确定性泛化。在德鲁克的经典论述中，"意外之事"是机会的重要来源，但德鲁克先生并没有将意外之事直接替换为不确定性。从一般意义上看，"意外"超越了每个人的认知，是"天命"，既不可知也没有必要知道。如果将这一层次归结为不确定性，那么，在创业过程中的"明天会发生什么"与在生活情境中的"未来和意外哪个会先来"有什么差异呢？对于这一点，我更欣赏巴隆教授的概括，这是高度模糊性。

不确定性很可能是情境依赖的构念，是否属于不确定性取决于环境中"变异事件"的性质。新冠肺炎疫情的全球蔓延，不是不确定性而是风险问题，因为即便是普通人也知道采取隔离等措施防控和视其为流感而放任不管可能会发生什么，尽管难以计算精确的概率。进一步地，新冠肺炎疫情对企业特别是创业企业的影响本质上可能是风险问题，因为我们可以大致判断新冠肺炎疫情对企业价值链的影响及其程度。正因为如此，我们可以通过大样本调研报告来反映预判影响的真实情况，进而采取相应的措施来应对风险，这一应对具有相对清晰的决策依据。也正因为如此，新冠肺炎疫情危机挑战的是企业特别是新创企业的历史，也就是过去你如何经营，你在过去的经营中积累了什么经验，在过往中找寻逻辑并在新情境下嫁接或延伸。尽管风险可以应对，但并不意味着风险带来的结果就可控,一旦应对不当,就可能是灭顶之灾。不经历风雨如何见彩虹,我们一方面强调彩虹之前的努力,另一方面强调在吃一堑长一智中积累的风险管理能力。

核心观点:风险是可计算的不确定性,不确定性是不可计算的风险。

诸如新技术特别是颠覆性技术、破坏性创新等可能带来的是不确定性问题,我们有必要知道,但如果不采取行动(如试验和试错等),我们很难知道这一事件有多少可能性,以及这些可能性会产生多大的影响。不确定性可能会带来损失,但因损失的门槛效应,不至于产生破坏性经济社会成本(在有些情境下,门槛效应可能会人为失效,进而产生破坏性社会成本),相对于成功带来的社会经济价值,不确定性是"善良、可爱的"。这一情境挑战的是企业家面向未来的前瞻性思维能力以及学习、适应和创新能力,这应该是创业研究最能发挥魅力的风水宝地。特别是在当下乃至未来,新兴市场(emerging market)大量涌现,开始成为企业特别是新兴企业角力的主战场,新兴市场可能来自新技术也可能来自新的社会变化(如人口结构变化、消费价值观变化),无论来源为何,新兴市场就是不确定性情境的一种表现形式。从近期研究趋势上看,关于新兴市场情境下创业者和新创企业认知、行为和战略等方面的研究开始大量涌现,假以时日,也许会比测量不确定性并将其嵌入研究模型中的研究产生更大的理论洞见和贡献。

核心观点:不确定性是在技术、产品或市场等情境化维度上的未知可能性(unknown possibility),挑战的是企业家面向未来的前瞻性思维能力以及学习、适应和创新能力。

从管理实践角度看,风险总是存在的,但不确定性不知道何时到来。在时间维度上,如何平衡风险和不确定性问题可能是企业家和组织面临的重要挑战,在演化经济学中,将适应这一挑战的组织能力概括为长期适应力。特别是在不确定性方面,培育长期适应力可能很有必要拓展学习和搜寻的距离与范围,重视"无用之学",增加企业家和组织的知识厚度与广度,有助于面对未来的未知可能性时增加有依据和判断的想象空间。

本文是国家自然科学基金重点项目(71732004)资助成果。

创业的不确定性情境：时空观与金字塔四季歌

◎李华晶 / 北京林业大学

1. 情境：创业的时空体系

情境原义为上下文或编排，在创业研究和实践中，意味着创业主体与外部世界的联结和交互，比背景、环境更突出主体活动，比情景、场景更关注外部系统，同时又因承接着创业的过去和未来，从而更具动态属性。因此，对于情境，我们可以从空间和时间两个维度进行解读。

比如，从空间维度看，情境具有层次（如个体、群体、组织和环境等）、包含要素（如人、财、物和信息等）、充满节点（如层次和要素之间的联结点等）；从时间维度看，情境是创业过程的一环，而创业通常不是有始有终的线性阶段（钟表时间观），更常见于无始无终的循环周期（过程时间观），因此当下的创业情境有可能是前期的结果、后期的开始，更有可能因为循环而处于创业过程的任何时点。

借用王之涣的《登鹳雀楼》来形容情境的时空体系："白日依山尽，黄河入海流。欲穷千里目，更上一层楼。"诗句里有空间感：太阳、高山、黄河、大海、鹳雀楼，更有时间感：太阳升落、河流入海，还有情境主角即时空体系的主体：站在这里、希望登高。

如果把观者王之涣视为创业者，那么这首诗整体而不只是鹳雀楼是他所处的情境，情境嵌入在上下文即高低远近的时空中，而创业者正是情境产生和存在的源头。古人云"不谋万世者，不足谋一时；不谋全局者，不足谋一域"，时空情境因创业者之谋而呈现。

2. 不确定性情境：创业者与时空交错

空间和时间维度交错而出的情境对观者而言具有不确定性。从物理学角度来看，20世纪20年代不确定性原理被提出，提出者即量子物理学家沃纳·卡尔·海森堡（Werner Karl Heisenberg）认为，不确定性是指观测者无法同时知道一个粒子的位置（空间）及其速度（时间），这颠覆了数百年以来基于牛顿经典力学对宏观世界绝对时空的确定性认知。后来，另一位量子物理学家薛定谔提出一个经典思想实验"薛定谔的猫"，一只处于生死叠加态的猫再次挑战传统认知。暂且把物理讨论放在一边，单看这个实验的情境，就会启发创业者重新审视身处世界的时空不确定性。

其实，创业者也挺像实验中身处密室的这只猫，周遭因素的衰变有概率（时间）、制度的设计有机关（空间），但这些都充满不确定性，生与死的状态不是确定性地从二者择一，而是生死叠加，最终结果因观测而显现，但这个结果某种程度上也因观测而坍缩：原本的生死叠加态，因观测而坍缩为非生即死的某一确定状态。

这与创业失败的界定有些相似。不少学者主张创业失败没有客观标准而由主观认定，换言之，创业者到底是成功还是失败，是主观判断的结果，所谓"危"还是"机"，"成"抑或"败"，或许也如同薛定谔的猫一样处于叠加态，结果取决于创业者怎么测，但最为重要的不在于怎么测甚至测不测生死结果，而在于创业者能否在生死不确定性情境的时空中持续成长。无论从哲学家马丁·海德格尔（Martin Heidegger）的"向死而生"，还是《孙子兵法》里的"陷之死地然后生"，我们都能体味出这种生死叠加态的时空观，以及顽强活下去的生命力。就像连续创业者、美团创始人王兴的感受：所谓 TOP，天赋（talent）和机会（opportunity）不可或缺，但一定要有耐心（patience），耐心让创业者在不确定性情境时空中扛得住、熬得起。

再来看另一个在创业领域为人们所熟知的不确定性游戏实验。同样在20世纪20年代左右，奈特进行了关于预测、风险与不确定性的开创性研究，认为不确定性在于创业者追寻的是不可知问题。后来，学者丹尼尔·埃尔斯伯格（Daniel Ellsberg）在1961年设计了反映奈特不确定性的游戏，从中也能体察创业者与时空维度的交错。

游戏规则是：挑出一个红球就算赢。现在你面前有三个瓶子：第一个瓶子里红球和绿球的数量各一半；第二个瓶子里装有球，但你不知道红球有多少个；第三个瓶子你连装着什么都不知道。你会选择哪个瓶子呢？根据奈特的观点，大部分人会选择红绿球各一半的瓶子，而创业者作为在不确定性情境下创业的人，将可能选择第三个瓶子。

在这个游戏实验中，三个瓶子代表不同的问题类型：已知、未知、不可知，反映了预测、风险、不确定性三个概念的差异，尤其第三个瓶子反映了创业的不确定性情境。总之，瓶子和彩球以及瓶子里面的不可知营造了空间感，而时间感则在创业者的行动中显现。当前学术界和实践界都在强调用市场测试代替市场调查，关注迭代循环而非抵达终点，甚至有创业者提出"完成比完美重要"的口号，其背后的相通之处在于通过创业行动激活时间,以此探知不可知的空间,从而在行动中把握创业时机、开拓新事业疆域。

3. 科技创新时代的不确定性:固态变液态

科技创新时代的创业情境,空间面貌新异,时间节奏紧凑,不确定性升级。以 ABCDEF 新技术(人工智能、区块链、云计算、大数据、伦理、5G)和 Q 霸权(量子优越性)为代表的突破,摩尔定律从过去的 18~24 个月到 6 个月再到现在的失效,奇点时刻即将到来的预言,这些给经济社会带来诸多挑战和机遇,也不断刷新着身处不确定性情境中的创业者对时空巨大变革的认知。

最为明显的时空观变化在于,时间维度凸显,时间价值升级。相比较空间维度的固态属性,当下的创业情境更具时间维度主导的液态属性。当代著名社会家与哲学家齐格蒙特·鲍曼(Zygmunt Bauman)一直在追问"我们现在以及未来正在发生的社会本质的转换究竟是什么",提出了"液态现代性"理念。他认为,传统社会人们的观念、行为方式、制度等所有东西都是固态的,就像一块"磐石"被众人坚守,因为只有掌握积累的经验,才能活在现在、面向未来;在现代社会,互联网和全球化汹涌来袭,让原有的固态社会形态正以越来越快的速度式微乃至消失,"磐石"崩解了,构成世界的基底变成了瞬息万变的"流沙"。他用"不确定性""流动""没有安全感""瞬间生活"等词汇来描述当今的世界。

从社会学的反思再转向残酷的战场,在战争中体味时空观的变革。第二次世界大战时期,苏联在与德国的对抗中,用"空间换时间",借助辽阔疆域争取到了宝贵的作战时间。而在当前的信息化战争中,耗费的时间更加精准,作战的时段则是全时性,这些都使得行动的聚合力变得强大,而区域的空间边界和藩篱则日益消弭,更容易实现"时间换空间",传统的空间流程顺序打破,时间变得可折叠(比如行动的实施和准备阶段可以同步展开),从而达到空间体系整体联动的效果。

回到创业的战场,作为创业型管理者代表之一,华为创始人任正非一席话或许能代表创业者对不确定性情境的时空认知,从中还能读出创业生死叠加态的意味。任正非曾在约 10 年前一篇名为《一江春水向东流》的内部文章中写道:"我们伸出头去,看见我们现在是处在一个多变的世界,风暴与骄阳、和煦的春光与万丈深渊并存着。我们无法准确预测未来,仍要大胆拥抱未来。""我们对未来的无知是无法解决的问题。""死亡是会到来的,这是历史规律,我们的责任是应不断延长我们的生命。千古兴亡多少事,一江春水向东流……不回头。"

是啊,科技创新时代的创业不确定性情境也像东流春水,空间与时间充分融汇,若明若暗的创新前途、起起伏伏的创业道路,空间在流动,固态变液态。创业者的新事业可以像山一样在空间上坚实宏伟,但也须像水一样在时间上自由流淌。正如建筑大师贝聿铭的心得:最美的建筑应该"建筑在时间之上"(stands the test of time),时间会给出答案。

4. 创业管理金字塔与四季歌

根据创业不确定性情境的时空体系，结合国内外相关研究和实践，本文基于教研探索，提炼如图 2-2 所示的创业管理金字塔体系：创业管理作为不确定性情境下验证性、创新性、试错性和迭代性的快速行动机制，基于艺术思维和技术行动的联动，以一套情境为出发点，呈现二元导向，整合三类要素，形成与四个季节相通的四段进程，通过运用二十四节气智慧有助于认识和突破诸多创业节点问题，从而促进创业管理体系的优化与演进。

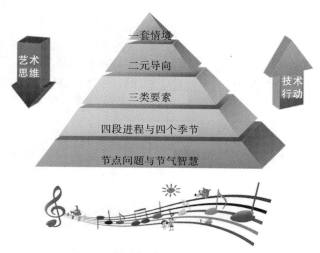

图 2-2　创业管理金字塔与四季歌

音乐是时间的艺术，希望通过四季歌般的四段创业循环进程，让金字塔般的创业管理知识和实践体系能够动起来、有节奏。以下是对以上创业管理金字塔与四季歌图示的简要解析，从创业情境出发，在提炼创业管理研究和教学相关知识点的基础上，以期为创业实践路线提供参考。

一套情境：不确定性。当前技术和社会系统的迅速变革，使得创业管理者的思维和行动不能囿于空间维度，更需要保持对时间维度的高度敏感和观念重塑。钟表时间观将时间视为绝对的、集中的、恒定的、线性的、机械的，过程时间观将时间视为主观的、开放的、相对的、有机的和循环的，创业中的时间不只是提升效率的稀缺要素，更是承载不确定性情境的柔性资源。以 VUCA 为例，打头的 V（volatility，易变性）凸显时间价值，C（complexity，复杂性）侧重反映空间特征，A（ambiguity，模糊性）更像是 U（uncertainty，不确定性）的初级版，U（不确定性）是 VUCA 的凝聚点。

二元导向：因果逻辑（causation）和效果逻辑。在不确定性情境下，创业者如何进行决策和采取行动成为核心问题，常见类型如图 2-3 所示。当然，二者间的差异并不意味着彼此相互对立。在现实决策中，创业者可能根据不确定性情境同时运用这两种决策方式，只是在某个具体的时段其中一种决策方式占主导地位，这就需要创业者具有悖论管理的思想和能力。

三类要素：创业机会、创业资源、创业团队。创业教育之父杰弗里·蒂蒙斯（Jeffry Timmons）提出创业是创业机会、资源和团队三个重要因素相互匹配与平衡的动态过程，模型如图 2-4 所示。但是在此之前，依然要紧扣不确定性情境，如开篇所言，情境因创业者而产生和存在，因此，不可忽视图中"创业者"与其他要素不同的起点地位。三类要素之间的匹配并非自然而然，创业者需要借助商业模式来连接各要素，并在沟通力、领导力和创造力驱动下保持各要素之间的动态平衡。机会、资源、团队还可以用孟子的天时、地利、人和来对比，机会（时间）不如资源（空间），资源不如创业者或团队（人）？荀子的观点更能反映出时空一体化："上不失天时，下不失地利，中得人和，而百事不废。"

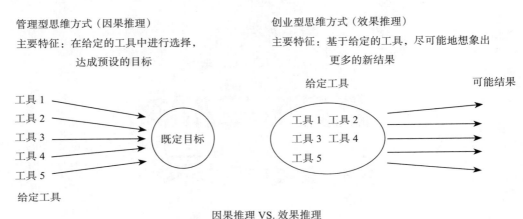

图 2-3　创业的两种逻辑导向

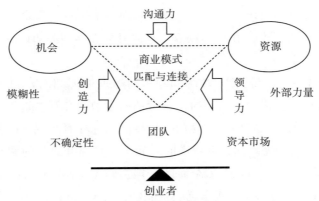

图 2-4　创业的蒂蒙斯模型

四段进程：精益启动、模式创新、价值创造、永续成长。创业过程不是线性的，而是非线性的，表现为一个循环过程，但又不是简单闭合的循环，而是超循环过程（见图 2-5）。超循环理论来自诺贝尔化学奖得主、德国生物学家曼弗雷德·艾根（Manfred Eigen），意味着从简单的化学演化向复杂的生命演化过渡中，必须由自组织等超循环结构实现质的跨越。

图 2-5　创业的四段进程

四段进程就是嵌入在金字塔空间体系的四季歌：起——春季的精益启动，代表了不确定性情境下创业者验证性行动，以"快"为导向；承——夏季的模式创新，代表了不确定性情境下创业者创新性行动，以"好"为导向；转——秋季的价值创造，代表了不确定性情境下创业者试错性行动，以"多"为导向；合——冬季的永续成长，代表了不确定性情境下创业者迭代性行动，以"久"为导向。

节点问题与节气智慧：创业节点与二十四节气。创业管理金字塔体系及其发展历程作为动态网络结构，包括诸多节点，仅仅关注整体网络的体系结构是不够的，还必须要考虑到节点的特性。创业管理的一个个节点背后，往往藏着一个个问题，问题导向是解构节点的关键，比如创业者是核心节点，潜藏的问题包括：为什么某些人会成为创业者？创业者成功或失败的原因是什么？在提出、分析和解答类似上述一个个问题的过程中，创业者这个节点的内涵和作用就会不断清晰和明确，也为更好地成为一名创业者提供了具体行动方向。

创业管理的过程也是打通创业节点问题的过程，对于春夏秋冬创业四季进程中的重要节点问题，二十四节气智慧可以予以解释（见图 2-6）。越来越多的学者和创业者重视东方主义对时间的认识：不是有始有终的线性过程，而是无始无终的循环过程。无独有偶，被誉为中国第五大发明的二十四节气在 2016 年 11 月被联合国教科文组织保护非物质文化遗产政府间委员会列入人类非物质文化遗产代表作名录，这项时间制度成为中国向全世界贡献的有关自然界和宇宙的知识与实践的杰作。虽然二十四节气是千百年来代代相传的传统知识系统，但其所主张的尊重自然、将生产活动与季节规律契合、追求人与自然和谐的理念，对创业管理者也极具启发：重视创业的不确定性情境，探索创业活动与情境时空变换的融通，追求主体与情境动态平衡的创业管理之道。

图 2-6 尝试将二十四节气智慧与创业节点问题相结合，以期为创业实践提供时空观上的启发和参考。不过，也许有人会问：季节和节气是农耕文明智慧，还适用于认识和解决现在与未来的创业节点问题吗？其实创业者与农民有不少相通之处。传奇创业者褚时健生前说自己的规划是"做一个好农民，带着一群好农民，把农业做好"，他的"褚橙"不只是农产品，更是励志橙；小米创始人雷军表示创办小米，不坑人，要像农民一样一分耕耘

一分收获，不做"坑爹"的事情；马云曾说中国人"本身每个人都是农民出身"，农业文明和商业文明要完美结合，并在湖畔大学 2019 年开学典礼上提醒学员：创业做企业和农民种地是一个道理，有收成好的时候，也有不好的时候，你再强大，也会遇到年份不好，这点大家还是要有思想准备。

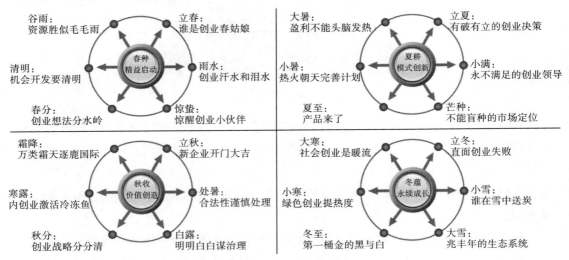

图 2-6　二十四节气智慧与创业节点问题的结合

艺术思维与技术行动：智圆行方、知行合一。科学性和艺术性是管理的一体两面，创业管理体系也不例外。着迷小提琴的科学家爱因斯坦说他的很多科学成就来自音乐的启发，管理大师彼得·德鲁克认为管理是一门真正的博雅艺术，很多创业者也从音乐、绘画、文学和建筑等艺术作品中找到灵感，不少创业教育也借助游戏和电影等艺术形式启发和提升学生的创新创业思维与技能。

艺术思维与技术行动合一也契合了不确定性情境。19 世纪英国诗人约翰·济慈（John Keats）曾提出颇有趣的概念"负能力"，认为所有伟大艺术家都具有这种能力："处在不确定、神秘、怀疑的状态下，而不会急躁地想要探询事实与缘由"，能够满足于不完全知识的能力。管理大师詹姆斯·马奇（James G. March）强调思考的美学起点，重视想法是否有优美、雅致或耳目一新的特质，认为管理是真理、美、正义和学问融为一体而成的。特别是在科技创新时代，如何让高精尖的黑科技创造出五彩缤纷的美丽生活，创业者的技术行动需要和艺术思维联动。

5. 尾声：不确定性情境中的创业成长

创业维艰，不确定性情境中的创业者总是风雨兼程。2020 年 4 月 2 日，瑞幸咖啡自爆财务造假，盘中数度暂停交易，股价暴跌逾 80%。第二天凌晨，瑞幸在内部发文呼吁员工不忘初心，"道阻且长，行则将至"。"道阻且长"出自《诗经》，意指前行道路充满阻碍且漫长久远；"行则将至"出自《荀子》，意指只要坚持不懈走下去，就一定能够抵达目的地。无论瑞幸咖啡凉热，永远在路上的创业者，如何在不确定性情境的时空体系中走得高远且持久，的确是一道时空难题。

答案在风中飘，也有可能在树中藏。《美国科学院院报》（*Proceedings of the National Academy of Sciences of the United States of America*，PNAS）在 2020 年 1 月发表了一篇揭示银杏树长寿千年秘密的重磅研究成果。中外科学家发现原产于中国的银杏树，作为长寿树种代表之一，并非受某单一长寿基因调控，而是由多个因素在生长与衰老过程中进行综合平衡，而且那些树龄百年千年的银杏树，虽在变老但从未处于老态，始终在充满活力地"推陈出新"。在关注此成果的众多报道中，《科学》（*Science*）杂志以《银杏如何长生不老》为题的评论文章第一句话比较有趣：在长寿问题上，树秒杀人类（long-lived humans having nothing on trees）。

安静的树如何栉风沐雨、顽强生长，大自然带来的启示不只限于自然科学。我曾在"工商管理学者之家"微信平台以"从银杏长寿秘密看创业成长规律"为题进行过交流，课下得到导师张玉利教授的很多点拨，让我又想起张老师经常提到的观点"小企业不是规模小的大企业"以及开启我博士学习生涯的张老师的专著《企业家型企业的创业与快速成长》。银杏的成长与老化交织、长高与变粗交替、速度与耐力交叠、在有限的空间与无限的时间赛跑，这些长寿秘密与创业成长也有不少相通之处，不确定性情境中的创业成长，或许也可以视为一门生命科学。

这段时间，严峻、复杂的新冠疫情让人们对生命和大自然的敬畏感更加强烈，相信"没有一个冬天不可逾越，没有一个春天不会来临"。冬去春来、四季更迭，正如金字塔四季歌所反映的创业管理进程：逾越一个个严寒挑战、迎接一次次春暖花开。这篇文章从创业不确定性情境的时空观入手，勾勒了创业管理金字塔和四季歌的大体轮廓，期望为创业者行动和企业持续成长提供一些借鉴与启示。如你有进一步的问题或想法，欢迎在 NET2019 平台交流，还可以通过慕课《创业管理四季歌：艺术思维与技术行动》（已在学堂在线慕课平台上线）和教材《创业管理》⊖一起探讨。教研探索与创业旅程也有相通之处，身处不确定性情境中，期待与你共创成长，汲汲骎骎，月异日新。

本文是国家自然科学基金面上项目（71572016）资助成果。

⊖ 李华晶. 创业管理 [M]. 北京：机械工业出版社，2020.

第 3 章

创业情境与创业理论开发

创业情境，
既为创业理论开发限定了边界，
也为创业理论开发提供了新的可能。
如何理解创业情境与创业理论的关系？
本章将对此做出探讨。

创业情境与创业理论：只缘身在此山中

◎李雪灵 / 吉林大学

路上堵车时，我常常愿意打开手机里的喜马拉雅 App，聆听北京师范大学康震教授品读的古诗词："人闲桂花落"的闲适、"孤舟蓑笠翁"的寂寥、"西北望，射天狼"的豪情，掩盖了外界喧嚣、焦灼的车水马龙，在心绪被不觉地带入那份"情境"中去时，常常叹服古人"情""境"交融的巧妙和高超。

我关注情境研究源于 2008 年中国管理研究国际学会（International Association for Chinese Management Research，IACMR）根据巴尼和大卫·惠顿（David A. Whetten）的演讲所提出的"关于中国管理学研究如何健康发展"议题的讨论。2009 年《组织管理研究》（Management and Organization Review）第 5 期专门组织了一次特刊，发表了两位学者关于此议题的研究文章——《中国管理研究的未来：中国管理理论与管理的中国理论》（The Future of Chinese Management Research: A Theory of Chinese Management versus A Chinese Theory of Management, Barney 和 Zhang）和《中国组织研究中情境与理论的衔接》（An Examination of the Interface between Context and Theory Applied to the Study of Chinese Organization, Whetten），还组织国内外学者对上述两位学者的研究展开讨论，由此将"中国管理研究本土化"的研讨提升到"管理情境与管理理论关系"的哲学思考层面。系列文章读下来可知，学者在观点的交锋中提出了许多真知灼见与实用建议，有兴趣的读者不妨寻出一读。

创业情境在创业研究发展进程中对塑造创业研究理论边界、构建创业理论逻辑起到了"寓理于情"的作用。创业者研究从神话般的特质论到如今的创业者认知和思维，创业机会研究从理性的机会识别过程到充满主观色彩的机会信念,创业资源研究从关注外部资源的获取和利用到关注手边闲置资源拼凑式建构与整合,创业决策研究从目的 – 手段的因果逻辑到手段 – 目的的效果逻辑,这些创业理论和逻辑的新发展,无不是学者基于对创业情境的提炼与创业理论内核的结合,带来的日益丰富的创业研究。

针对"创业情境"的理解,首先强调两个基本的认识:一是将创业情境看作创业活动的内生属性,从属性特征的角度认识和思考,而非单纯地从创业环境因素的视角。环境因素往往因时代的变迁、国家地域的不同而有较大的差异,出现所谓的"20 世纪 80 年代的创业情境""21 世纪的创业情境"或"中国情境""美国情境""印度情境"等,尽管强调了当时当地创业情境的独特性,却趋向现象化,降低了创业领域情境属性的普适性和理论性,这也是强调"本土情境"的管理理论创新越来越引起学者警惕的原因(李海洋和张燕,2016)。二是创业情境不同于研究视角。研究视角是看待和解释现象与问题的角度,不同的研究视角对同一现象可以给出不同的解释逻辑,甚至得出不同的研究结论。正如一直以来对创业现象的解读有基于经济理论、基于组织理论和基于战略理论等不同研究视角,因而形成了不同的创业理论逻辑体系。南开大学杨俊老师在 NET2019 公众号中撰写的《创业研究:多重现象的理论丛林》一文,就是对创业研究的发展演进基于研究视角的清晰梳理和高度概括。创业情境作为创业理论外延,与创业理论内核共同形成创业理论边界。因此,既不能把反映创业理论内核的关键构念如创业机会、创业者、创业决策作为创业情境,也要意识到创业情境因是理论构建的内生要素,往往成为创业理论逻辑的隐含前提和潜在假设。研究逻辑和结论蕴含在这样的情境当中,此即维克教授所说的"理论是情境依赖、现象驱动的"。

按照上述理解,能够体现创业逻辑的创业情境是什么?创业情境下的新颖、独特且典型的创业理论的发展状态如何?这成为创业研究学者普遍关心的议题。近 10 年来,学者在这个领域的探索已形成阶段性成果,主要表现在以下三个方面。

一是高不确定性情境下的效果逻辑。萨阿斯·萨阿斯瓦斯(Saras Sarasvathy)教授于 2010 年出版《卓有成效的创业》㊀(*Effectual Entrepreneurship*)一书,系统地提出了创业的效果逻辑理论(Read 等,2010),勾勒了基于创业情境呈现创业活动独特逻辑的框架。该理论刻画了专家型创业者基于有限理性面对不确定性情境创建新企业的独特决策过程,决策过程所遵循的五个基本原则:手边手段、可承受损失、拥抱偶然性、广泛合作而非竞争、非预测性控制等,清晰展现了专家型创业者如何遵循有别于计划式、因果式的决策逻辑,在高不确定性的情境中利用现有手段创造商机的创业过程(Sarasvathy,2001)。

阿尔瓦雷斯和巴尼教授 2005 年在《管理学研究》(*Journal of Management*, JOM)上发表的论文《创业者如何在不确定性条件下组织企业?》(*How do Entrepreneurs Organize Firms under Conditions of Uncertainty*),明确指出了"不确定性情境"对创业型企业组织形成的重要意义。该研究强调了在战略管理和创业研究领域区分风险和不确定性情境的重

㊀ 中文版已由机械工业出版社出版。

要性,并指出,在风险情境下,创业者大多是基于警觉的机会发现者,而在不确定性情境下,创业者会更多地通过组织努力进行机会创造;区分了创业型企业和非创业型企业,认为创业型企业的组建正是为了对抗交易价值创造的不确定性,而非创业型企业则主要面对的是解决已知交易价值的分配问题;通过对交易成本理论和不完全契约理论的拓展,提出了在不确定性情境下组建企业的三种形式:形成宗族本位(氏族式)的创业企业、形成基于专家经验的创业企业和形成基于魅力的创业企业。两位学者强调,当企业面对的情境从不确定性演变为可以概率呈现的风险情境时,企业将从创业型企业过渡到非创业型企业。

二是高资源稀缺情境下的创业拼凑(bricolage)。特德·贝克和里德·纳尔逊(Ted Baker, Reed Nelson)在2005年基于"资源建构"视角提出的创业拼凑理论,描述了创业者如何通过组合手边资源解决新问题和发现新机会,该理论强调创业者创造性地运用手边资源抵抗受制的稀缺资源环境,构建新资源环境的过程。这一创业理论的提出,不仅丰富和发展了资源理论从外部依赖和获取到主动构建和重塑的过程谱系,更重要的是解释了创业者如何"无中生有",突破既有规则束缚,将看似无用的资源通过创造性地改变资源的属性和用途产生异质性价值的创业行为。创业者将资源稀缺环境视为价值创造策略的一部分(Welter等,2016),通过拼凑行为形成资源获取成本最少的资源形成战略,或者形成超越现有业务活动边界战略。

三是高时间压力情境下的创业即兴(improvisation)。"机会窗口"模型(Timmons和Spinelli,1994)告诉我们,创业是有时效性的,为了抓住机会之窗的短暂开启时间,创业者常常不得不偏离理性创业逻辑"计划先于执行"(design proceeding execution, DPE)的框架,在有限的时间内迅速采取行动,或为紧急问题提供创造性解决方案,或为抓住转瞬的机会而展开行动,此即"创业即兴"行为。2003年,贝克等学者在《研究政策》(*Research Policy*, RP)上发表《即兴企业:企业创建过程中的拼凑,解释和即兴能力》一文,认为新创企业建立本身就是即兴创造的结果,即兴创作是贯穿整个创业过程的一种普遍而重要的行动形式,创业企业经常会将战术上的即兴行为发展为企业惯常的战略。创业者将决策的时间限制内化为压力的感知越大,创业即兴发生的概率越大(Hmieleski,2003),创业的即兴模式具有高度的自发性和创造性(Crossan等,2005)。

近十几年来,越来越多的学者注意到,效果逻辑、创业拼凑、创业即兴等一批创业新兴理论的发展,不仅为创业现象提供了越来越强的解释力,也在构建创业研究学术版图和领域属性方面发挥着越来越重要的作用。但正如沙克尔·扎哈拉(Shaker A. Zahra)教授在2007年《创业学报》(*Journal of Business Venturing*, JBV)上发表的《创业研究如何构建情境化理论》一文中所说的"创业领域的研究者还没有对研究情境给予足够的重视,取而代之的是引入其他学科成熟理论来解释新的创业现象"。

未来在建构创业情境下的创业理论研究工作中仍有需努力的方向:第一是深化有关创业情境普适性和动态性的理论化探讨。创业情境的理论化研究目前仍处于较初级阶段,创业情境的普适性探索可以为创业领域构建符号化、可验证的前提,为创业研究搭建一个情境的公共平台；创业情境的维度集合不应是静态的、一成不变的，应随时间、空间转换而动态变化，才会让创业理论与创业情境在持续迭代、相互印证过程中实现创业理论的创新（李海洋和张燕，2016）。

第二是提升有效衔接创业情境与创业逻辑的创业理论研究。从事组织研究的惠顿（2009）教授指出"所有的组织理论均以各自方式依赖于情境"，并提出了两种有效利用情境的方法：一种方法是当发现某个理论的预测结果需要被修订时，通过定义这个理论的边界条件来"情境化理论"（contextualize theory），从而产生情境嵌入型理论；另一种方法是通过定义那些影响组织行为的情境因素，来"理论化情境"（theorize about context），从而产生情境效应型理论（徐淑英，2009）。无论哪种方式，都说明创业关键构念与构念之间有效逻辑关系的理论建构不是空中楼阁，而是在将创业现象高度理论化后的情境基础上，实现理论内核与理论外延的严谨匹配，由此创业研究的理论边界和学术版图才会越来越清晰。

苏轼的《题西林壁》中"不识庐山真面目，只缘身在此山中"诗句是即景说理的典范，只因身在其中，视野所限，看到的只是一峰一岭一丘一壑，只是局部而已，对客观事物的认识难免有一定的片面性；要认识事物的真相与全貌，须超越狭小的范围，摆脱主观成见。做创业研究也当如此。

本文是国家自然科学基金面上项目（71872068）资助成果。

创业理论：因情境而生

◎张敬伟 / 燕山大学

近年来，创业认知学者提出：创业活动的独特性并非来自行为表现，而是创业情境的特殊性诱发了独特的认知和思维过程（Venkataraman 等，2012；杨俊等，2015）。学者们认为，创业情境以创业决策所面临的不确定性和模糊性为主要特征，加之面临着高度的资源约束和时间压力，创业者往往会形成不同常规的信息处理过程、思维方式和决策方式（Busenitz 和 Barney，1997）。创业认知研究也逐渐形成了"情境－思维－行为"的研究框架。

将创业情境视为创业思维与行为的前导性因素，突出了创业情境研究的重要价值。知名的创业理论都是基于对创业情境的独到见解开发而来的，最典型的是萨阿斯瓦斯（2001，2008）基于奈特不确定性开发的效果逻辑理论，贝克和纳尔逊基于资源匮乏环境开发的创业拼凑理论。另外，理解创业情境也是开展创业教育的一个重要抓手。如果不理解创业情境，教师就难以有效地设计创业课程，学生也难以真正领悟创业思维与方法。美国百森商学院在讲授创业课程时设计了一个模拟的创业情境：如果掉进一个漆黑的山洞，怎样才能找到走出去的路？教师将学生置身于这样的情境中，可以启发学生开展思维试验，引发学生对创业思维与行动方法的深入思考。由此可见，对创业情境进行理论刻画（并在此基础上开发创业理论），无论是对于创业研究还是创业教育，都是一项基础性工作。

创业情境并不等同于创业环境。情境不仅包括客观因素，也包括主观因素，以及主客观因素相互作用而产生的新的因素（蓝海林等，2012）。通俗来讲，如果说某个现象是我们研究的焦点，情境则是该现象所处的背景或脉络。当我们观察某个现象时，这个现象所处的背景或脉络会给这个现象的意义或是对这个现象与其他现象的关系带来影响。如果影响很小，我们不必关注它，但是如果影响大，那么这个背景因素就不应该被忽略。因此，对于重要的创业情境因素或维度，有必要进行科学的识别并开展理论化工作。

学者多使用不确定性来刻画创业情境。法国学者理查德·坎蒂隆（Richard Cantillon）在 200 多年前指出，任何创业者都将面对着今日以确定的价格购买供应品，而明日销售产品的价格却是不确定的。因此，创业者所面临的一个基本的创业情境维度就是不确定性。哈佛商学院教授阿玛尔·毕海德（Amar V. Bhide）在《新企业的起源与演化》一书中对创业初始条件的刻画，也强调了不确定性。毕海德认同奈特（1921）的定义，认为不确定性是无法衡量、无法量化的风险，而且不确定性是不可缩减的，因为它无法通过事先的预测或研究加以解决。他认为，正是不确定性把有前途的新企业与边缘企业明显区分开来。毕海德还指出，不确定性有两类：一类是环境的不确定性，如意想不到的竞争或技术变化、无法预料的突发事件，如这次新冠疫情的突如其来；另一类是企业对创业者的依赖，比如创业者能否拿下某个订单或是解决某个技术问题关乎新创企业早期的生存（一个生动的案例就是张维迎教授 2018 年发表的《成王败寇企业家》一文中创业者杜厦面临的一系列环环相扣的创业挑战，如果其中有一环未能解决，杜厦很可能就成了"骗子"，幸好杜厦解决了所有挑战，成了知名企业家）。学者强调了不确定性的一个关键本质是信息缺乏，无法事先预测。所以，萨阿斯瓦斯（2001）提出的效果逻辑理论属于非预测性控制理论；长期研究快速变化产业中企业战略的著名学者艾森哈特教授团队（2017）把创业情境定义为新生市场（nascent market）或是极难预测的经营环境，提示创业情境的关键维度是环境不确定性，环境难以预测。

除了不确定性，学者探讨较多的还有高度资源匮乏、高度时间压力等情境因素（见上一篇李雪灵教授的文章《创业情境与创业理论：只缘身在此山中》）。在新生市场或产业中，可能还存在着其他创业情境维度，比如模糊性、复杂性等（Santos 和 Eisenhardt，2009）。从观察的角度看，创业情境在新产业的孵化阶段具有最明显的体现，这个阶段往往充盈着大量的创业行为。在新生产业中，技术和市场的不确定性高，意义是模糊的、缺少共识的，产业缺乏清晰的身份和边界，各类行动者采取多样化的探索行动。创业者在创业过程中，既需要解决技术、需求问题，回应竞争挑战，还需要探索有竞争力的商业模式，并寻求利益相关者的认可。总之，新生产业所展示的创业情境为创业者带来了无数挑战。例如，在互联网产业发展的早期，竞争基础的持续演化迫使雅虎持续变形，短短五六年内由搜索引擎公司调整为目的地网站，而后又调整为门户网站，雅虎也似乎凭借动态能力和战略灵活性取得了成功（Rindova 和 Kotha，2001）。但如果拉长时间框架，作者后续对雅虎和谷歌的双案例研究（Rindova 等，2012）却揭示出雅虎"持续变形"的机会逻辑带来的挑战——相比而言，晚三年成立却持续聚焦搜索技术的谷歌活得反而更好（雅虎的持续变形或许是缺乏核心竞争力和清晰战略定位的表现）！这些案例提示，新产业孕育发展过程存在多重创业情境维度，这些维度可能会顺序或交叉地影响创业企业的战略选择，企业与产业发展共同演化，不同企业也因为采取了不同的战略而走向不同的命运。因此，在类似产业的案例中挖掘创业情境维度，考察这些创业情境维度与创业思维、决策、行动和创业结果的关系，能够丰富和发展学界对于创业活动和产业发展的理解。

因此，使创业情境理论化，识别一般性维度，并对这些维度进行深入的理论研究，在识别创业情境可能影响的基础上进行理论构建，是一项重要的任务。例如，在不确定性情境下，信息获取问题至关重要，创业者通过学习和迭代来应对；在模糊性情境下，同一信息被解读为不同的意义，因此，策略性地将意义（或价值）赋予重要的利益相关者，寻求认同至关重要。创业情境的深化研究，有利于更好地推动我们对于新创企业的战略与商业模式开发，新创企业的学习、调整和转型，新创企业的灵活性和惰性，创业叙事与合法性获取以及创业者身份等诸多理论的理解。

创业情境给创业者带来了挑战，也带来了机遇。俗话说得好，时势造英雄，英雄造时势。创业者与创业情境往往相互影响，塑造彼此。时势为英雄腾空出世带来舞台和空间（当然此时的"英雄"或许还只是不为人知的"熊仔"，出场的姿态也可能并不优美，甚至窘迫，但至少有个"熊样"），而英雄则通过选择环境（可能是以更有挑战性的方式，或以一般人难以理解的方式）而大展抱负。当年沃尔特·迪斯尼（Walt Disney）在创业早期辛辛苦苦地成功打造了"幸运兔子奥斯华"（Oswald the Luck Rabbit）的卡通形象，结果在寻求与发行商续约时被告知，根据合同，发行商拥有这一卡通动画的版权。迪斯尼当时面临两个选择：一是继续和发行商合作，在发行商的资源支持下继续开发；另一个是自己单干，从头再来。尽管面临着更大的不确定性和更为窘迫的资源境况，迪斯尼还是选择了第二条路。因为他通过"幸运兔子奥斯华"的成功和失败学到两点经验教训：第一，奥斯华的成功说明之前探索出来的动画商业化思路和方法是可行的（奥斯华类似于一个大号的、经过验证的"最小可行产品（MVP）"）；第二，奥斯华的失败说明需要自己掌控动画生产和发行才不会受制于人。有了这样的判断，迪斯尼用行动成功地打造了米奇的动画形象，将看似不确定的未来打造成确定的成功之路。

上面论述和多个案例也说明，在创业情境下，创业者需要不断认识自我、超越自我，打造独特竞争力。毕海德教授也强调，"偶然事件和走红运在充满不确定性、因陋就简的新企业中扮演着重要的角色，不过企业家征服创业带来的挑战的能力也同样重要。能够根据意料之外的问题和机会做出调整的企业家，能够说服资源供给者对新企业进行风险融资的企业家，是可以影响自己命运的"。

创业情境成就创业者的一个相关案例是令国人自豪的"中国机长"刘传健。面对突如其来的不确定性事件（9 000 米高空中飞机前挡风玻璃爆裂），机智勇敢的机长刘传健能够凭借经验、胆识从容应对，最终化险为夷。这个例子说明，决策者可以通过自身的确定性（专业素养、经验胆识和对自我身份的认知等）化解不确定性。如果决策者本身是不确定的，那么在不确定性来临时，创业者就很有可能因无法有效应对而失败。这让我想到在一部空难纪录片中，某外国机长在突发情况时应对失策，造成坠机惨案。事后调查显示，该机长在某项飞行技术方面存在缺陷（有多次不良记录），这是其当时应对失当并导致坠机的关键原因。由此正反两个案例来看，在创业情境中历练，积累应对创业情境的思维方式和行动方法，大有裨益。

值得注意的是，虽然刻画创业情境的一般性维度很重要，但在具体研究中，研究者应该根据具体的研究问题和研究对象，对创业现象所处的情境进行细化研究（参见于晓宇教授的文章《我所感知的创业情境》）。比如，根据研究需要考察市场不确定性与技术不确定性，或是考虑所处产业的独特创业情境：是需要高资源承诺，还是低资源承诺（Zuzul和Tripsas，2019），等等。如此，可以考察有哪些（what）具体的创业情境因素以及它们如何（how）影响创业者的思维、决策、行动和结果，并寻求解释机制（why）。总之，理解创业情境是创业理论开发的一项基础性工作，最近学者对不确定性的研究日趋活跃（如Packard等，2017；Townsend等，2018；NET2019公众号"不确定性专题"以及"观点思想"栏目的多篇文章），反映了学界在这方面的持续努力。

参考文献

[1] 毕海德. 新企业的起源与演进[M]. 魏如山, 马志英, 译. 北京：中国人民大学出版社, 2004.

[2] Rindova V P, Kotha S. Continuous "Morphing": Competing through Dynamic Capabilities, Form, and Function[J]. Academy of Management Journal, 2001, 44（6）: 1263-1280.

[3] Santos F M, Eisenhardt K M. Constructing Markets and Shaping Boundaries: Entrepreneurial Power in Nascent Fields[J]. Academy of Management Journal, 2009, 52（4）: 643-671.

第二篇

创业思维

第4章

理解创业和创业者

创业，
是关于创业者在创业情境下，
如何思考和行动以开发、利用机会的理论。
那么，
如何深刻理解创业的内涵，
如何理解创业者因何不同？
本章将对此做出探讨。

创业是一种机制

◎张玉利 / 南开大学

  创业是在资源高度约束、不确定性强情境下的假设验证性、试错性、创新性的快速行动机制，这是我们这个团队给创业下的定义。这个机制支撑的是改变、挑战和超越，创建企业只是创业的一种载体或手段。

  创业者是一群不安分的人，这和他们的出身以及在社会中所处的地位没有什么必然的联系，他们可以是社会边缘群体，也可以是衣食无忧的中产阶级，还可以是政府官员，他们的共同特点是不安于现状，谋求改变，改变贫穷的现状，实现抱负，改变日复一日的重复，改变各自想改变的一切，也有人想改变世界。改变首先就意味着不确定性，创业不是为了消灭不确定性，反而是在利用不确定性，利用不确定性所孕育的机会，利用不确定性所带来的各种可能。

  改变需要有机会，机会不可能永远甚至长期存在，所以需要快速行动。不确定情境下的快速行动又是一个巨大的挑战，试想在一个伸手不见五指的黑夜如何能做到快速行动？只能不断试探，小步快走。试错是创业的重要工作，这和"摸着石头过河"没什么区别，试错不见得能找到正确的路径，但能够知道哪些路行不通。快速迭代是近年来总结出的，迭代是快速反馈与改进，不断摸索前行。创业者会想尽一切办法朝前走。没有人能够保证创业成功，但降低创业失败的风险和成本是有可能的，这是理性，也是进步。试错与迭代也使得学习成为创业者的刚需。

  不确定性的客观存在使得创业难以被计划，容易被感知到的是未来越来越难以预测，难以预测也就难以计划。创业会有愿景，甚至有创新的手段和具体的一些谋划，但这些都是假设，是如果怎么样就可能会怎么样的推理。假设是否正确，愿望能否实现，需要验证，而且需要快速、准确、低成本地进行验证，这些都需要创新。创意阶段还可以是以创业者为主的想象和规划，产品和服务投放市场后，就必须与顾客和其他利益相关者互动，生存、竞争等压力使得创业者无法"一意孤行"。未出茅庐而知三分天下的诸葛亮在辅助刘备取西川的路上也是一波三折，不断修正其想法。

创业还会和资源约束紧密相连。不是说没有资源才适合创业，而是从事高度不确定性的事业难以吸收到资源。锦上添花人人喜，雪中送炭少人为。谁愿意往"不靠谱"的事上投钱呢？！不管是市场还是政府配置，绝对闲置的资源并不存在，创业要把资源用于新的用途，困难很大。白手起家也就成为创业的常态。当然，任何事情都需要资源，白手起家的创业者要生存与发展，一定要能整合到资源，这也是创业者不同甚至高于常人之处。资源约束经常是一个相对的概念，是相对于创业目标和事业的需求所形成的资源匮乏。

创业的本质是创新。创业不可能做到事事、时时都创新，但绝不可把创新固定于一时一事。创新特别是被验证的创新是应对不确定性和克服资源约束的重要手段，不可替代。创新也不局限于技术创新或商业模式创新，而是创业行为中的创新性，如创造性地整合资源。熊彼特认为创业者从内部改变经济结构，不断地摧枯拉朽，不断地创造新的结构，从而催生出新的组合。这种观点一直被大家接受。

创业不存在唯一的定义，我们将其定义为一种机制，把创业的基本职能提炼出来，主要是强调创业活动可以管理，创业思维可以训练，创业技能可以提升。同时为了对应竞争机制，我们希望二者能互补。改革开放40多年来，市场经济的建立和竞争机制的作用功不可没，竞争是和别人比，创业是超越自己的过往，两者融合更有助于和谐发展。

创业有狭义和广义之分，推崇接受广义的定义，不是为了使其含义广泛，而是提炼出普遍和普适的一般规律。创业这样一种机制可以应用于资源约束和不确定性情境的各种实际状态，也就有了公司创业、社会创业、学术创业等专业领域。把握一般的规律才有助于发现创业所具有的一些独特问题，进而推动研究与教学工作。

改变和超越有好有坏，总体来说，好的多一些。创业能推动社会的进步，有助于人类生活更美好，这是创业的价值和贡献。

创业者因何独特

◎ 张玉利 / 南开大学

创业成功与否取决于创业者的天赋，这样的观点今天仍然很有市场，由此引发的观点是创业者无法培养，创业者是天生的。我们能培养出来马云吗？乔布斯、盖茨、戴尔、扎克伯格不都没上完大学吗？如果他们继续学习，能造就苹果、微软、戴尔、Facebook 这些伟大的公司吗？这些例子似乎的确让人难以辩驳，甚至可以引发对教育的思考。大多数有影响力的创业者在其以往的经历中，总有某方面或某些方面的过人之处，比如他们的胆识、毅力、眼光等，这就更加促进了关于创业者与非创业者之间的差异、创业者是否天生等问题的争论。请看一系列相关的研究。

关于基因多大程度上影响我们的创业能力？美国凯斯西储大学（Case Western Reserve University）教授、创业研究学者斯科特·沙恩（Scott Shane），以同卵和异卵双胞胎间的比较来分析基因与创业之间的关系。这两类双胞胎基本上都同时由同样的父母养育。同卵双胞胎几乎有着完全相同的遗传密码，与众多兄弟姐妹一样，异卵双胞胎只携带 50% 这样的遗传密码。通过比较两类双胞胎的情形，人们不难找出遗传和环境、天生和后天形成的关系。沙恩通过研究发现，一个人是否有意识到新商业机会的能力，有 45% 来自遗传。想体验新奇经历的强烈欲望，有 50%～60% 来自遗传。沙恩通过对双胞胎进行研究后得出结论：环境和遗传因素对人迎接新挑战的影响比例分别为 45% 和 61%。研究结果还表明，在对外部环境的兴趣上，遗传的影响最多只有 66%。

阿尔维德·卡尔森（Arvid Carlsson）确定多巴胺是脑内信息的传递者，使他赢得了 2000 年诺贝尔医学奖。多巴胺是一种神经传导物质，用来帮助细胞传送脉冲的化学物质。

这种脑内分泌物和人的情欲、感觉有关，它传递兴奋及开心的信息。另外，多巴胺也与各种上瘾行为有关。首都经济贸易大学的高闯教授近期很关心商科与医学、神经科学等学科领域的知识交叉。他梳理了以下几层关系：风险爱好者在应对不确定性；企业家属于风险爱好者，是企业家将不确定性转化为利润；企业家多巴胺灵敏度高，他们始终在寻找能够刺激多巴胺释放的活动，不确定性使他们格外兴奋，进而有了冒险精神；企业家凭借创新应对不确定性。

关于创业者特质的解释，开始主要关注人口统计特征，有些研究成果发现的确有些群体更有可能投身创业活动。例如，安纳利·萨克森宁（Annalee Saxenian）的研究成果表明，移民更多具有高创业倾向。还有研究表明，头胎出生的孩子最有可能成为创业者，创业经常发生在人们会感到焦躁不安的里程碑年龄阶段（如 30 岁、40 岁、50 岁）。上述研究听起来很有趣，但这些事实并不能让我们更进一步了解创业者的真实特征。人口统计学特征并不能真正决定创业行为，它们只是与真正影响创业行为的特征呈现相关性。例如，移民的事实本身可能并不会激励创业行为，但在一定程度上，移民可能会更倾向于开展创业活动，这是因为他们克服困境的经历，或者可能是因为成为一名移民首先应该具有创业的自选择性。后来，心理学研究发现创业者区别于一般人的特征表现为创新、成就导向、独立、掌控命运的意识、低风险厌恶和对不确定性的包容。最近，原来多数被认为是心理方面的因素被归到生理层面了，如注意力是生理因素不是心理因素，生理因素显然比心理因素更难改变。

针对这种争论，效果逻辑理论提出者萨阿斯瓦斯指出，更正确的方式是抛弃将人们分成创业者和非创业者这种简单的两分法，而应该将其看成一个概率分布。在这个概率分布中，有一些人，只要不存在严格的限制条件就会成为创业者（"天生的创业者"）；有一些人，即使在有利的条件下也不会踏上创业的征途（"天生的非创业者"）；至于大部分人，在某种条件下，他们可能会成为创业者，而在其他条件下，他们可能不会成为创业者。我们所应思考的问题是"应该创造什么条件，帮助大部分中间分子克服障碍，成为创业者？"事实上，天生的创业者和天生的非创业者所占的比例都很小，就像"二八规律"一样，我们应该承认创业者特质在创业活动中的作用，但不能过分放大少数天生创业者特质的影响。

美国西北大学谢洛德（Lloyd E. Shefsky）教授抱着实证研究的心态，历时六年，采访了全世界 200 多位最具成就的创业者后指出，所有的人天生就具备创业素质，连婴儿也有创业素质，"如果你见过婴儿爬到不该爬的地方，你就会知道他们是毫不畏惧的"。针对许多偏见和误区，谢洛德都通过例子给予反驳。例如，很多人认为，"创业者天生拥有预见性的眼光"。如果你这样恭维苹果电脑公司的创始人史蒂夫·乔布斯，他肯定会反对的。乔布斯可不是创业以前就想到了要开发一种从小学生到商业人士都能使用的微型电脑，从而改变人们的生活。不是所有的创业者天生都具有预见性的眼光，包括乔布斯在内的很多人都是在了解公司的现状和未来以后才慢慢形成这种洞察力的。

作家马尔科姆·格拉德威尔（Malcolm Gladwell）基于人才学的一些研究成果写了《异类》一书。他不赞同"非凡的人天生"的观点。他诙谐地说，天才并非一开始就表现出众，一开始只比别人优秀那么一点点。后来的成功靠一系列的运气和努力。森林里最高的橡树之所以长得最高，不仅因为当初它是一颗优良的种子，还因为它在成长过程中没有被其他大树遮挡阳光，生长的土壤深厚肥沃，当初还是幼苗时没碰上兔子啃树皮，长成以后没有被人砍伐……"人们眼中的天才之所以卓越非凡，并非天资超人一等，而是付出了持续不断的努力。一万小时的锤炼是任何人从平凡变成世界级大师的必要条件。"他将此称为"一万小时定律"。在《异类》中，他还提出逻辑智慧和实践智慧的区别，认为实践智慧更难以培训，有启发性。

不少人尝试给予更理性的解释。以对高考状元的讨论为例。近年来，不少人关心高考状元的"下场"，有的调查说这些曾经让人惊羡的高考状元，职业成就远低于社会预期。万维钢写了一篇《为什么优等生不能改变世界？》的文章，也在回应为什么高考状元们后来大多没成为特别厉害的人物的问题。他跳出了高考分数高低的区别，而是提出一组新词——好学生和极端学生，好学生乐于遵守各类规则，善于取悦老师，是体制的受益者，老师让干什么就干什么，规定的任务全部完成，考试的项目全部达标，这就是标准的好学生。只要有明确的规则，做事有明确的路径，他们都会表现很好；极端学生反感规则，在正常环境中往往很难过，非得找到适合自己的特殊环境，才能表现出色。这两个词经过如此定义就会比较好理解，也容易对号。那为什么优等生不能改变世界呢？大体的意思是好学生善于遵守规则，不愿意进行创造性的破坏，甚至不愿意创新和变革。特别厉害的人，往往也是极端的人。这和只有偏执狂才能成功的观点类似，乔布斯、戴尔等人当年也许更像是这里所说的极端学生。这样的解释不单独看成绩的高低，而是把个人特质与制度环境等因素匹配起来分析，理性成分增加了。

研究创业的学者努力探索识别那些可以后天改变的、能够控制的因素，并寻找证据反驳有关创业者的神话。有"创业教育之父"美誉的蒂蒙斯教授在这方面做了开创性的贡献。限于篇幅，这里仅列举几条。

- **创业者神话**：创业者是赌徒。
- **创业者现实**：其实创业者和大多数人一样通常是适度风险承担者。成功的创业者会精确计算自己的预期风险。在有选择的情况下，他们通过让别人一起分担风险、规避风险或将风险最小化来影响成功的概率。他们不会故意承担更多的风险，不会承担不必要的风险，当风险不可避免时，也不会胆小地退缩。
- **创业者神话**：创业者喜欢单枪匹马。
- **创业者现实**：事实表明，如果哪个创业者想完全拥有整个企业的所有权和控制权，只会限制企业的成长。单个创业者通常最多只能维持企业生存，想自己单枪匹马地发展一家高潜力的企业是极其困难的。聪明的创业者会组建起自己的团队。

- **创业者神话**：创业者承受巨大的压力，付出高昂的代价。
- **创业者现实**：做一个创业者是有压力的、是辛苦的，这一点毫无疑问。但是没有证据表明，创业者比其他无数高要求的专业职位承受更大的压力，而且创业者往往对他们的工作很满意。他们有很高的成就感，据说认为自己"永远也不想退休"的创业者是公司中职业经理的三倍。

有关创业者特质的讨论还远没有停止。事实上，只要人们崇尚英雄、崇尚企业家，这种讨论就不会停止，而且这种讨论也不见得都需要多么深奥的知识，一个简单的办法是观察比较，从比较的思路研究创业者的独特性，将创业者和打工者、管理者、职业经理人、领导者进行多方位比较，对了解创业者群体有帮助。我们承认创业者自身的独特性和对创业活动的直接影响，但不能抛开环境因素单独分析创业者的特质，毕竟创业活动的成败受多方面因素的影响，同时，创业者的心理和性格特征也在不断地变化。下面这个心理学公式非常有名：

$$B = f(P, E)$$

一个人的行为（behavior）是其人格或个性（personality）与其当时所处情境或环境（environment）的函数。换句话说，人的表现是由他们自身的素质和当时面对的情境共同作用的结果。

有位老教授说："好学生不用教，不好的学生教了也没用。"以此结尾，我想说，捉摸人、研究人、用好人、发挥自己的能力，是工商管理的核心任务，但也别太当回事，很难说清内因和外因的贡献比例，每年都取得一两点扎实的进步，就能超越自己，足矣。

参考文献

[1] Sarasvathy S. The Questions We Ask and the Questions We Care about : Reformulating Some Problems in Entrepreneurship Research[J]. Journal of Business Venturing, 2004, 19（5）: 707-717.

[2] 蒂蒙斯，斯皮内利. 创业学 [M]. 周伟民，吕长春，译. 北京：人民邮电出版社，2005.

创业者是将假设变为现实的人

◎张玉利 / 南开大学

偶然读到张维迎教授为杜厦的自传《一个人和他的时代》所写的序——《成王败寇企业家》（发表于《读书》杂志，2018年第7期）。杜厦曾是南开大学经济系的教师，20世纪90年代我与其有过接触，我和王迎军老师一起参与了其公司的管理咨询工作，并在调研过程中听说了关于他的不少创业故事，包括李宁的体坛告别晚会、拉俄罗斯马戏团来中国巡演挣钱、办克瑞斯小学等，当时就觉得挺神奇。张维迎教授在这篇序中详细介绍（也可以说"深描"）了杜厦当年把俄罗斯马戏团引入中国的过程，吸引我通读，而且读了两遍。

这篇序写得真好。

张维迎教授给出了一个简洁的概念：企业家是将假设的事情变成现实的人。企业家所做的假设往往超出或突破给定的约束条件，所以被企业家称为梦想（一般人称之为空想，称有此空想的企业家为疯子）。梦想要实现，需要整合能够支撑或实现其梦想的约束条件，所以企业家需要具备超强的资源整合能力，需要一种改变他人信念、说服他人支持做自己所希望的事情的能力。在史蒂夫·乔布斯身上，这种能力被概括为"现实扭曲场"（reality distortion field）。有了新的资源条件，能否将假设的事情变为现实仍要面对大量的不确定性。依据假设是否变为现实的结果，企业家被区分为英雄或骗子、王或寇。当然，企业家不是骗子，因为"骗子让你相信的是他自己都不相信的东西，企业家让你相信的是他自己坚信不疑的东西"。对于企业家和骗子，张教授又给出一个清晰的定义——自己信还是不信。

张维迎教授的分析与我们对创业的定义高度契合。创业的情境一个是资源约束，另一个是高度的不确定性。创业是在资源高度约束、不确定性强的前提下的假设验证性、试错性、创新性的快速行动机制。所以这更加引起了我的兴趣，也引起我进行了更多的思考。

一般的经营活动表现为已有资源条件下的计划与结果。企业家将假设的事情变为现实并非简单的计划与结果关系。

首先，企业家的假设多为没有资源保证前提下的梦想。

然后，企业家要靠自己的本事创造性地整合资源，使得自己假设的事情变成有资源保证前提下的计划。

但这仍不属于一般意义上的计划－结果关系，因为这样的计划实施情境没有先例，往往也是因为企业家要干新的事情，所以面临的不确定性作用更强，失败概率更高。

但企业家不是骗子。张维迎教授提出的判别标准是，企业家让你相信的是他自己坚信不疑的东西，而骗子让你相信的是他自己都不相信的东西。这种区分显然不够。有时骗子也让你相信的是他自己坚信不疑的东西，如信仰偏失的人。所以我们还要看企业家坚信不疑的是什么？是否有利于社会发展和人类进步，犹如科研要关注学术前沿和社会需求。如果企业家梦想要做的事情有利于社会发展和人类进步，不管是否成功，他们都是英雄，都不是骗子，都值得尊重。对其失败不仅应该予以宽容，还应该予以感谢，因为他们为人类下一次的探索和尝试积累了经验。如此看来，企业家的尝试没有成败，也许他们尝试的事情有对错。

企业家不拘泥于现有条件想事和做事，如张维迎所说，企业家不是因为有米而做饭，而是为了做饭而找米。没米，找米、种米也要做饭。加上他们想做的事情往往是新事，是没有的事，是前人没做过的事，超出常人想象。对于企业家尝试的结果，常人也就不能按一般的成败标准予以判别，需要放大到"成王败寇"的尺度。也许，在企业家的眼中，他们进行尝试的结果只是成或败，被常人放大后，企业家的压力和成就感也被放大了。

一个很重要的问题是：对于新的事情怎么知道其是对的还是错的？应该由谁来判断其对错？这的确是个问题，犹如对改革的判断一样难。

对于企业家假设的事情，有的我们知道其对或错，比如企业家给我们提供更加便捷的服务；有的我们不知道其对或错，如人工智能是否会失去控制。有的事情我们知道其对，可能觉得成本太高暂时不需要做。这的确是件很复杂的事情，有些需要靠专业人士、科学家来判断，有的可能暂时还无法判断，只能靠时间来检验，但谁也不愿意当历史的罪人。

我把张维迎教授的分析用图 4-1 表示出来，可以感受创业计划实施和一般业务计划的差异。对这篇文章有兴趣的朋友，可以阅读原文《成王败寇企业家》。

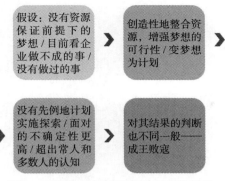

图 4-1 创业者将假设变为现实的逻辑

创业者脱离不了普通人的本性但能超越普通人的行为

◎张玉利 / 南开大学

目前我正在承担国家自然科学基金重点课题"网络及不确定环境下创业者的行为认知与决策机制研究",总是琢磨创业者行为背后的原因。创业行为和成熟企业的经营行为不同,比如,成熟企业会努力规避风险,创业企业为了闯出新路,不能说勇于冒险,至少是低风险厌恶。使用市面畅销的管理学教材中的理论知识指导新创企业的经营活动,很多时候不灵。有时,我甚至觉得可以用"逆行"两个字描述创业者的行为。

近来对企业家精神和企业家的关注格外多,时代呼唤优秀的企业家精神。以前读过美国百森商学院一位教授的文章,他认为"美国比别的国家更强的竞争优势是企业家精神"。创业者群体是企业家的主要来源。创业能否成功(当然成功也不易定义),涉及方方面面,还具有偶然性。尽管我们努力研究识别创业者天赋之外的可以学习训练的因素,如先前工作经验、社会网络关系等对创业成败的影响,但我认同创业者的天赋和特质因素的作用,只不过我认为这些自身特质性因素起作用的程度不是100%,可能在60%左右。"创业者是人不是神,但人与人不同""创业者脱离不了普通人的本性但能超越普通人的行为",我尝试用类似的命题概括和探讨创业独特行为及其背后的原因。当然,这些并非只局限于创业者,不安于现状、想超越自我的朋友都可以试试。

我拿"比"这件事予以简单解释:

和别人比特别是喜欢和身边的人比,是人的本性。小时候愿意和小伙伴比穿衣,上学后要比拿多少小红花、争第一。长大后还比,和身边的人比得厉害,和远处的人比得轻。20世纪90年代初刚留校工作,老师们在一起经常聊天说美国的情况,自然会说起汽车和房子等，那时我们还没有，聊完感慨一会，很快就过去了，一切照旧。后来同事中有人买车了，这可不得了，大家"拼命"存钱买车，很快多数人都有车了，包括住在校内基本不用车的人也买车。这是本性，管理学者早就知道利用。如众所周知的公平理论，人的积极性取决于其付出和收入比，收入比付出少，当然不高兴，这是基本的公平问题。不仅如此，还要和以前比，要比以前好，这是绝对公平，工龄工资就有让收入不断增加的功能；这还不够，还有和同事横着比，这是相对公平，这太难衡量了，所以人们想出发红包、秘密工资等办法，引导大家不要横着比。改革开放引入市场竞争机制效力巨大，何谓竞争机制？就是鼓励大家比，有的公司每个月都公布销售人员的销售业绩，目的是产生"比学赶帮超"的效果，当然也会有"羡慕嫉妒恨"的副作用，副作用太大就会影响和谐稳定。

在中央电视台《百家讲坛》主讲《探秘中国汉字》的赵世民老师出版了一本书——《字经》（台海出版社2018年出版），该书解读的第一个字就是"比"字，理由是"'比'是中国哲学的起点"。他进一步说："中国哲学里的所有概念都是在'比'中确定自己的内涵，美对比着丑，善对比着恶，真对比着假……甭管什么人，上至总统下至乞丐，都是在'比'中过日子。"他认为"比"字可以由两个并立的人来象征，"比"后是"从"，在跟从当中模仿学习别人的样子和经验；但"从"到一定阶段就要起逆反心理，进而到了"北"——向背的两个人，背离传统；过了此阶段，会达到"化"境，既没有盲目地跟从，也没有简单地背离，化成自己生命的自然。从、北、化的意象也是两个人，挺有意思。"大凡活得超脱的人不是没有比，而是比的对象不在眼前的时空里"，从"比"到"化"如图4-2所示。

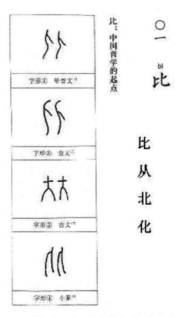

图4-2 从"比"到"化"的意义解析

比是人的本性，创业者或成功人士比不比呢？他们也愿意比，但不局限于和身边的人比，而是更多地与更优秀的人比，这就是人与人的不同。最熟悉的例子是诸葛亮，《三国志·诸葛亮传》记载，"亮躬耕陇亩……每自比于管仲、乐毅，时人莫之许也。惟博陵崔州平、颍川徐庶元直与亮友善，谓为信然。"

那么，问题是什么促发创业者不似普通人那样比？

当然有个人因素。有人童年就有大志，周恩来 12 岁时面对校长"请问诸生为什么而读书"的提问，便能清晰而坚定地回答："为中华之崛起而读书！"家庭教育、阅历的广博都可能影响个体，使得个体视野广阔，立足长远，不局限于眼前和局部，也就不会经常和身边的人比。

此外，情境的作用也很大。2018 年年初我在中国人民大学和该校的一位 MBA 毕业生聊天，谈及创业。他支持年轻人创业，理由是创业很锻炼人，"作为一名创业者一年所受的历练能赶上给别人打工 5 年的锻炼"。当然这只是个估计。他还是努力地提供证据。对一位大学生来说，如果选择就业，只要在班级中表现突出，最多是比同龄人优秀就可以了。创业则不然，你的竞争对手并不只是同龄人，你在和行业的精英竞争，在跨界的时代你甚至可能不知道和谁竞争。这个解释很形象，也很深刻。这就是创业情境，在这样的情境中，创业者不会局限于和身边的人竞争，行为也会与普通人不同。

和历史上的伟人比，比的对象不在眼前的时空，也是比，所以说创业者脱离不了普通人的本性。但比的对象不在眼前的时空，和比自己强的人比，和未来的需要比，和发展比，就会有不同的认知，进而促发不同的行为，所以说创业者能够超越普通人的行为。我觉得这有助于解释创业者的独特性，也有助于锻炼和强化创业思维。

创业者为社会做出了很大的贡献，进而引起关注。研究创业者的人不愿意过分强调创业者的独特性，进而想方设法地辩驳社会上有关创业者的"神话"，如创业者不是天生的、创业者不是赌徒等。有些学者尝试从另一些角度给予理性的解释，《异类》一书就是例子。

此书由"一万小时定律"的提出者马尔科姆·格拉德威尔所著。影响大的创业者应该也属于异类。此书名为《异类》，结论自然不是异类。看似异类的群体实际上并不异类。该书的核心观点是：与其说非凡的成就取决于天赋，不如说取决于机遇。天才并非一开始就表现出众，一开始他们只比别人优秀那么一点点。他做此比喻：森林里最高的橡树之所以长得最高，不仅因为它当初是一颗优良的种子，还因为它在成长过程中没有被其他大树遮挡阳光，生长的土壤深厚肥沃，还因为它在幼苗时没碰上兔子啃树皮，长成以后没有被人砍伐……作者关于森林里最高的橡树的比喻，表面上看很有道理，其实不是，橡树没有办法选择，也没有办法移动，而人是活的，人可以选择环境，可以适应环境，甚至也可以改造环境。作者不赞同天生论的观点，但一系列机遇的观点同样不可控，不能说服我。

创业的确在挑战自我，超越自我。如果问你愿意读书吗？你可能马上回答愿意。那么再问你，过去一年你读了多少本书？ 10 本？ 20 本？ 50 本？ 100 本？相信应者寥寥！这是 2018 年元月南开大学 MBA 校友会上 1998 级同学冯新在会场上的提问，很受刺激！创业者在创业的路程中要面临很多问题，进而学习是刚需，不少创业者一年都会读很多书。

张瑞敏先生读书的数量会超过很多教授。多数人并不愿意读书，学习也存在惰性。一旦你决心摆脱这种惰性，读书达到一定的数量，会感到上瘾，读书也就成为习惯和爱好了。别人在看手机，你可能在读书，行为显现不同。

当然，很多创业者更习惯于与自己的过往相比，不断超越自我。海明威在《真实的高贵》中说："优于别人并不高贵，真正的高贵应该是优于过去的自己。"如果你不甘于普通，那你就得超越普通人的心智模式，就不能随大流。认知和思维方式就不要停留于普通人的本性。这应该是心智模式（mindset）在创业研究和教育工作中受到重视的原因。

创业者中的"扩疆者"与"开荒者"

◎张玉利 / 南开大学

2001年，美国弗吉尼亚大学达顿商学院萨阿斯瓦斯教授发表了一篇重要研究文献——《是什么赋予创业者创业力？》(*What Makes Entrepreneurs Entrepreneurial?*)。其中，她首次提出了效果逻辑理论，解释了在不确定性环境或市场不存在的情况下，创业者在其创业过程中的独特状态，并在文中与传统的因果推理理论进行了对比。基于此文献，本文将创业者分为两类："扩疆者"与"开荒者"，从不同的处境、不同的工作方式和不同的发展之道三个方面讨论了二者在创业活动中的不同之处。

1. 不同的处境

"扩疆者"和"开荒者"所处的环境不同。"扩疆者"多存在于创业中后期的成熟组织中，他们不同于普通管理者，肩负着带领组织开展"二次创业"的使命，他们基于因果逻辑，以明确的目标为导向，并围绕目标整合组织资源或开创新的资源，心无旁骛，追求以最佳、最快、最便宜、最有效等全方位手段实现既定目标，拓展疆域，扩大规模。

而"开荒者"多为初期创业者，与"扩疆者"不同，他们多以三个问题为起点，开启自己的创业之路：

- 我是谁——自身具备的特质、个性和能力；
- 我知道什么——自身受过的教育、培训、专业知识和经验；

- 我认识谁——自身具有的私人网络和专业网络。

可以看出,"开荒者"的创业始于既定的有限资源,以效果推理的方式开展。也就是说,在创业初期也许会有努力方向,但没有十分明确的目标,往往是"摸着石头过河",目标是随着时间的推移,从始创者和与之互动者的多种设想、愿望以及逐步达成的各项"令人惊喜"的结果中不断涌现出来的。

三国时期,"四世三公"的袁绍和"织席贩履"的刘备便是"扩疆者"和"开荒者"的直观写照,袁绍攻城略地的不可一世与刘备寄人篱下、几经周转的曲线救国,形成了鲜明对比。袁绍也许没有想到过自己会因为"官渡之战"这一"项目"的落马而一蹶不振,但同时刘备或许也不曾想到过自己有朝一日能够参与三分天下。

2. 不同的工作方式

"扩疆者"看重预期收益,依赖于竞争关系分析,提倡结合经验与实际科学地制定战略,他们的工作流程多为提出立项—市场调研—财务预测—商业计划制订—团队构建—开展融资—原型制作—市场推广—退出,每一环节都会精心策划和严格有序地执行,以确保目标实现。"开荒者"则不同,他们的工作遵循以下三个原则。

(1)可承受损失原则。"开荒者"倾向于寻求一个以最少资源支出(如时间、精力和金钱)进入市场的方法,有时甚至是零资源投入。他们的做法是基于手边最近的资源迈出一小步,没有预先策划,不过多地考虑结果,先干起来,直接付诸行动,后续再不断地对计划进行推翻、修改。直到某一时刻,一个"意想不到"的里程碑或一个引人入胜的"故事"达成,由此,更多的利益相关者被吸引加入,共同开启下一段新的行程,而目标也在这一次次的迭代过程中逐步变得清晰。

(2)战略合作关系原则。"开荒者"注重建立合作关系,而不是系统的分析竞争关系。因为他们在创业伊始往往没有假设他们的想法存在一个预先确定的市场,而是希望通过在新市场中引入新产品获取最大的竞争优势与最大利益。所以详尽的竞争分析在初创阶段似乎对他们没有任何意义。

事实上,对于一家成功的初创公司来说,理想的开端是将客户引入战略合作伙伴关系,使得"开荒者"能够以非常低的资本投入将想法付诸实践。以美国最大的搬家拖车服务商之一 U-Haul 为例,创始人伦纳德·肖恩(Leonard Sean)在创业初期使用农场的车库和牛奶房作为第一家制造工厂;尝试把第一辆拖车给租赁者使用,这样就可以在他们搬到的城市发展经销商;购买拖车和卡车卖给员工、家人、朋友和投资者,然后这些人会把它们租回 U-Haul 的母公司 AMERCO;与国家连锁加油站签订合同,把加油站闲置的空间用来办公并作为拖车借还的停车位。这些庞大的利益相关者网络共同为同行业的模仿者制造了一个巨大的行业进入壁垒,任何模仿者都不得不冒着巨大的资本支出风险进行竞争。可以说,在任何一个关键时刻,U-Haul 都有可能失败,但由此产生的财务损失不会是一场灾难，因为其投资分布在如此多的利益相关者中。

（3）利用意外原则。"开荒者"认为，如果花太多时间在做准备和定目标上，将永远不会看到和先起步再确定目标这种方式一样的风景。众多伟大的创业公司都是意外事件的产物。它们的结构、文化、核心能力和耐力都是特定人群通过与他们所生活的空间、时间和技术充分交互后，要么是他们自己努力打造的，要么是为了满足特定需要而形成的成果。我们可以猜想，如果陶工乔西亚·韦奇伍德（Josiah Wedgwood）没有遇到绅士哲学家托马斯·本特利（Thomas Bentley），并邀请他一起合作，那么韦奇伍德陶器这个持续了两个世纪的品牌是否还有可能被创立？或者如果加里·基尔达尔没有搭上与IBM总裁偶遇的那趟飞机，微软又将会是什么样？这并不是说意外本身塑造了企业，而是"开荒者"面对意外如何随机应变地把控和利用，并将其向有利于事业发展的方向转变。

3. 不同的发展之道

我们以最简单经典的统计模型来举例：规则是把不确定的未来当作盛有红球和绿球的盒子，如果抽到其中的红球就会得到奖励。

对"扩疆者"而言，他们会通过经验、调研等种种手段推断出盒子中红球和绿球的大致数量，并通过计算得出预期回报率。但是对于"开荒者"，他们没有能力推断球的数量甚至颜色。他们采取的方式是不断将球抽出，并仔细记录每次抽取的结果，以便随着抽取次数的增多来发现盒子中球的分布规律。"开荒者"认为，无论盒子中球的初始分布如何，他们都会持续去寻得红球并将它们放入盒中；他们也会寻找其他拥有红球的人，说服他们成为伙伴，并将他们的红球放入共同的盒中。随着时间的推移，盒中红球会越来越多，这大大提高了他们后续抽中红球的概率。同时，还有另外一种情况，众多"开荒者"只抽到绿球，那么，他们也会把这些绿球放入盒中，当盒中有足够多的绿球时，他们会选择修改游戏规则，将抽到绿球作为新的获胜条件。"开荒者"就是以这种发展之道不断尝试建立新的"盒子"、设计新的游戏、制定新的规则，引导事业向着日渐清晰的目标发展。他们相信，未来不是"在那里"等着被发现，而是通过策略一步步被创造出来的。

4. 结语

每一位"开荒者"都希望能够早日成为"扩疆者"，而"扩疆者"也会在某些情况下变为"开荒者"。不管怎样，如何在不同的创业阶段更好地把握不可预知的未来，是事业走向成功的关键所在。电影《回到未来》（Back to the Future）中有句台词："路在哪儿？我们要去的地方不需要路"（Roads? Where we're going we don't need roads）。这是创业者的真实写照，创业就是这样，鼓足勇气出发，想方设法地生存，随机应变地发展，从而达到彼岸。你固然无法改变过去，但是，你随时可以改变未来。

参考文献

[1] Sarasvathy S. What Makes Entrepreneurs Entrepreneurial?[DB/OL]. https://ssrn.com/abstract=909038, 2008-10-21.

[2] Sarasvathy S. 是什么赋予创业者创业力？子谦国际公众号.

第 5 章

创业者如何思考

创业者脱离不了普通人的本性，
却能超越普通人的行为；
那么，
创业者有哪些独特的思维方式，
使之能够实现这样的超越？
本章将对此做出深入探讨。

对标与超越

◎张玉利／南开大学

我讲课时经常拿年终总结解释创业者和打工者的差异。打工者（打工者并不只是农民工，受雇用者都算）的年终总结，基本就是一个套路：过去的一年，在领导的正确领导下自己取得了一点成绩，一二三四五……成绩写足了，该转折了——尽管取得了一点成绩，但是还存在很多不足：第一，学习不够；第二，脾气暴躁，工作方式方法不对；第三，……最后是努力方向，综合起来谈的努力方向。我上网查了一下，还真有现成的模板，和我感受或猜测的差不多。

有套路也就意味着有规律。规律至少表现为：第一，在领导的正确领导下必不可少，也就是说成绩是在领导的正确领导下取得的，有时还要加上同志们的支持和帮助，可能还会客气地说成绩是和同事们沟通努力的结果。但各条成绩高度个性化，有根有据。实际情况是，领导正确领导是客气话，实际上成绩是我自己干出来的，是自己的。第二，问题是共性的，是大家都有的，是客观的，是本性难移性质的……反正不是我个人的。第三，成绩的数量（一二三四五）要比问题、不足的数量多，符合常理，说明我在进步。第四，努力方向对应问题，不明说要达到什么样具体可以考核的程度。努力，一定要努力，不足是否能彻底改不好说。再说，也要留有余地，弓不要拉得太满。

创业者不会按这个套路写，也许不容许这样。

创业者如果觉得取得成绩，要感恩。创业是在不拘泥于当前资源条件下的机会识别和价值追寻，"没有米找米也要做饭"，资源约束程度一般更高，要干事就要想方设法利用外部资源，积极寻求合作，努力争取各方面的支持，不会把成绩都揽到自己身上。失败了、出了问题，创业者不会往外推，也没有地方推，只能往自己身上揽。

大家看看所在单位的一把手的总结，不管是什么性质的企业或单位，一把手的总结和打工者差别很大，问题会更有针对性，而且要努力解决。何故？责任使然！责任感越大的领导，行为特征会越偏向创业者。琢磨给别人发钱和从别人那里领钱（工资），永远都不一样。

总结过去的一年很重要，不仅为了自身进步，还要得到领导的认可、赏识，争取到尽可能多的奖金。

展望也必不可少，展望离不开对标。不对标就不好定目标，也不好把握方向。

对标要对高不对低，对标同类，对标先进。发展落后的要对标先进的，规模小的要对标规模大的，国内500强企业要对标世界500强企业，比学赶帮超，整体都在不断进步。这些似乎应该做的，却也隐含了不小的风险。请看图5-1。

图5-1 小企业、大企业互为标杆？

我很喜欢这张图。图中显示，小企业并不是把大企业作为标杆，尽管表面上看小企业在增加雇员、增加组织层次、扩大生产、专业化管理，似乎一切努力都在朝向大企业。再看右侧，大企业在干什么？减肥、扁平化、灵活性、承担风险，这些是小企业的特点啊！大企业若能成为小企业的标杆，为什么自己还要变呢？！大企业和小企业在新的时代，都在努力探索能够适应时代并能更好地生存和发展的管理模式与方法。按照这张图的解释，如果小企业对标大企业，反而可能落后于时代，甚至可能越对标越落后，或者造成高度同质化。

2019年圈内讨论最多的一个词是数字经济，背后是大数据、人工智能、区块链、云计算、边缘计算、5G等数字技术驱动的新的经济形态，以及一系列眼花缭乱的变革。组织的边界变得模糊，跨界竞争日趋频繁，依据用途替代、行业、地域等传统的竞争分析思路判断不出竞争者了，那些传统的对标思路和方法，如高校对标北大、清华、哈佛、耶鲁，不见得正确。

对标的目的是学习，是追赶，甚至是赶超。这有可能是省事的行为，本质上是模仿，结果可能是距离越来越大。大家在同一个轨道上，你在追赶，别人也在努力向前，如何追？龟兔赛跑，龟先到终点的前提是兔懈怠睡觉，在正常情况下，龟不可能跑过兔。当今时代，哪个"兔"敢睡觉呢？

于是想出了弯道超车的主意，这更难理解。同一个轨道上追都追不上，弯道怎么能超越呢？曲线比直线距离长，距离长意味着资源、能量消耗大，速度要更快，大家可以看看赛跑的视频。在目标或目的地不变的情况下，变轨赶超实属不易，积蓄力量，看准机会瞬间爆发是正常的策略，不属于弯道超车（见图 5-2）。

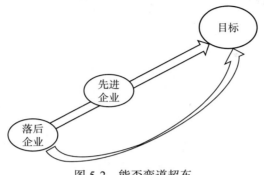

图 5-2　能否弯道超车

如果变轨的同时也改变目标呢？或者，目标不变、改变 KPI（关键绩效指标）就会不一样。例如，管理的目标之前强调效率，追求 1+1 > 2 的增效效应，追求经济效益，现在更加关注社会责任，甚至大张旗鼓地说，其追求的就是让人们的生活更美好。不同阶段、不同发展平台甚至不同领导者对于目标的理解和界定的确可以不一样，一旦把追求的目标区分开，也就相当于不在同一赛道上竞争，弯道变成变轨。目标不改变，树立新的 KPI，相当于采用新的手段。比如选举，为了争取更多的选票，可以把愿意投票的人争取过来投自己，也可以把那些经常不愿出来投票的人激发出来投票。对产品销售来说，意味着激发现有顾客的重复购买行为，也可以把非顾客变成潜在顾客和现实顾客。再比如服务社会，KPI 可以是领导批示，把我们的建议通过领导批示转化成政策；也可以直接关注民生，直接到民众那里服务，解决实际问题，结果也是服务社会（见图 5-3）。

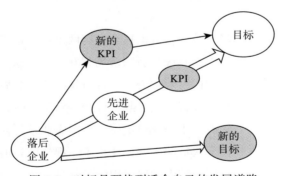

图 5-3　对标是要找到适合自己的发展道路

对标的过程是在寻找适合自己发展道路的过程，而不是照搬别人。我们国家成功的原因是走中国特色社会主义道路。对标只是参考，是立足自身，要改变思维和认知，敢于创新，敢于标新立异，审视大的环境，敢于走新路。

如此说来，对标的根本是自己，超越自己是根本，这也是创业的本质。但超越自我的前提是有健康的身体。

错位经营与扬己之长

◎张玉利/南开大学

错位经营、差异化、谋求特色是企业也是个人的经营之道，深入人心，但不见得对。差异化是迈克尔·波特提出的三种通用战略之一（另外两种是低成本和聚焦）。差异化更是市场学中的经典，对市场要进行细分，找到自己的目标市场，集中资源于目标市场。对于资源和实力相对弱的中小企业来说，更是如此，要寻找市场缝隙，避免与大企业直接竞争。错位经营往往成为企业经营者的口头禅。

错位经营作为一种有效的经营策略，其前提至少有两个：一是市场能够区隔，换句话说，市场能够被相对清晰地细分，而且细分后的市场相互独立且稳定，这样目标市场才是实在的、有意义的；二是基于能力的专业化分工，各自发挥专长然后交换。问题是这两个前提都在发生巨大的变化。市场已经很难被区隔，混业经营是常事，这在银行业中体现得最明显，中国银行、中国工商银行、中国建设银行、中国农业银行，名字中有鲜明的行业特点，而且分工明确，现在这四大银行间的差异变小了，都是国有银行，基本上什么银行业务都做。另一个例子是电力。工业用电和居民用电显然是两个市场，工业用电和居民用电的电价一定不一样。但是，随着储能技术的不断改进，也许有一天居民用的电力也被储存起来再输入电网中，也许居民用电和工业用电之间的差异也会模糊起来。互联网加速了市场的融合，去中介、去边界，组织生态化，企业、市场、平台等的界限会越来越模糊，国际化（突出国家的边界）也逐渐被全球化取代了，组织边界的开放性会逐渐强于其封闭性。基于能力的专业分工也发生了很大的变化，合作、外包、赋能等，组织和个人可以做的事情也越来越多了，自己做不了，可以请别人做，可以投资别人做，机会比能力更实际。

错位经营本质上侧重看竞争对手，错位经营的结果很可能是没有位置！

不是说错位经营的理念和思路错了，而是在创业情境下或创业初期，源于工业社会的专业化或职业化管理所形成的理念或措施，的确有些不适用了。2010年在瑞典延雪平大学听讲座，一位教授讲创业和企业家精神，第一张PPT是起飞的飞机，教授解释说，创业之初犹如飞机起飞，起飞靠速度，爬升到安全高度时则平稳最重要。谁都知道木桶理论，由长短不一的木板组成的木桶，其盛水量不取决于长的木板而是短的木板。创业不同，多数成长快的创业企业靠的是长板，发挥的是长板效应，体现的是反木桶理论。

我认定创业热潮源于社会转型，信息社会的到来使得各类企业都面临挑战和机遇。还记得上一篇文章提到的小企业和大企业是否互为标杆的图（见图5-1）。图中表面看是大企业向小企业学习，小企业向大企业学习，实际上不是，大企业如果是小企业的标杆，大企业为什么还要变呢？！小企业、大企业乃至各类组织都在探索如何在信息社会谋求竞争优势、立足、发展！相应地，管理理论、管理模式会随着企业的实践探索与创新而变化，我们一时不可能提出一个新的系统的理论来，但不妨一点点积累，碎片化知识也很有用。另外，我相信创业实践更有助于我们探索新时代的管理理论创新，因为创业实践一定能更好地顺应新的时代。所以，我近期说"我研究创业但我并不关心创业"，我基于以往的积累和教授管理学课程的判断，从一些具体的点尝试阐释创业管理和目前管理学教材所倡导的知识点的差异，希望能够启发大家对创业式管理进行思考，也有助于我们在创业类课程教学中能够"用创业讲创业"，而不是套用适合大公司的管理理论和方法。

回到错位经营主题上。我认为错位经营的理念和思路不适合创业初期，至少不应是创业初期决策的重点准则。你绞尽脑汁想到的创意，不管你觉得有多么新奇，地球人至少会有数十数百人也会想到。创业的本质是创新，但多数的创业活动所涉及的是如何做得更好，而不是做全新的事情，这里的多数至少是70%以上。试着思考有哪些别人不能做而我能做的事情？此外，还有什么可以做？或者说哪些事情真是别人所不能做的？

换个思路，与其考虑别人不能做的或不愿意做的，不如重点分析自己能做什么，自己的长处是什么，把自己的长处发挥到极致！据我观察，做出成就的人的职业路径经常是把爱好变成专业，把专业做到极致，创业者也多如此。我一位朋友——王永正先生，小时候就喜欢看大人做衣服，也不知道什么原因；长大后在铁路系统工作，他还是喜欢做衣服。21世纪初，他看到机会，毅然辞职创业，给出国的人士定做西服，现在还在执掌永正制衣有限公司。这样的例子是少数，但在创业者群体中就不是少数了。

效果逻辑理论的提出者萨阿斯瓦斯教授的研究发现，创业经常是取决于我是谁，我能做什么。创业在我，不在别人！创业的基本逻辑如图5-4所示。

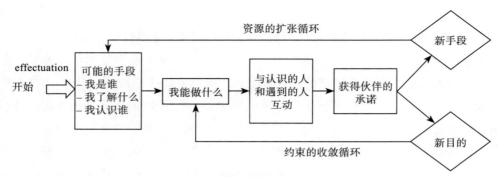

图 5-4　效果推理理论的基本逻辑

接下来的关键的问题是：如何知道自己的所长？这是难题，很不容易解决。当然，识别组织的核心能力也不容易。

但天生我材必有用！每个人都有自己的长处，但能支撑创业的长处一定不能是一般的能力，或是简历上写的"专长"或"特长""爱好"，而是稳定的、持续的、深层次的能力，那些曾经让你取得成就的能力。在创业教育中，常常有一个"自我认知"的练习环节，我建议读者朋友亲自做做这个自我认知练习，挖掘出你的能力，再想想这些能力能支撑你在当下和未来干什么，扬己之长，也许你真能干一番大事。

其实，扬己之长的思路与和自己较劲、挑战和超越自我的逻辑相同，也是应对不确定性的重要手段，以不变应变。

畅想之后，再冷静地感受"错位经营"与"扬己之长"的差别与联系，看有什么收获。

参考文献

Sarasvathy S. Toward Causation and Effectuation：A Theoretical Shift from Inevitability to Economic Entrepreneurial Contingency[J]. The Academy of Management Review, 2001, 26, 243-263.

心智模式：分等与分类

◎张玉利／南开大学

分等的思维根深蒂固。与其说大中小企业是分类，不如说是分等，与强中弱无异，大企业这么看，小企业也这么看。

大学要搞排名，没有排名时，现在又来了双一流（世界一流大学、世界一流学科），中央直属、教育部直属、省市直属等。其实这些都是分类，如研究型大学和教学型大学的差异就很明显。我的理解和感受是，研究型大学不仅要传授知识更要创造知识，老师的研究领域高度专业化并且持续，在教学方面老师也很专注，常年讲授少数几门相关的课程，不断改进。教学型大学对创造知识的要求没有那么严格，老师可以同时讲授多门甚至10门左右的课程，这些课程之间的跨度还可能很大。更多的是分类，但在人们心中更多的是分等，以至于教学型大学也要拼命向研究型大学转。外出旅游住旅馆，还分三星、四星、五星，景区也要分几个 A。总之，各行各业，总得分出个三六九等，有如梁山好汉，排出个座次。

分等的思维深入骨髓。以前听说过一个故事：一家四星级旅馆，别出心裁地想出一则广告语："四星的硬件、五星的服务！"乍一听来，感觉其很聪明，说明自己接近了五星。仔细想想，便知这样的广告源自五星一定要在硬件、软件，在方方面面都比四星的好。这体现的仍然是分等的思维。近年来，我多次受邀到省属或地方高校做报告和交流，见面之后，经常听到接待我的人说，我们是小学校，不比南开大学这样的985高校，流露出的不是谦虚而是自卑。这种认知会直接影响学生。去不同学校评估其学科，能够明显地感受到不同学校之间的差距，也能感受到被评估学校赶超的愿望，但很少看到有学校尝试办出特色甚至尝试走不同路径的努力，很少会看到"走自己的路"的勇气和尝试。

分等的思维有什么不好？同质化，思维固化，不利于多元化和创新！分等本质上会造成模式的单一化和雷同。还拿高校为例，大学排名使得全国的高校形成了一条清晰的发展路径：专科变本科，本科后升级为大学，都要搞综合性大学、研究型大学，都招收博士，都争抢海归，都重视科研课题申请。一句话，清华、北大怎么搞我就怎么搞！平日里喊特色，评估来临，一切回归正统。放大一些看，城市之间也是如此。大家不妨拿相邻的两大城市做一些比较分析，比如北京和天津、济南和青岛、上海和南京、上海和杭州、重庆和成都、广州和深圳……多数都是高度同质化、同构化。东北三省因为新中国成立后针对大项目的国家计划安排还有一些差异，广州和深圳、上海和杭州因为市场化进程快一些还有差异。同质化固化并强化了主流和单一认知，如学而优则仕，山西商人提倡学而优则贾，很快成为另类。人们崇尚自然，厌烦人造景点，难道都是因为人造景点造的不好吗？人们厌烦的是雷同！为什么雷同？也许是5A景点标准惹的祸。思维固化，哪里还有多样化？哪里还有创新？同质化还会带来模仿和抄袭，模仿和抄袭还高举向先进学习的口号和旗帜。单一统一的标准，不会鼓励结合本地情况创造创新，模仿性的学习和行动更快、更安全，也更有效。

分等为什么会造成同质化？因为分等的关键和妙处在于能清晰地分出等，以便于识别，等的意义和价值才会大，才会挡住争议，才会争先恐后地往前争。为此，必须可比。可比就要有指标，指标又不能太多，不管设计者觉得评价指标设计得多么科学，时间一长，就固化了、雷同了。不过分地说，只要区分出等级的事都是如此，考试最明显，否则那么多的考试辅导机构就不存在了。

做此分析，不是要号召彻底取消等级，等级的划分有助于竞争，有助于引导，也有助于稳定。

我想说的是，要适当降低等级的划分，尽力去克服分等带来的弊端。很多人都不希望分等，即使处于高等级的人群也是如此。去年看了几集描述20世纪90年代北京至莫斯科列车上劫匪抢劫倒爷的电视剧《莫斯科行动》，有一句台词很有意思："所谓现代，就是要和自己的掘墓人为伍。"人们也在做一定的努力，比如考试不再采用百分制，而是A、B、C、D或优、良、中、差，尽管这样仍然是分等，但同一等上的人多了，同一等级的人感觉没有什么差异，情况要好很多。即使百分制和优、良、中、差的评价结果都符合正态分布，都是两头小、中间大，两者相比，在满意度和幸福感方面，后者会好于前者。

克服分等弊端的同时，要设法加强分类的思维。分类是为了发挥和张扬个性，激发个人的潜能。人与人不同，如何发挥更多人的作用，显然是需要研究的课题。"天生我材必有用""360行，行行出状元"都是这个意思。同样是小企业，一种思路是和大公司比，努力摆脱小企业的地位，梦想一夜做大，进入500强——这经常是分等的思维在作怪；另一种思路是和自己比，发挥自己的长处和优势，做出特色。独角兽、隐形冠军就是很好的例子和方向。企业也像自然界，物种的多样性比少数物种的强大更有好处。

2018年6月29日，我在广州市开发区参观，其管委会大楼内，每个会议室都进行了精心的设计，设计的精心不在于豪华而在于功能，用于政务的会议室显得厚重，用于商务的会议室采用白色格调，内有蓝色地毯，会议桌可以移动，轻松活跃，这就是分类。与其工作人员交流，对方告诉我：广州市区的主要功能是服务市民，开发区的主要任务是吸引高端创新人才。这又是分类的思路，有了分类的认知，才会有管委会大楼内会议室的分类设计。

作为创业者，尤其要树立和强化分类的思维。要清楚地知道我是谁，我能干什么，旗帜鲜明地走自己的路，走出特色，反而可能走得更扎实，获取整合资源的速度更快，发展更好。这样的思维得以强化，这样的行动得以鼓励并获益，模仿和抄袭的就会少，知识产权保护等方面也就有了进一步成长的"土壤"。

分类的思维也不能简单等同于细分和错位经营，不能简单等同于做别人不做的，或者不去触及别人擅长的。分类的思维本质上是创新的思维，是谋求特色，特色不能保证具有创新，但没有特色基本上不会有创新，没有特色和创新不会有发展。其中的道理不难理解，也不需多解释。强化分类的思维，则是要克服和摆脱分等的思维，摆脱传统思维方式的束缚。《蓝海战略》里面讲述的快捷酒店的产生是很好的例子。快捷酒店彻底颠覆了旅馆业长期形成的范式，抓住了人们选择经济旅馆只是为了获得几晚安静的休息环境的本质诉求，开辟了旅馆业的新天地。

摆脱分等的思维已经带来好处。商业模式创新、万物互联使得产业、企业边界模糊，产业升级，去中心化等。商业模式、商业生态丰富多彩，极大地激发了创造力。尽管短时间内做大变得困难，但整体活力的增强还是会促进经济和社会发展。更可喜的是，近年来民间活力增强的动力不再是改革开放初期的体制改革，而是互联网等技术的力量推动，而且是更多的年轻人加入其中的缘故，年轻人的创造力更强。

带着分类的思维，再去思考中央强调的四个自信——道路自信、理论自信、制度自信、文化自信，相信大家会有新的理解，自己的自信心也会增强。

当然，摆脱分等的束缚，不仅要靠我们每个人的努力，更要靠社会文化氛围的转变，要靠政府衡量考核机制的变化和引导。

分类思维突出横向，有时纵向也不可避免，此时，可以用分层而不是分等的思维，分层是纵向的分类。

分析与直觉判断

◎张玉利 / 南开大学

提到管理，大家自然会想到计划、组织、领导、控制这些基本的管理职能。创业式管理源于对创业活动进行管理，提到管理就离不开管理职能，我针对管理的基本职能，结合创业情境和创业行动，逐项分析创业活动在计划、组织、领导、控制等基本职能方面表现出的不同，感受管理学经典教材所描述的一些知识在创业活动中遇到的挑战，有的直观看简直就是南辕北辙。之前写了几篇有关计划决策方面差异的文章，如《错位经营与扬己之长》，本文再综合性地比较一下计划决策的基本模式差异。

凡事预则立，不预则废。这是计划。"预"强调扎实的调查研究、周密分析，讲究"没有调查就没有发言权"。这样决策就更加强调科学性，决策不仅要解决当下的问题，避免产生新的更大的问题，还要保证长远的发展，责任重大。决策特别忌讳拍脑门、主观臆断、外行指挥内行等。但是，现实中很多创业者在剖析自身的创业经历时经常会用"直觉"来解释自身的创业行为或决策，并将创业成败归结于此。乔布斯、马云、郭为、王兴等成就卓越的创业者都曾公开强调创业直觉判断的重要性，这一"只可意会不可言传"的概念将财富创造传奇进一步神秘化。然而，由于创业直觉判断具有抽象性、复杂性、不确定性及"神秘性"，创业理论界对此关注很少。

有关直觉，在行为决策方面的理论研究不少，针对创业情境和创业决策中直觉判断问题的研究不够。张慧玉、李华晶和胡望斌等青年学者发表的两篇文献研究阐述得比较清楚。本文主要选用他们文章中的观点，并适当结合我的观察和理解做一些评论分析。对于两篇文章中的原始引用，这里就不逐一标注了。这两篇文章是：

张慧玉，李华晶，胡望斌. 创业直觉研究述评及展望 [J]. 科学学与科学技术管理，2016, 37 (8): 20-33.

张慧玉，李华晶. 创业直觉判断可靠吗——基于自然决策理论与启发式偏见理论的评析 [J]. 科学学研究，2016, 34 (4): 574-581.

1. 创业情境与直觉

根据我的阅读和个人理解，我认为直觉和直觉判断有如下的基本含义。

直觉是对记忆中模式的认知，以已有的经验和情感输入为基础，是对所面临情况的整体感知，难以用言语准确表达。

直觉判断是认知自动系统不经思索、自然而然、毫不费力产生的结果，往往是突然自动进入脑海以至于产生直觉的人都无法清晰地阐释其来源或动因。有关直觉判断的研究通常将其与个体的经验和专业技能等联系起来。

张慧玉等指出了直觉决策与创业情境的紧密联系。她们认为，由于创业决策往往是在新颖情境下做出的，一些重要的创业决策，如创业机会识别、创业投资、市场进入与退出、资源获取、创业伙伴选择等，往往是非标准化的决策，缺乏可以操作化的运算法则。此时，创业者对于所处环境的熟悉程度，对于其持有信息的主观判断，对创业者的决策而言至关重要，甚至占据核心地位。这种主观的判断与创业直觉往往密不可分，甚至在某些特定情况下是重合的。由于与理性分析的信息加工方式相比，直觉加工具有快速性、即时性和无意识性，这有助于创业者突破认知资源的局限性，使之能够快速地整合环境信息，从而能够做出灵活、有效的判断和决策，"这对于环境不确定性高、决策模糊性高、决策时间压力大、资源约束大的创业活动至关重要。"因此，这些作者认为，当环境不确定性高、可用信息有限且各种变量难以预测时，理性分析因缺乏必要的信息和数据而让位于直觉决策，这在创业者缺乏明确的决策方向时更为突出。

张慧玉等作者进一步指出，这些发现同样适用于创业直觉决策，但必须考虑创业特殊情境及其影响。相关研究表明，直觉在不确定性高的环境中被运用得更多，且效果更佳。例如，学者埃里克·古斯塔夫森（Erik Gustafsson）在比较新手与老手创业者在直觉使用方面的情况时发现，决策环境的不确定性深刻影响后者的认知模式选择，即经验丰富的创业者表现出较强的环境适应能力，他们在低不确定性环境中采用分析式加工模式，而在高不确定性环境中采用直觉式加工模式。根据自然决策理论，在不确定性高、风险性强、时间紧迫、决策情境快速变化、行动反馈循环快等条件下，专家往往通过直觉判断识别并实现界定模糊的目标。与此类似，创业者通常要在一定时间期限内就复杂、动态、高不确定性的情况做出市场与竞争回应、危机处理、技术创新等方面的决策，而且往往还要同时考虑多个决策，这些决策情境特点迫使他们自然而然地反复诉诸高风险、高时间紧迫性、高度个人专注、深度情感投入的直觉判断过程。

由上述分析可知，直觉并不局限于创业决策，但创业决策情境与直觉判断更加契合。

2. 直觉中的经验与情感

直觉难以解释，很神秘。

张慧玉等指出，大多数研究将直觉视为一种非意识思维，知其然而不知其所以然，大多数主体很难清晰阐释自身直觉决策行为或过程的原因，诸多创业者便是如此。直觉的产生不同于有规律可循的分析过程，具有自发性、即时性、联想性与整体性，行动者往往基于所有已知信息迅速甚至瞬间对整体情况产生联想性质的感知或认知，构成直觉判断的基础。作者进一步指出，近期研究通过剖析大脑认知结构、功能理解直觉，认为直觉判断自动进入脑海，以至于产生直觉的人都无法清晰地阐释其来源或动因，这是自动系统不经思索、自然而然、毫不费力产生的结果。

从前面对直觉和直觉判断的定义可以看出，直觉以已有的经验和情感输入为基础，已有的经验和情感很重要。已有的经验与专业知识、素质、阅历、能力等高度相关，不同的人已有的经验显然不同，直觉判断的质量也会有明显的差异；情感这种基础很重要。有无情感的直觉当然不一样。

我想以教育为例谈我的理解和认识。教育，简单地说，由"教"和"育"组成。能够"教"别人的人要掌握相关的知识，要经过训练，还要在长期的教学工作中不断地得到锻炼和提高，这样才能担负起传道、授业、解惑之职，这可以理解为经验；"育"当然也需要掌握相关的理论知识，了解教育对象的内心世界，但真正起作用的是情感，是爱心。文盲当然不能当教师，但文盲同样能够育人，甚至可能会比有知识的人做得还好。直觉以已有的经验和情感输入为基础，符合完成工作任务的基本规律，因为任何工作要做好，都需要两个基本条件：一是能够做，二是愿意做。

认真研究经验和情感这两个基础，可以识别和感悟到直觉和拍脑门、直觉和所谓的第六感的区别。

在这方面，张慧玉等学者在研究中指出，在创业决策中，创业者经常需要凭借有限的可控信息和即时的整体感知做出判断，以把握转瞬即逝的商机。创业情境以相关信息和数据难以获取并且也尚未确定为特征，高度不确定性作为创业情境的突出特征已得到大多数创业研究者的认同，但目前仍很少将其嵌入研究模型中进行观测和分析。与一般组织情境外生不确定性不同，不确定性是创业活动的内在属性，并且具有主观和客观的二重性。

也就是说，创业者不是愿意或相信直觉更可靠，而是受信息的约束和不确定性的客观事实影响，不得不依靠直觉。进一步说，我们不是否定调研分析，也不是说直觉会比分析好。直觉不可避免，也不可不要，我们的任务应该是研究直觉的科学性。

3. 创业直觉判断的可靠性

影响创业直觉判断可靠性的因素很多。首先是先前经验。在这方面，张慧玉等学者强调，经验、专业知识在直觉判断过程中发挥着至关重要的作用，创业者往往基于先前经验或专长对特定领域做出直觉判断，这在一定程度上就是对记忆中先前存储的知识自然而然的潜意识甚至无意识运用。这可以部分解释先前经验、专业知识，尤其是相关领域的创业与工作经验对成功创业的重要作用。这也是我非常认可的观点。

其实，创业对过往经验特别依赖。创业的本质是创新，但多数的创业活动并不是在做全新的事情，而是在做别人也在做的事情，只是做得更好。就创业机会而言，有调查显示，70%的创业机会都是对以往工作的复制和改善。大多数创业者都会选择有一定经验积累或自身了解较多的行业作为创业领域，对自身的专业技能充满信心，因而经常会通过直觉感悟来识别创业机会或进行创业决策。这是非常重要的事实，正因为这样的事实，创业才可能成为职业选项，才不会是极少数的"天生的创业者"的专利。"不熟不做"对创业而言也是适合的原则。扬己之长而非错位经营等行为都以此为基础。换句话说，创业直觉判断更需要专业知识和经验，这方面与其他工作没有什么不同。

在实证证据方面，张慧玉等梳理了相关的研究。例如，罗伯特·巴隆和迈克尔·恩斯利（Robert A. Baron 和 Michael D. Ensley）对88名创业老手与106名创业新手的商业机会认知模式进行比较，发现创业新手比经验丰富的创业老手更依赖于直觉，直觉在其创业机会识别过程中起着重要的作用。但与此相反，古斯塔夫森研究发现，经验丰富的创业者可以根据决策环境不确定性的高低在分析式加工与直觉式加工两种认知模式间灵活转换，更充分发挥二者的优势，而创业新手对环境不确定性的适应能力较差，更趋向于进行分析式加工，直觉式加工的能力较弱。可见，经验在直觉中如何发挥作用还有赖于更多的研究探讨。

其次，直觉判断中的理性因素。张慧玉等的文献研究显示，直觉认知型创业者往往会根据感知环境变化而上调或下调对于企业成长的期许，而分析认知型创业者往往会执着于最初的成长期许，不会随着感知环境的变化调整自身的期许。显然，与后者相比，前者的主观性更强，在成长预期上更为积极开放。

我认为这一发现特别重要，说明了直觉判断的理性。创业者要靠直觉判断，但不能僵化，反而更加注重灵活性，能够根据所感知的外部环境变化上调或下调对企业成长的期许，能够随机应变，这和西蒙教授所强调的满意化决策准则高度契合。在可预测的环境中，最优化是可能的。在高度不确定性的环境中，最优化是不可能的，只能达到满意。在满意的前提下快速行动，在行动中快速反馈，不断地总结反思，快速地迭代，是契合快速变化的环境和创业活动为把握机会而快速行动的客观要求，结果反而可能更好。同时，创业者的学习和进步能力也特别重要，学习是创业者的刚需，超越自我是创业者和所创企业能力成长的前提保证。

在这方面，张慧玉等作者引用了诺贝尔经济学奖得主丹尼尔·卡尼曼（Daniel Kahneman）等学者的观点。卡尼曼和加里·克莱因（Gary Klein）提出的推动熟练性直觉产生的两个条件，就是创业者可以通过主观努力改变的因素。一般而言，客观性强的因素，其调整难度往往较大，而主观性强的因素，其调整的机会及范围空间都比较大。据此，张慧玉等认为，对创业者来说，提高创业直觉判断质量的关键在于提升自身的主观条件，认识并积极改善自身存在的认知局限，通过合理、可行的方式提高直觉判断的可靠性。

最后，也是特别重要的是情感因素。创业初期需要的不是激情，而是愿望。终极愿望一定是非常情感化的。有些终极愿望如此强大，以至于我们需要另一个词汇来描述它，那是一个在商业领域比愿望更为罕见的词语——"喜爱"。创业行动的起点是欲求（desire），欲求为创业行动提供能量和刺激，面对不确定性，除非你真的想做这件事，否则行动没有任何意义，不管对你而言这件事是不是必需的，和可以做、能做、值得做相比，想做才是最重要的。创业者和打工者的区别在于，打工者把工作当成工作，创业者把工作当成事业，甚至当成他生命的一部分。这一事实说明创业者特别是优秀的创业者不会太注重短期行为，不会轻易违背基本的商业诚信和规则，不会不顾及消费者的利益，出于对事业的热爱和责任，他们的直觉判断在大的方向上一般不会有太大的偏差。

4. 结语

当然，直觉和直觉判断也存在其局限性。张慧玉等学者的文章指出，保罗·梅尔（Paul E. Meehl）在梳理了已有的对比人工判断与统计模型预测的研究后，发现后者往往比前者更准确，这促使他对临床医生过于依赖直觉判断、不善于运用统计推理提出了质疑，这是启发式偏见理论的起源。后来，约翰·戈德伯格（John C. P. Goldberg）的研究进一步完善、深化了启发式偏见理论。他发现，针对相同的病例，不同的医生会得出差异很大的结论，据此提出"引导效应"（bootstrapping effect）的概念，指出缺乏一致性是非正式的直觉判断的最大弱点，而判断有效性低是一致性缺乏最突出的表现。启发式偏见相关研究分析了不同情境下的直觉判断后发现，富有经验的专家（甚至科学家）即便在自己熟悉的领域，也很有可能会在直觉的引领下做出错误的选择或判断，因此，这些研究建议，在很多情况下应该发挥计算或统计模型的作用。

张慧玉等学者认为，在创业情境中，创业失败率居高不下的事实以及诸多创业者将创业成败归功于直觉判断的观点在很大程度上佐证了自然决策的不足，肯定了启发式偏见的存在。正是由于存在这样的偏差，即便是经验丰富、以往创业绩效突出的优秀创业者也不能完全凭借直觉进行创业。对于直觉和直觉判断的价值，作者总结道，"从未肯定专业直觉判断完全正确，从未对直觉判断完全否定，甚至其计算或统计便是以专业经验为基础。结论是：部分专业直觉判断作用突出，而另一部分存在不足"。

我认为，创业情境驱动了直觉判断的普遍存在和应用，直觉判断和严密的分析显然不同，不存在绝对的优劣，适合就好。只是在变化速度更快、不确定性日益突出的信息时代，直觉判断不可避免。所以，如何做好直觉判断和周密分析的互补倒是更重要的课题。

愿景驱动：创业者的远见该有多远

◎张玉利/南开大学

南开大学原校长龚克教授曾说过这样的一句话："人可以分为领跑者和跟跑者，领跑者把方向，跟跑者调速度。"这句话很有道理。创业者显然是领跑者。环境高度不确定性和强资源约束情境下的领跑者更要把握好方向，否则，谁愿意跟你跑？！

把握方向不容易。环境不确定、事业成败不确定、创新是否会被接受不确定、产品和服务是否有市场也不确定，预测越来越难，难以预测但需要洞见，大家开始强调愿景驱动。我理解，这是领导力的课程在社会和高校普遍被推崇的重要原因之一。

首先，远见和抱负不同，尽管二者内涵有交叉。南开大学创校校长张伯苓先生一生致力于教育救国，这是抱负，当然其中也有国家的独立与发展需要人才的判断和眼光；马云的抱负是"让天下没有难做的生意"，这是抱负，当然也有对国人商业信用水平低的判断和需要降低交易成本的眼光。凡影响世界的伟人，不管是企业家、教育家还是政治家，都有改变世界之志和服务社会的担当。

远见相对微观，本意为预见和洞察，与预测有关。未出茅庐而知三分天下的诸葛亮世代受人敬仰，而世上诸葛亮能有几人？但不管再难，要想创业，创业者就必须有眼光、有远见。一个比较实际的问题应该是：创业者的远见该有多远？我的看法是不需要太远。

读梁启超先生写的《李鸿章传》，该书第一句话这样写："天下唯庸人无誉无咎。"李鸿章显然不是庸人。梁启超接着写："举天下人而恶之，斯可谓非常之奸雄矣乎。举天下人而誉之，斯可谓非常之豪杰矣乎。誉满天下，未必不为乡愿；谤满天下，未必不是伟人。"在结论部分，梁启超先生给伟人李鸿章盖棺定论："鸿章才本中上，目光较常人稍为远大。""鸿章虽中才，而得机遇，故有所成，然自有其过人之处。当捻匪（太平天国起义军）纵横之时，鸿章以统帅之尊，无上之功，而遭革职之罚者数次。若在常人，则将惨然灰心，不知措手足，而鸿章则置之不顾，进退仍如其昔，故抵于成。"

如果说李鸿章的目光较常人稍为远大，创业者的目光或远见也不见得需要有多远。太远了可能被视为疯子、骗子。马云、马斯克都有这样的经历。不少投资人都建议创业者脚踏实地，不要动辄就要改变世界。

1985年，张瑞敏的一柄大锤砸醒了海尔人的质量意识。至于那把著名的大锤，已经被收入国家历史博物馆。1985年，张瑞敏刚到海尔（时称青岛电冰箱总厂）。一天，一位朋友要买一台冰箱，结果挑了很多台都有毛病，最后勉强拉走一台。朋友走后，张瑞敏派人把库房里的400多台冰箱全部检查了一遍，发现共有76台存在各种各样的缺陷。张瑞敏把职工叫到车间，问大家怎么办？多数人提出，也不影响使用，便宜点儿处理给职工算了。当时一台冰箱的价格800多元，相当于一名职工两年的收入。张瑞敏说："我要是允许把这76台冰箱卖了，就等于允许你们明天再生产760台这样的冰箱。"他宣布，这些冰箱要全部砸掉，谁干的谁来砸，并抡起大锤亲手砸了第一锤！1985年是什么状况，各种商品还在凭票供应，物质极度短缺，供不应求。在供不应求不愁销售的情况下，张瑞敏旗帜鲜明地抓质量，这就是远见，这种远见也可以说是对商业规则的坚守。今天，短缺时代过去了，质量成为必要条件，坚守质量不是远见，而是应该做到的。工匠精神、注重社会价值而非单纯的经济效益，应该属于远见。

再回到领跑者和跟跑者。如果领跑者跑得太快，跟跑者使出全身的力气仍难以跟上，跑着跑着跟跑者就会寥寥无几，回头一看队伍没了，甚至可能一开始就没有几个人愿意跟跑。创业若如此，如何能够整合到团队，如何能够跑远？

在广州调研时，一位朋友向我介绍了一个项目，年费1万元，可以加入一个健康医疗项目，遇到病情，可以享受主任级医生的治疗，而且不用排队，医疗费用另付。我觉得这个项目有吸引力，费用不太高，主要是去除了医院排队挂号预约的困扰。后来天津的一位朋友说，北京有此类项目，年费要高达几十万元。1万元可以说是针对中产阶层群体，或是中产阶层群体中收入偏高者，这些人对服务的要求相对来说是苛刻的，但若能找到一些素质高的服务人员提供服务，顾客就能够满意。能够支付几十万元的一定是绝对的富有阶层，我们到哪里去找能够超出其预期的服务人员呢？

说到服务，有一个重要且著名的公式：

$$服务的质量 = 对服务的感知 - 对服务的期望$$

感知和期望都是心理判断，难以用具体的指标、实体予以衡量，服务质量提升也就更有难度和挑战性。办法是降低期望水平，提升感知的满意度；或是拉升顾客的期望水平，并更大幅度地提升感知到的满意度，总之，要让感知到的高于、好于所期望的。如果期望水平过高，服务的成本往往也会巨大，成本收益比不见得好。

更值得注意的是，在很多情况下，我们自己觉得很高的质量并不见得被顾客所感知，尽管能感知，但也许是顾客不想要的。以前听过一个故事：一家制造手表的企业，为了展示和证明所产手表质量好，从飞机上向草地上投手表，手表完好无损。如此花费心机，顾客没有什么反应。试想，谁有可能遇到从飞机上坠落手表不坏的情况？若遇到，命都没了，谁还在乎手表？

道理一样。创业者要有远见，远见有助于吸引到一支愿意跟你干的相对高质量的团队，要以团队成员有目标有奔头还能努力跟得上为原则。如果创业者举着旗帜在前面跑，跑了一阵儿，回头一看，队伍没了。不管是创业者没有带好队伍还是队伍不愿意跟跑，都是失败的。如果远见真的很远大，不妨逐渐释放，有所保留，先从小目标的实现入手，也是好招儿。

参考文献

梁启超. 李鸿章传 [M]. 天津：百花文艺出版社，2008.

失败后如何反思：创业者的反事实思维

◎郝喜玲 涂玉琦 / 安徽财经大学

从曾子的"吾日三省吾身……"到古人"日省月修，待其老成"的日常约束，都不断强调反思的重要性。古语虽言"胜败乃兵家常事"，但逃避失败和错误是人类趋利避害的心理本能，我们的价值体系中也有排斥失败的一面。直面失败时"返躬内省"的认知、总结失败教训"以往鉴来"的反思非顷刻发生、自动而来，而是需要时间的沉淀，采用一些策略成就打磨。创业失败往往代表实际结果偏离预期目标，这种现实反差刺激创业者进行"反事实思维"（counterfactual thinking）。这种思维方式不仅强调个体回顾过去来"发现问题"，也要重视当下的"问题探究"，更要指向未来的"问题解决"。解构过去的失败以理解现在，并为未来行动做准备。在基于失败事件的思考进程中，反事实思维犹如"多面镜"，让创业者基于对现有事件结果的反思，设想如果采取不同行为或事件发生的环境发生变化，结果会有怎样的不同。

1. 反事实思维的产生与内涵

反事实思维往往通过比较效应机制产生。根据经济学的"理性经济人"假设，个体具有利己性，在既定约束条件下力求效用最大化。基于对理想美好结果的追求和敏感性，人们往往会将已经发生的既定事实结果与可能的理想化结果对比，激发反事实思维。

推理和因果推断是解释人类行为的核心概念。人类运用推理判断正在发生什么，并设计、实施行动，其中因果关系起到关键作用。人们在进行因果归因或反思推理时常产生"如果改变某种条件，那么结果可能不会发生"的思考，即在心理上进行"如果……那么的模拟，从而做出推测或判断。美国著名心理学家、诺贝尔经济学奖获得者卡尼曼及其合作者阿莫斯·特沃斯基（Amos Tversky）将这种思维方式称为反事实思维。反事实思维在心理学上被定义为在头脑里撤销已经发生过的事件，然后思考原本可能会出现而实际并没有出现情况的一种思维活动。

2. 反事实思维的"多面镜"

反事实思维犹如"多面镜"，在不同思考方向和关注焦点下呈现出不同的"镜面"。根据社会比较方向不同，将其划分为上行反事实思维和下行反事实思维。上行反事实思维是指对于已发生的事件，想象如果满足某种条件，就有可能出现比真实结果更好的结果。例如，"如果起跑时能再快一点，我就能拿到金牌，登上最高领奖台了"。下行反事实思维则是假设一种比事实可能更差的结果，例如"要不是第四名最后慢了一步，我恐怕连铜牌也拿不到"。

根据关注事件焦点不同，反事实思维又可分为自我导向反事实思维与他人导向反事实思维。自我导向反事实思维从自我出发，更多关注失败事件中与自我相关的信息，假设"如果我……那么……"，强调自身行为改变会带来的后果。他人导向反事实思维聚焦他人行为改变会对原有结果造成何种影响，突出"如果他人……那么……"，侧重从他人身上找原因。

3. 反事实思维的功能

反事实思维具有准备功能。作为对已经发生的事件进行事后判断和决策的一种心理模拟，反事实思维者通过将存在记忆中已经采取的行为方式再激活，进行推理、预测，能够明确目的、改善行为。反事实思维是个体解构过去以理解现在，并为未来行为和事件做准备的认知机制（Arora 等，2013）。不同类型的反事实思维通常会产生不同的准备功能，如上行反事实思维比下行反事实思维准备功能更强。上行反事实思维有助于人们从失败中学习，还可以增强人们对事件的控制感（Morris 和 Moore，2000）。

反事实思维也具有情绪功能，会刺激人们不同的情绪体验。反事实思维会提供不同于事实的其他可能性而改变人们的情绪体验，使个体感觉变得更好或更糟，其作用机制以比较效应为基础（Roese 等，1997）。一般来说，上行反事实思维模拟了更好的可能性，可能诱发更多负向情绪，如后悔、内疚等；下行反事实思维则使人意识到避免可能更差的结果，往往诱发积极的正向情绪，如庆幸等（Medvec 等，1995）。

4. 创业者的反事实思维

（1）天生具备还是后天产生？"反事实思维究竟是先天具备还是后期产生"的问题，在其发展史中有所体现。早期理论的"范例说"（norm theory perspective）认为反事实思维是一个自动化的过程（Kahneman 和 Miller，1986）。范例是个体根据过去经验形成的对某类事件或客体的一般性知识和预期。如果已经发生的刺激物与个体存储的范例不一致或不相符，容易激发个体的反事实思维。

与范例说相反，也有学者认为反事实思维并不会自动产生。目标指向说（goal-directed perspective）认为，反事实思维是由于个体处于某些特定环境、特定情绪状态下思考以往事件所致，如外部刺激、个体的情绪、态度和动机等因素诱发反事实思维。该流派下的研究认为悲伤程度越高产生反事实思维的可能性也就越大（Zeelenberg 等，2002）。尼尔·罗斯（Neal J. Roese，1994）的研究结果表明，90% 以上的反事实思维都是消极情绪诱发的。创业中充满艰险，失败也是常事，创业者容易产生绝望、悲痛、后悔等负向情绪。因此，根据反事实思维产生机制推断，不论是自动产生还是情境化的产物，创业者都容易产生反事实思维。

（2）创业者是否更容易产生反事实思维？关于"相对于非创业者，创业者是否更易产生反事实思维"问题，有学者使用学生为参照样本，发现创业者会较少使用反事实思维（Baron，2000），对此巴隆教授的解释是：创业者是面向当下和未来的，这种未来导向以及创业者具有的过度自信、过度乐观等认知偏差，会降低其对过去的反思，而且创业本身的紧迫性和时间压力，也让创业者无暇拘泥于过去。但是巴隆（2002）在随后的研究中发现，成功的创业者比不太成功的创业者会更多地进行反事实思维，前者尤其关注负面结果原因推断的反事实思维。

吉迪恩·马克曼（Gideon D. Markman，2002）认为巴隆（2000）在研究中选择学生作为对比样本具有局限性，基于此，他将有专利的非创业者和创业者进行对照分析，研究发现两组人员反事实思维的数量并没有显著差异，但是在反事实思维内容上存在很大差异：创业组为尚未干过的事情后悔，如错过的商业机会；而非创业组则为已经做出的决策后悔，如接受教育和求职决策。

我们通过对北京、上海和深圳三地市近三年有创业失败经历的 203 家互联网行业创业者调查发现，失败后创业者会较多采取反事实思维，其中采取下行反事实思维频率高于上行反事实思维。同时我们还发现，先前创业成功次数、失败时间间隔、失败类型以及创业者受教育程度等因素，显著影响创业者采取上行反事实思维或下行反事实思维的频率。

5. 创业失败与反事实思维

创业失败是既定现实偏离预期的情境呈现，作为一种负面结果，甚至会产生一系列失败成本导致创业者产生极大的悲痛情绪。心理学研究已经证实大多数意外的、不利的、负向的事件更能够激发个体的反事实思维。所以，创业失败容易激发反事实思维不难理解。

不同类型的反事实思维各有利弊，对失败后的恢复和学习具有不同影响。创业失败刚刚发生后，创业者更容易进行向下比较，利用下行反事实思维减少悲痛、羞辱、沮丧、生气、焦虑、绝望、愤怒、内疚等负向情绪，产生更多正向情绪以维护其自尊心、自信心和自我效能感等。但下行反事实思维产生的庆幸等情绪阻碍创业者深度分析和反思失败，创业者为了维护其向下比较的基础，往往会强化特定的因果推断，对自己的结论过度自信，甚至产生后视偏见，容易强化其思维定式、固化因果逻辑，不利于失败后创业者对自己的心智模式和基本假设等进行质疑与批判性反思。下行反事实思维帮助创业者更好地从失败的阴影中走出来，但不利于失败后反思和对未来行为的准备，也就是说以对未来行为的无准备换取即时性的情绪恢复。

一旦创业者愿意采取上行反事实思维以牺牲即时性积极情绪为代价，通过对比不同方案与可能的结果，就可以更好地还原失败经过，厘清因果关系。那么，创业者通过对未来行为的心理准备，思考改善后续行为绩效的方案，积极做好再次起航的心理和行动准备。但是，如果创业者一直采取上行反事实思维，如同将伤疤一遍遍揭开，也可能给自身带来较大的心理或情绪障碍，干扰信息的加工、处理，影响认知过程，进而影响失败所带来的学习效果。

自我导向的反事实思维能够让创业者集中精力从自身找原因，在解构失败事件时认识到自身不足，进行自我反省和反思，利于总结经验和收获进步，也是为未来准备的有效途径，但是过于强调自身问题，会让创业者丧失自信和自我肯定，不仅会削弱其自我效能感，同样还会加强个体的不愉悦感。而他人导向的反事实思维在反思时更多将注意力放在他人身上，倾向于外部归因，虽然能缓解自身的负面情绪，提高满足感，但是这也意味着创业者将错误归因为外部，会忽视自身不足，不利于失败后的学习和总结。

综上，创业失败后创业者需要平衡各种思维方式，发挥各种反思方式的优势，最大限度地避免各自的弊端，调整情绪，找到有利于自身总结和学习的最佳状态。只有这样，创业者才能"釜底抽薪"，而非"扬汤止沸"。

本文是国家自然科学基金面上项目（72072001）资助成果。

参考文献

[1] Arora P, Haynie J M, Laurence G A. Counterfactual Thinking and Entrepreneurial Self-efficacy: The Moderating Role of Self-esteem and Dispositional Affect[J]. Entrepreneurship Theory and Practice, 2013, 37（2）: 359-385.

[2] Baron R A. Counterfactual Thinking and Venture Formation: The Potential Effects of Thinking about "What Might Have Been"[J]. Journal of Business Venturing, 2000, 15（1）: 79-91.

[3] Markman G D, Balkin D B, Baron R A. Inventors and New Venture

Formation: The Effects of General Self-efficacy and Regretful Thinking[J]. Entrepreneurship Theory and Practice, 2002, 27 (2): 149-165.

[4] Medvec V H, Madey S F, Gilovich T. When Less Is More : Counterfactual Thinking and Satisfaction among Olympic Medalists[J]. Journal of Personality and Social Psychology, 1995, 69 (4): 603-610.

[5] Roese N J, Olson J M. Counterfactual Thinking : The Intersection of Affect and Function[J]. Advances in Experimental Social Psychology, 1997, 29: 1-59.

第 6 章

创业者如何看待机会与变化

创业是创业者与机会的联结，
创业者善于从变化中识别机会。
那么，
创业者有什么样的思维方式，
使其能够把握变化中的机会？
本章将对此做出深入探讨。

如何理解机会

◎张玉利 / 南开大学

机会是一种隐性的状态或情形，同样的机会，不同的人看到的会不同，让不同的创业者来开发，效果也会差异巨大。创业的实质是具有创业精神的个体对具有价值的机会的认知过程。我从四个方面理解机会：

- 未满足的需求
- 未被充分利用的资源和能力
- 目的 – 手段的组合
- 技术与市场的匹配

1. 未满足的需求

对机会最常见的定义就是消费者未满足的需求，也可以说顾客的"痛点"。这个定义好理解，也容易建立起重视顾客、服务顾客的经营理念。企业只有满足了顾客的需求，顾客才会向企业付款，企业才能生存和发展。

问题是了解顾客的真实需求很不容易。以往，企业重视市场调查，通过市场调查了解顾客需求。市场调查越来越细致，但仍然难以掌握顾客的需求。企业干脆创造条件让顾客参与，让顾客体验，欢迎顾客定制，利用先进的技术满足顾客的个性化需求，各种各样的 C2B 措施不断涌现，取得了不错的效果。要满足顾客需求，前提是让顾客自己提出需求，依据是没有别人比自己更了解自己的需求，这的确更有道理。有一位朋友的企业，多年来主要开展 B2G（企业对政府）业务，后来想拓展 B2C 业务，企业高管团队绞尽脑汁揣摩顾客的需求。我建议他们设法让顾客提需求，让顾客参与进来，B2C 的前提是让 C（顾客）动起来，B（企业）再行动。C2B 这种商业模式的确是落实顾客导向的好措施。

值得注意的是，C2B 盛行的时代，企业（B）不能忘了自己的责任。我做个虚拟实验：假设大学也强调 C2B，重视学生客户的需求和选择，大学开设数千门课程让学生选择，这样真的就能更好吗？有多少大学生真正有自己的爱好？这样做表面上是给了大学生充分的选择，实质上可能是大学不负责任。就产品和服务而言，企业会比顾客更加专业，这是社会分工带来的结果，一味地顺应顾客不见得能让企业走得更远更好。这是题外话，但也很重要。

更加麻烦的事情是顾客并不知道自己的需求。乔布斯曾经说过，顾客表示的需求多数是一些形容词，更薄一些、更轻一些、更便宜一些、更方便一些等，但具体到多少顾客才满意，顾客自己也不知道。顾客不知道自己的确切需求，C2B 的有效性就会打折扣，这的确是个问题。

穿插一个问题：在 C2B 盛行的时代，顾客的满意度会提高吗？如果企业承诺无条件退货，C2B 的时代，顾客退货的比例会加大吗？如果顾客不清楚自己的具体需求，在与企业的互动过程中可能逐渐明晰了自己的需求，对企业提供的产品或服务感觉不满意而退货。

针对这样的实际情况，哈佛大学商学院克里斯坦森教授等人提出的"待办任务"（job-to-be-done）理论提供了很好的思路。例如，我要买冲击钻，我不知道什么样的冲击钻好，但我知道我买冲击钻是为了在墙上打孔，我希望打孔省力，冲击钻不抖动不破坏墙面，这就是我的待办任务。了解顾客的待办任务比了解顾客的需求会准确一些。当然，这也不是新理念，20 世纪 80 年代市场学课程中就有核心产品的概念，意思是顾客买产品不是买产品本身，而是买其核心的功能，比如矿泉水的核心功能是解渴，计算机的核心功能是计算，等等。从另一个角度，企业也变得聪明起来，生产打孔机的企业说"我们生产'孔'而不是打孔机"。德鲁克说企业的成就在企业外部，企业内部都是成本。例如，医院的成就是让患者康复、大学的成就是让学生将所学用于实际工作中，企业的成就是为顾客创造价值等，道理也相近。

再提一个问题：顾客的需求不易识别，国家的需求又怎么识别呢？因为高校的科研工作特别强调要关注国家需求和国际学术前沿，这个问题值得我们思考。

2. 未被充分利用的资源或能力

在电梯里即使熟人也不愿意交流。电梯的空间太小，人在距离很近的情况下容易产生压力和紧张，所以多采取安静的姿势等待电梯到达指定的楼层，快速离开电梯。在电梯里的时间是闲置的，有人利用这段时间，在电梯里安放广告，效果很好，电梯里的广告一般不会让人产生厌烦。这就是机会。

这样的例子不胜枚举。海底捞利用顾客等餐的时间为顾客服务；随着收入的提高，旅游被重视，各地政府争抢原来属于"穷山恶水"的自然景观；为了提升产品的差异性，突出个性化，都在努力讲故事，挖掘历史文化积淀，争抢历史名人的故里；2019年我在华为参观，注意到华为在组织力量开发电话等待时间（打电话等待被叫接听电话那段短暂的时间）的商业价值。

未充分利用的资源和能力实际上是效率，多数的技术发明创新都是为了提高效率，未被利用的资源和能力一旦被看作机会，并用机会识别和开发的创业机制进行价值创造，往往会收到意想不到的效果。

人的潜力大部分没有得到开发，这当然是好的机会。另外，充分利用资源和能力也要考虑可持续发展，要强调绿色，不能过度，还要看到未来的变化，侧重于提高效率是技术进步的重要动力，但今后技术创新会越来越重视民生。

3. 目的–手段的组合

创业机会的目的是满足顾客的需求，解决顾客意识到和没有意识到的实际问题，让人们生活得更好，这是价值来源的根本；手段是价值实现的途径，在机会识别阶段至少需要有价值的创意和较为清晰的商业概念。

依据"目的–手段"关系的明确程度，创业机会可以分为识别型、发现型和创造型三种。

识别型机会是指市场中的"目的–手段"关系十分明显时，创业者可通过"目的–手段"关系的连接来辨识机会。例如，当供求之间出现矛盾或冲突时，不能有效地满足需求，或者根本无法实现这一要求时辨别出新的机会。常见的问题型机会大都属于这一类型。

发现型机会则指目的或手段任意一方的状况未知，等待创业者去发掘的机会。比如，一项技术被开发出来，但尚未有具体的商业化产品出现，因此需要通过不断尝试来挖掘出市场机会。激光技术出现后数十年才真正为人们所用。

创造型机会指的是目的和手段皆不明朗，因此创业者要比他人更具先见之明，才能创造出有价值的市场机会。在目的和手段都不明朗的状况下，创业者想要建立起连接关系的难度非常高。但这种机会通常可以创造出新的"目的–手段"关系，将带来巨大的利润。

在商业实践中，识别型、发现型和创造型三种类型的创业机会可能同时存在。一般来说，识别型机会多半处于供需尚未均衡的市场，创新程度较低，这类机会并不需要太繁杂的辨别过程，反而强调拥有较多的资源，就可以较快进入市场获利。把握创造型机会非常困难，它依赖于新的"目的–手段"关系，而创业者往往拥有的专业技术、信息、资源都相当有限，更需要创业者具有创造性资源整合与敏锐的洞察力，同时还必须承担巨大的风险。而发现型机会则最为常见，也是目前大多数创业研究的对象。

依据"目的–手段"关系中目的的性质，创业机会可以分为问题型、趋势型和组合型三种类型。

问题型机会，指的是由现实中存在的未被解决的问题所产生的一类机会。问题型机会在人们的日常生活中和企业实践中大量存在。比如，消费者的不便、顾客的抱怨、大量的退货、无法买到称心如意的商品、服务质量差等，在解决这些问题过程中，会存在着价值或大或小的创业机会，需要用心发掘。好利来投资有限公司董事长罗红先生就是因为当年买不到表达自己对母亲挚爱的生日蛋糕，而创建了自己的糕点店。一般人看到的是问题，而创业者看到的是机会。

趋势型机会，就是在变化中看到未来的发展方向，预测到将来的潜力和机会。这种机会一般容易产生在时代变迁、环境动荡的时期。在这种环境下，各种新的变革不断出现，但往往不被多数人所认可和接受，一般处于萌发阶段。一旦人们能够及早地发现并把握，就有可能成为未来趋势的先行者和领导者。趋势型机会一般出现在经济变革、政治变革、人口变化、社会制度变革、文化习俗变革等多个方面，一旦被人们所认可，它产生的影响将是持久的，带来的利益也是巨大的。

组合型机会，就是将现有的两项以上的技术、产品、服务等因素组合起来，实现新的用途和价值而获得的创业机会。这种机会类型好比"嫁接"，对已经存在的多种因素重新组合，往往能实现与过去功能大不相同，或者效果倍增的局面（1+1＞2）。比如芭比娃娃就是将婴幼儿喜欢的娃娃与少男少女形象结合起来，形成了一个新组合，满足了脱离儿童期但还未成年的人群的需求，最终获得了创业上的巨大成功。

依据"目的–手段"关系中的手段方式，创业机会可以划分为复制型、改进型、突破型三种类型，分别指创业机会所运用的手段是对现有手段的模仿、渐进性创新和开创性创新。不少生存型的创业活动采取的是复制行为，模仿他人、他地的成功模式，满足当地的需求；"山寨"创业活动多数来自改进型创业机会；数码相机相对于胶卷成像、电子手表相对于机械手表等则属于突破性创新，甚至可以说是"创造性破坏"。研究表明，创业者更擅长"创造性破坏"，他们抓住某些重大变革所带来的机会，创造出新的经营模式，给现存企业带来巨大的冲击。

4. 技术与市场的匹配

丹尼斯·格雷戈尔（Denis A. Grégoire）教授团队基于结构映射理论，将机会识别看作技术与市场之间的类比，类比过程中，创业者比较两者之间的表面相似性和结构相似性。其中，结构相似性指技术功能和市场需求逻辑的匹配性，是机会质量的关键。此类匹配需要复杂和精细的认知加工，从而导致有些机会更难被发现。

结构映射理论率先对匹配过程进行理论描述，用于解释个体如何通过将新事物与熟悉事物做类比以对新事物做出推断。该理论认为，类比源和类比对象是两个集合各自属性的关系系统，系统中的属性可能相似也可能不相似。属性相似性分为两类：表面相似性和结构相似性。其中，表面相似性指事物、概念、情境中的表面特征，即基本信息元素的相似性，比如两者之间有共同的颜色、形状、属性等。结构相似性指事物、概念、情境的结构特征，即逻辑关系的相似性，比如两者之间有相似的功能、作用方式等。比如，"云彩"和"海绵"之间的表面相似性在于两者的形状接近弧形，看起来都很蓬松；结构相似性在于两者都能够从一处积聚水分，从另一处释放。其中，表面线索是类比过程中容易提取到的线索，但结构相似性是因果推断等高级认知活动的主要线索。

格雷戈尔和谢泼德以表面相似性（高 vs. 低）和结构相似性（高 vs. 低）四种组合，开发实验情景，进一步分析两种线索如何影响机会信念的形成。

他们的实验采用的是真实的技术——美国航空航天局兰利研究中心发明的注意力训练系统；其真实的市场是以非药物的方式治疗儿童多动症。

根据结构映射理论对表面相似性和结构相似性的定义，在机会识别情境中，技术的表面线索主要包括科技的发明者、应用对象、使用原材料等，结构线索主要包括技术的原理和功能。据此判断，上述市场与技术的组合为高结构相似性（注意力训练系统可以满足提高多动症儿童注意力水平的市场需求）、低表面相似性（该技术适用于航空员，与儿童这一需求主体并不一致）匹配。鉴于此，人们分别采取以下方式操纵两种相似性。

（1）对增加表面相似性的操纵：将这一技术的开发机构由美国航天航空局改为儿童青少年疾病治疗中心、将技术的载体由飞行仿真器改为游戏系统。

（2）对降低结构相似性的操纵：将技术的功能由提高注意力水平（航空员与儿童）改为提高个体的抗压力和焦虑水平。

根据以上操作，形成 2×2 的机会情境方格，如图 6-1 所示。

		表面相似性	
		低	高
结构相似性	高	（情景 C） 科技与市场的表面元素不匹配 开发者：航天局专家不等于教育专家 使用者：航天员不等于多动症儿童 科技与市场的结构元素匹配 功能：提高航天员注意力水平约等于提高多动症儿童注意力水平	（情景 D） 科技与市场的表面元素匹配 开发者：儿童教育专家约等于教育专家 使用者：驾校儿童约等于多动症儿童 载体相同：游戏约等于驾校游戏 科技与市场的结构元素匹配 功能：提高航天员注意力水平约等于提高多动症儿童注意力水平
	低	（情景 A） 科技与市场的表面元素不匹配 开发者：航天局专家不等于教育专家 使用者：航天员不等于多动症儿童 科技与市场的结构元素不匹配 功能：提高航天员抗压力水平不等于提高多动症儿童的注意力水平	（情景 B） 科技与市场的表面元素匹配 开发者：儿童教育专家约等于教育专家 使用者：驾校儿童约等于多动症儿童 载体相同：游戏约等于驾校游戏 科技与市场的结构元素不匹配 功能：提高航天员的抗压力水平不等于提高多动症儿童的注意力水平

图 6-1　机会的四种情境

研究结果表明，只有当结构相似性和表面相似性两者皆高时，创业者才会形成最高的机会信念。虽然结构相似性是机会识别的关键，但是在表面相似性缺失的情境中，结构相似性难以被发现。

结构映射理论—结构相似性—机会识别，构成了一个机会识别的分析框架，通俗易懂，便于尝试。创业者和从事创业教育的学者都可以此框架尝试构建实际的场景练习。

南开大学杨俊老师在梳理文献时也强调机会识别与人的认知有很强的关系。机会识别有很强的主观因素，增强客观判断应该是努力的方向，所以此文曾刊发于NET2019公众号"思想观点"栏目中。需要说明的是，本文中"目的-手段"组合部分内容摘自张玉利等编著的《创业管理》第5版，技术和市场匹配的内容来自南开大学刘依冉的博士论文。

参考文献

[1] 张玉利，薛红志，陈寒松，等. 创业管理 [M]. 5版. 北京：机械工业出版社，2020.

[2] 刘依冉. 失败情境下创业学习机制——基于认知视角的研究 [D]. 天津：南开大学，2017.

[3] 克里斯坦森，等. 创新者的任务 [M]. 洪慧芳，译. 北京：中信出版社，2019.

[4] Grégoire D A, Barr P S, Shepherd D A. Cognitive Processes of Opportunity Recognition: The Role of Structural Alignment[J]. Organization Science, 2010, 21（2）: 413-431.

机会识别过程分解：B-OICTMP

◎张玉利 / 南开大学

机会是创业的核心要素，创业离不开机会，机会识别是创业活动中的关键行为。在很多创业故事中，机会识别似乎是在瞬间完成的，创业机会是偶然发现还是系统搜索所得本身就是人们在研究的问题。机会不可能长期存在，需要快速行动，速度也成为创业成功的关键要素。但是，如果机会是被偶然发现的，机会识别过程就难以被识别，技能就难以提升。人的行为是管理的重要研究对象，行为科学方面的研究成果极大地丰富了管理理论。行为研究的一项重要工作就是将行为分解，剖析行为过程，揭示影响行为的原因，识别行为规律，如人的行为产生于需求、需求层次论、过程激励模型等。

多数人对经常发生的行为熟视无睹，觉得这种行为本该自然发生，甚至是条件反射，如到点吃饭、下午6点下班等，只有对那些难以决策的行为才会注意分析，如购房、重大的投资行为等。人的行为多涉及决策，决策学派代表人物西蒙教授对决策的一个重要贡献是规范了决策过程，认为决策过程包括情报、设计、抉择和检查等不同阶段的系列工作，只有把每个阶段的工作都做好并形成闭环（见图6-2），才有助于提高决策的科学性。

1. 机会识别的 B-OICTMP 过程

机会识别也是行为之一，如果能够分解机会识别行为，洞察机会识别过程，对研究机会、提升机会识别能力，显然有好处。我尝试把创业机会识别过程分解为以下阶段：产生创意（idea）、形成商业概念（business concept）、进行市场测试（test）、设计商业模式

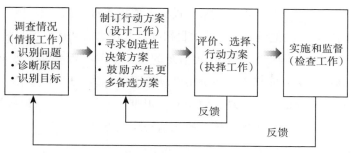

图 6-2　决策过程闭环

（business model），这些是从商业机会（business opportunity）到创业计划（business plan）所需要开展的工作，简称为 B-OICTMP。

（1）产生创意。对机会的识别源自创意的产生。创意（idea）是具有创业指向同时具有创新性甚至原创性的想法，是将问题或需求转化成逻辑性的架构，让概念物像化或程序化，而不是单纯的奇思妙想。创意的形成也是一个过程，尽管时间可能很短。美国教育学家杜威在《我们如何思维》一书中将人的思维概括为"好奇—联想—条理性"，对分析创意形成也有帮助。创意与点子的不同之处在于创意具有创业指向。在创意没有产生之前，机会的存在与否意义并不大。

创意很难说存在绝对意义上的好与坏，但具有价值潜力的创意一般会具有三个基本特征：一是新颖性。这意味着新的技术和新的解决方案，可以是差异化的解决办法，也可以是更好的措施；同时，还意味着一定程度的领先性，具有模仿的难度。二是真实性。有价值的创意绝对不会是空想，而要有现实意义，具有实用价值，能够开发出可以把握机会的产品或服务，而且市场上存在对产品或服务的真实需求，或可以找到让潜在的消费者接受产品或服务的方法。三是价值性。创意的价值特征是根本，好的创意要能给消费者带来真正的价值。创意的价值要靠市场检验。好的创意需要进行市场测试。

（2）形成商业概念。产生创意后，创业者会把创意发展为可以在市场上进行检验的商业概念。商业概念（business concept）既体现了顾客正在经历的也是创业者试图解决的种种问题，又体现了解决问题所带来的顾客利益和获取利益所采取的手段。这种利益是顾客认可并愿意为此支付的价值。商业概念的核心是产品，广义的产品定义包含了把普通人变成顾客的所有价值来源。顾客在与企业的互动中体验到的任何事与物，都应该被认定为公司的产品，无论是杂货店、电子商务咨询网站、咨询顾问服务，还是非营利社会服务机构，都概莫能外。当然，产品本身并不是目的，关键是学会如何解决顾客的问题。

产生创意并发展成清晰的商业概念，意味着创业者找到了解决问题的手段，是启动创业活动所需具备的基本前提。至于发展出的商业概念是否值得投入资源开发，能否成为有价值的创业机会，还需要认真的论证。随着论证工作的深入，商业概念可能会变得丰富，甚至接近后面介绍的商业模式，但商业概念一定要简洁，要能吸引人，要能有助于创业者整合资源。电梯间行销（elevator pitch）是商业概念描述的方式之一，要求创业者对创业构思、商业模式、公司组织方案、市场战略、投资者要求等进行简短概括说明，起源于利用投资人乘电梯期间扼要地跟他说明自己的项目情况，并在电梯到达前引起对方的兴趣。

（3）进行市场测试。测试是获取真实信息的重要手段，近些年来普遍被创业者所采用。创业是资源高度约束并面临高度不确定性环境下的行为，应对不确定性更需要依据真实的信息决策，这是一个简单的道理，但做起来很难。近些年来，数据科学与行为分析结合起来，有很大的改进。对于市场测试，我之前写过这方面的文章，这里请大家再发散思考，想想还有哪些有效的测试方法。

体验成为热词，创业企业总是把顾客体验挂在嘴边，其实，顾客体验一定程度上就是测试；针对机会，要开展可行性分析，其实也是测试……

以前在网上看到一份有关指导撰写商业机会的资料，其中也讲到测试，强调商业机会需要通过三个方面的测试：真实性测试（产品或服务是否存在真实有效的需求）、竞争测试（在现有市场定位下，是否具备超越竞争对手的能力）、价值测试（能否给投资人或债权人提供有吸引力的回报）——这个观点通俗易懂，也抓住了重点。

（4）设计商业模式。商业模式是企业创造价值的核心逻辑。商业模式的这一逻辑性主要表现在层层递进的三个方面：价值发现→价值匹配→价值获取。

价值发现：明确价值创造的来源。这是对机会识别的延伸。通过可行性分析，创业者所认定的创新性产品和服务只是创建新企业的手段，企业最终盈利与否取决于它是否拥有顾客。创业者在对创新性产品和服务识别的基础上，进一步明确和细化顾客价值所在，确定价值命题，是商业模式开发的关键环节。绕过价值发现的思考过程，创业者很容易陷入"如果我们生产出产品，顾客就会来买"的错误逻辑，这是许多创业实践失败的重要原因之一。

价值匹配：明确合作伙伴，实现价值创造。新企业不可能拥有满足顾客需要的所有资源和能力，即便新企业愿意亲自去打造和构建需要的所有能力，也常常面临着很大的成本和风险。因此，为了在机会窗口内取得先发优势，并最大限度地控制机会开发的风险，几乎所有的新企业都要与其他企业形成合作关系，以使其商业模式有效运作。在戴尔公司的案例中，与供应商、托运企业、顾客以及其他许多商业伙伴的合作，促使戴尔公司的商业模式形成。假如戴尔的供应商不愿意在即时原则基础上向它供应新式零部件，戴尔公司就要付出很高的库存成本，就不可能向顾客供应高品质产品或进行价格竞争。戴尔公司与供应商密切合作，不断激励它们参与进来。通过与戴尔公司合作，这种方式也有助于供应商获利，因为戴尔的订单规模占了供应商很大部分的生产份额。

价值获取：制定竞争策略，占有创新价值。这是价值创造的目标，是新企业能够生存下来并获取竞争优势的关键，因此是有效商业模式的核心逻辑之一。许多创业企业是新产品或服务的开拓者，但不是创新利益的占有者。

2. 结语

对于相对复杂的事情、艺术性很强的工作，比如环境分析、创业乃至管理活动等，简单且有效的方法就是分解，分解又可以简单地分为横向和纵向分解，横向分解是分类，如把环境分为一般环境、任务环境、内部环境，一般环境又可以分为经济、政治、社会、技术环境等；纵向分解是过程分解。人们习惯于横向分解，不习惯于纵向分解。本文的目的在于提醒大家加强纵向过程分析，这样也许更有助于发现规律，识别关键的原因。

我把机会识别过程分解为 B-OICTMP，仍然很粗略，还可以不断改进，这是其一。其二，过程中的每个阶段不见得存在严谨的前后关系，不一定必须如此一步一步地执行，只是一般性的规律。从过程的视角研究创业行为，也存在这样的问题。

参考文献

张玉利，薛红志，陈寒松，等 . 创业管理 [M]. 5 版 . 北京：机械工业出版社，2020.

例外：机会还是威胁

◎张玉利 / 南开大学

人们总说危机既是威胁也是机会，有没有想过例外呢？

管理特别重视例外管理。如果遇到了意外事件，你会怎么办？我曾经就此问题求教过一位教授朋友，他告诉我："一般可以采取如下做法，即先看这个例外事件是否会重复发生，如果重复发生，可以改变政策去适应它；如果不会重复发生，是一次性的，就要想办法消除例外，让它不再是例外。"

其实没多少人会认真想它会不会重复发生，人们遇到例外，首先会感觉到压力，然后会本能地去消除它，因为对例外事件的处理基本上属于不确定性决策，至少属于风险性决策，要把不确定性决策变成风险性决策，把风险性决策变成确定性决策，继而把非程序化决策变成程序化决策。总之，多数人甚至可以说没有人喜欢例外。

创业不是这样，多数的例外可以也应该被认为是机会。

德鲁克在《创新与企业家精神》一书中提出了机会的七种来源，排在首位的就是意外之事。对于意外之事，他进一步说："一是意外的成功。没有哪一种来源比意外的成功能提供更多的成功创新的机遇，而且，它所提供的创新机遇风险最小，求索的过程也最不艰辛。但是，意外的成功几乎完全受到忽视，更糟糕的是，管理人员往往积极地将其拒之门外。二是意外的失败。与成功不同的是，失败不能够被拒绝，而且几乎不可能不被注意。但是它们很少被看作机遇的征兆。当然，许多失败都是失误，是贪婪、愚昧、盲目追求或是设计或执行不得力的结果。但是，如果经过精心设计、规划及小心执行后仍然失败，那么这种失败常常反映了隐藏的变化，以及随变化而来的机遇。"

不协调排在七种机会来源的第二位。所谓"不协调"（incongruity）是指事物的状态与事物"应该"的状态之间，或者事物的状态与人们假想的状态之间的不一致、不合拍。也许我们并不了解其中原因，事实上，我们经常说不出所以然来。但是，不协调是创新机遇的一个征兆。引用地质学的术语来说，它表示下面有一个"断层"。这样的"断层"提供了创新的机遇。它产生了一种不稳定性，四两可拨千斤，稍做努力即可促成经济或社会形态的重构。

余下的五种机会来源分别是程序需要，产业和市场结构变化，人口变化，认知、意义和情绪上的变化，新知识。

意外之事和不协调都属于例外，把例外当成机会还是威胁，完全不一样。

每个人都会遇到例外，例外突发事件很容易被划为威胁或机会。我的建议是：在被划为威胁之后再重新将其视为机会来处理，或在多数人都将其视为威胁的情况下，你可以尝试视其为机会。

回忆一下以前你遇到例外时是怎么处理的，是视其为威胁、麻烦事还是机会？建议你分别从威胁和机会的角度做些分析，看看结果有什么不同。

我这样说的目的并非要呼吁大家放弃或忽视管理工作中的例外管理。把不确定性决策变成风险性决策，把风险性决策变成确定性决策，继而把非程序化决策变成程序化决策，这样有助于提升决策水平，有助于放权，有助于制度建设，有助于提高组织效率。例外管理水平在一定程度上是衡量组织管理水平的重要标志。如果例外管理水平差，遇到突发事件或例外事件就要忙于救火，没有处理好例外事件，日常工作也会受到很大的影响。危机管理越来越受重视，原因也在于此。

传说海尔有制造能洗土豆的洗衣机的故事。洗衣机，顾名思义，是洗衣服的机器，用洗衣机来洗土豆，没听说过，没见过，应该属于例外。海尔没有矫正用户的行为，反而顺应了用户的需求，开发制造洗土豆的机器，也许还开发了能洗其他东西的机器。

再举一例，一位朋友的企业2019年突然被关停了，原因是朋友的企业环保不达标。严格地说，不是不达标，是达不到现在的高标准。对我的朋友来说，这显然是例外。除了关停企业，这位朋友什么也没做。

这两个例子中的例外，属性和本质有差别吗？两者本质上没什么区别，但现实中多数人都会把企业被强制关停视为威胁，尽管也不见得将用洗衣机洗土豆视为机会。

例外，首先表现为难以预测性，其次表现为不可控性。对此，创业者和经理人的态度与行为存在差异。效果逻辑理论的提出者萨阿斯瓦斯教授对经验丰富的连续创业者和创业新手做过比较研究，发现在面对不确定性环境时连续创业者比创业新手更擅长做出合理的决策，尽管前者并不比后者更擅长预测，或者比后者更勇敢、更无所畏惧。他们的成功在很大程度上依赖于他们在多变的环境中运营的能力。经验丰富的创业者面对例外时，重点考虑能否可控而非能否预测。而对能否可控，主要靠创业者采取行动，小步快走，积极探索，快速迭代。

创业新手认为：我们在多大程度上可以预测未来，就可以在多大程度上控制未来；经验丰富的连续创业者则认为：在多大程度上我们能控制未来，我们就有多大把握不去预测未来。

对例外的不同处理，根本在于对例外的认识。例外不见得就是危机，例外也不等同于危机。这个态度很重要。

关注创业的朋友经常会关心创业者的特质、创业者的独特性。其实，创业者与普通人没有什么差别，普通人有的习惯创业者也有，普通人不喜欢例外，创业者也不喜欢。二者的差别在于：遇到例外，普通人本能地排斥，设法绕开；创业者会克制排斥的本能，理性地应对，因为绕不开。时间长了，创业者会在创业的情境中探索出相对独特的思维方式和行为逻辑，进而与普通人有别。

最后，总结或是重申一下我的观点：创业者的个性特质很重要，但后天锻炼、培养也很重要；创业者脱离不了普通人的本性但能超越普通人的行为。这些观点及佐证事例已经在本篇的相关文章中予以阐述，感兴趣的读者可以参考。

参考文献

德鲁克. 创新与企业家精神 [M]. 蔡文燕，译. 北京：机械工业出版社，2007.

计划与变化

◎张玉利 / 南开大学

我在2019年的一次会议上和全国各地讲授管理学的老师交流管理学课程教学，主题是决策和计划。会上，大家很自然地讨论起"计划跟不上变化"这一话题。对于这一话题，之前我和00后的本科生也讨论过，本文尝试梳理一下。

计划与变化，涉及计划和变化两件事，分开说更好。先说变化，计划跟不上变化，困扰首先还是源自变化。

"当今世界，唯一不变的就是变化！"很多人都这么说，人们耳熟能详的"温水煮青蛙"的故事，也在提醒大家要对变化敏感，不落伍，不落后。以前说今天是昨天的明天，现在说今天和昨天可能没有什么联系。变化来自自身，但更多强调环境的变化。关于环境的变化，有很多词刻画，我特别喜欢两个模型：一个是从复杂性、动态性来刻画——从涉及的环境要素多少和要素变化幅度刻画环境（见图6-3）；另一个是VUCA模型（见图6-4），这个模型来自《哈佛商业评论》的一篇文章（Bennett和Lemoine，2014）。

环境变化使得预测变得越来越困难，预测困难，计划制订工作就困难，这是客观事实。连国家的五年计划都改成五年规划了，计划变规划，一字之差，体现的是实事求是，尊重变化。我曾经尝试梳理管理理论和实践界应对环境变化以及预测困难情况下的努力，特别是经验管理之后的管理理念与方法演变，如下所示：

- 依据过程预测未来：计划、预测、弹性计划、战略柔性、战略规划。
- 依据深层次的优势、独特资源与能力应对未来的变化：权变、环境扫描、情景规划、资源基础观、核心能力等。
- 以人类生活更美好为目标和洞见未来的基础，谨慎采取今天的行动：变革型领导、愿景和使命驱动、领导力、企业家精神、二元和多元组织、悖论管理等。

	稳定（静态）	不稳定（动态）
复杂	（Ⅱ）低–中程度不确定性 1. 大量的外部环境要素，而且要素不相似 2. 要素维持不变或缓慢变化	（Ⅳ）高不确定性 1. 大量的外部环境要素，而且要素不相似 2. 要素常常变化且不可预测
简单	（Ⅰ）低不确定性 1. 外部环境要素少，而且要素相似 2. 要素维持相同或慢慢变化	（Ⅲ）高–中程度不确定性 1. 少量的外部环境要素，而且要素相似 2. 要素常常变化且不可预测

（纵轴：环境复杂性；横轴：环境动态性）

图 6-3　不确定性的一个分类

	你对情况的了解有多少	
+ 你对自己成就的预测有多准 −	➤ **复杂性（C）** 特点：这种情况包括许多相互连通的变量，有些信息是现成的，或能预测到，但想清晰地梳理其复杂程度与本质并非易事 举例：生意遍布多个国家，每个国家的监管环境千差万别，关税体系以及文化价值观也各不相同 做法：重组、聘用或培养专业人士，积累重组资源，应对复杂性	➤ **易变性（V）** 特点：挑战本身与维持的时长是未知并且不稳定的，但是并非难以理解，相关信息通常是现成的 举例：一场自然灾害使得供应链脱节，继而导致产品价格波动 做法：勤于闲时，将资源投入到预备力上，例如，保持库存和储备人才；这些措施通常意味着大额的花销，但是投资应与风险程度匹配
	➤ **模糊性（A）** 特点：因果关系往往是不清晰的，没有先例可供参考，你面对的是"不确定中的不确定" 举例：决定将业务拓展到未成熟的市场或新兴市场，或在主营业务范围之外开发新产品 做法：试验。理解因果关系需要不断地提出假设，然后进行验证；在设计实验时，确保你能够从中得到教训，并将成果广泛应用到实际中	➤ **不确定性（U）** 特点：尽管缺乏额外信息，事件的基本因果关系已知；具备变革的可能性，但不一定成功 举例：竞争者的新产品发布悬而未决，业务与市场的未来不够明朗 做法：将资金投放于信息的收集、分析中，并分享你的所得。这一做法与组织结构变革相结合时效果最佳，例如用信息扩大分析网络，降低不确定性

图 6-4　VUCA 模型

预测困难，计划准确性降低，计划跟不上变化，基本上是这个逻辑。也正因为如此，依据事实决策将尤为重要，如大数据、顾客体验、快速迭代……

"事实是，我们只注意到了正在发生的变化，而大多数事物没有变化。""相对于所有关于领导艺术的时尚宣传而言，过时的管理手段一直在为人所用，管理的根本特点没有改变。""随着时间的变化，管理者处理不同的事务，但没有处理不同的管理。如果你对此表示怀疑，可以租借一部精彩的老片，看看人们是怎样管理商务或谋划战争的。"这是我在读明茨伯格的《管理至简》一书时记录的一段话，印象深刻。我们现在也还在用泰勒发明的计件工资制。我们要注意变化，也要关注那些不变的东西，不变的更是本质。

变化是客观的，孕育机会，变化带来新鲜，未知也很精彩，不全是恐惧。在环境面前，人们有敬畏也有恐惧，经常说"改变不了环境就改变自己"。一次在 EMBA 毕业典礼上讲话，我鼓励 EMBA 学员要敢于影响和改变环境，我直言："改变不了环境没必要改变自己，还不如活出个真我。"2019 年我给一年级本科生讲管理学课程，讲到环境时，我问同学们："你改变过环境吗？"不少同学告诉我改变了，比如通过高考改变了自己的环境，很好！

既然变化是客观的，就要直面变化。效果逻辑理论的提出者萨阿斯瓦斯教授发现专家型创业者不把心思花在预测上，而是花在控制上，他们相信"在多大程度上我们能控制未来，我们就有多大把握不去预测未来"。相反，一般创业者坚持的却是"我们在多大程度上可以预测未来，就可以在多大程度上控制未来"。经验丰富的创业者比普通人在面对不确定性环境时更擅长做出合理的决策，虽然他们并不比他人更擅长预测，或者比他人更勇敢、更无所畏惧。他们的成功在很大程度上依赖于他们在多变的环境中运营的能力。以下是几个"非预测控制"（我的叫法）的例子，也可以视为应对变化的例子。

- 采取行动时，要基于已经拥有的工具，而不是所欠缺的。因为基于已经拥有的资源的行动可控性更强。
- 评估行动时，要依据其失败风险是否在可承受范围内，而不是它能否带来最大利润，这样做有利于控制预设的风险。
- 与那些乐意与你同行的人一起工作要比基于间接的市场研究进行预测能够让你得到更多的控制。
- 灵活应对创业过程中出现的意外情况，而不是尽力遵循预设的计划，才能在不确定性环境中有更强的控制力。

预测困难也不意味着不能进行预测。在预测困难的情况下，愿景和使命更加重要了，洞见更加重要了，找关键点也更加重要了。我经常举的一个例子："如何衡量创新性城市？"多数人能想到专利、工程师的数量、R&D 投入等一些常见的指标，也有人提到公共场所如公园的面积，这样便于交流，交流有利于创新。我看过国外的一本书，作者提出用对同性恋的态度来衡量创新，强调的是包容。变化是客观的，研究变化重要，研究变化背后深层次的规律，就更重要了。

再来看计划这一端。在变化面前，首先做出的努力是增加计划的柔性，让计划适应变化，如滚动计划、变动计划、零基预算等。这种努力，跟不上变化。有一段时间，"市场导向"的市场营销观念很先进，本质是强调重视顾客需求，有的企业甚至干脆顾客需要什么我们就生产什么，"顾客是上帝"的口号也被响亮地喊出。怎么了解顾客需求呢？有的企业看市场上什么好销，就生产什么。大家可以想象一下这样做的结果。重视市场、重视顾客当然重要，相比"好酒不怕巷子深""生产出来不管好坏都要努力销售出去（如很有力度的有奖销售）"的推销观念，市场观念当然是一种进步，但一切围着市场转，什么"顾客是上帝"，不见得正确。现在一切都强调消费者和顾客（C），C2B、C2C、C2……的状况，我相信会变。计划跟着变化变，也不见得有效，只能是多种措施中的一种，绝对不是全部。

在快速变化的时代加强计划工作的改变可能更根本，换句话说，我们要探索新时期的计划工作。我在 NET2019 上写的《用于学习的计划和用于实施的计划》是一个好例子。将年度计划当作战略计划来制订与实施，愿景和使命不变的前提下变化战略（change in strategy without change in vision），将工作结果与计划对比、与计划的前提条件对比，加快反馈的速度、加大反馈的频率，也是办法。但计划工作本身改进还不够。

2019 年上管理学课，在计划部分有不少名词，如宗旨、使命、目标、政策……基于计划的主要功能在于明确干什么和怎么干的认识，我尝试归了类：①正确的方向性目标（宗旨、使命、目标）；②走得通的路径（战略、程序、规划）；③给路径加"护栏"——减少路径的曲折或计划行动的波动（政策、规章）；④支持与保障（预算）。这四点也可以说是计划的构成。

计划跟不上变化，这是事实，可以细化出不少值得讨论的话题。但不管怎样，得不出既然计划跟不上变化就不做计划的结论，而应该是在计划跟不上变化的情况下更需要做好计划。

为此，我以武侯祠里的一副对联结尾，这副对联很有名：

上联：能攻心则反侧自消，从古知兵非好战；

下联：不审势即宽严皆误，后来治蜀要深思。

参考文献

[1] 明茨伯格. 管理至简：以实践为根基实现简单、自然、有效的管理 [M]. 冯云霞，范瑞，译. 北京：机械工业出版社，2014.

[2] 贝内特，勒莫因. VUCA 意味着什么 [J]. 哈佛商业评论，2014.

第 7 章

创业思维再思考

创业思维，
　需要辩证地审视；
　运用悖论管理思想，
　拿捏好管理思维和创造思维的平衡，
　才是创业思维的真谛。
　本章将阐述这些观点。

创业思维的两面性

◎张玉利/南开大学　◎刘依冉/天津大学

这是我们发表在《企业管理》杂志2015年3期上的一篇文章，原题为《企业家精神辩证观》。适当压缩重发于此，目的在于，在突出强调创业思维/创业者心智模式重要性的今天，更需要客观、理性地认识和把握：积极的品质在超越了一定程度或是在不恰当的情境中会显现出它的消极影响；同样的道理，许多消极的特质也存在积极的一面。

长时间以来，学界和业界都坚定不移地认为，外向的销售员业绩更佳，因为他们热情、健谈、有说服力和感染力。然而最近，宾夕法尼亚大学沃顿商学院格兰特（Grant）教授的研究彻底颠覆了这一传统认识。格兰特教授通过对300余名销售员的问卷调查发现，与极端外向和极端内向的人相比，那些在内外向维度得分处在中间段的销售员业绩最好，因为他们既热情、有说服力，又有耐心倾听顾客心声、不给人留下自大的印象。这一研究被评为2013年最具影响力的十大心理学研究之一。

随着创业在经济发展中扮演越来越重要的角色，企业家精神也受到重视和尊重。乐观、自信、创新、不断挑战、敢于冒险……这些积极的形容词都是对企业家精神的高度凝练。综观国内外知名企业家，像乔布斯、柳传志、张瑞敏，他们无一例外地具备这些特质。所以，可以说企业家精神为推动经济发展和社会进步做出了卓越的贡献，值得弘扬。但是稍做反思，不由得发问，每一个成功创业者背后都有千千万万失败的创业者，他们是否就不具备企业家精神？企业家精神之于创业者是否也如外向性格之于销售员一般，积极与消极影响并存？接下来，本文将以几种典型的企业家特质为例，从正反两面分析其对行为的影响，希望能够引导研究者和实践者在培养与发扬企业家精神的过程中扬其利而避其害，并将其灵活运用以创造更多价值。

1. 乐观带来承诺升级和过度自信

创业的道路充满风险和不确定性，若不是对未来存有乐观预期，很难有创业行动。所以，创业者基本都是乐天派。乐观水平高意味着对未来充满希望，这是创业者为人称道的品质（或心智模式），也被证明对创业过程有积极影响。比如，面对环境不确定性，高度乐观的人更容易去创业，因为他们对未来有积极预期，会放大成功概率，而且在创业过程中，创业者将会面对重重艰难和挫折，乐观的创业者在逆境中更加坚毅。

但是，当乐观水平超越一定界限后，就会表现出其阴暗一面。首先，过度乐观会导致创业者的决策偏差，甚至创业失败。乐观的人总是透过"玫瑰色"的眼镜看待周围世界，他们在把整个世界看得光明美好的同时也会忽视消极信息，对潜在的风险甚至是危险视而不见。所以，有的学者认为，对成功过分乐观的预期是高创业失败率的重要原因。其次，乐观虽然会促使创业者更坚毅，但过度坚持就是承诺升级。所谓承诺升级是指对所做事情的过度承诺，即出于理性判断应该放弃的时候依然坚持，并持续投入资源，造成资源浪费，甚至带来失败。

2. 情绪高涨带来的感情用事

创业者总是看起来情绪高涨、斗志昂扬，高水平的积极情绪也被视为创业者的优势。积极情绪能够提高个体认知广度和灵活性，提高创造力水平；还意味着更好的健康状况、更广的社交网络等。积极情绪水平高的创业者思路开阔，有更高的创业警觉，在快速变化的环境中能够敏锐捕捉到创业机会；此外，积极情绪水平高的创业者容易给人积极向上、胜任力强的印象，有更广泛的社会关系和更多的资源获取途径等。

但同样，乐极便会生悲，不合时宜的积极情绪需要付出代价。在日常生活中，我们常常听到"不要感情用事"这样的句子，所谓感情用事，就是让自己当下的情绪状态左右了判断，其结果是非理性决策。过于强烈的积极情绪会增加创业者决策的冲动性，导致做决定时不考虑可能产生的不良后果。此外，情绪有时是创业者决策的线索。当积极情绪水平过高时，创业者会产生"一切运转良好"的错觉，对未来的预期过分乐观，带来判断失误。

3. 勇于创新带来的只破不立

不断探索、勇于创新是企业的生存和发展之道，也是许多成功创业者表现出的优秀品质。勇于创新对企业发展有毋庸置疑的好处，尤其是在当下的商业环境中。环境对企业有自然选择的作用，高度不确定性和高动态性是时代的主题，这样的环境往往孕育着更多的机会。只有不断尝试和突破的创业者才能打破传统思维模式的禁锢，抓住更多机会，进而在自然选择中保持优势。所以，勇于创新的创业者能够更好地把握时机、适应环境。

对创新把握不好度，也会制约企业发展。鉴于创新的重要性，很多创业者都抱着怎样强调创新都不为过的态度，大有将其神化之嫌。创新在一定程度上意味着破坏，不破不立，但也只有在"能立"的时候，"破"才有价值。如果创业者单纯为了追求创新的噱头而创新，对企业来说将是一种灾难。大多数企业的可利用资源是一定的，创业者过于追求创新，不断引入新项目，则意味着资源分散，每一个创新项目的发展也只会浮于表面而不精专。另外，过度创新不仅会导致企业发展方向与愿景背离，降低员工的控制感，还会引起企业绩效的大幅变动，不利于长期发展。如任正非在一次演讲中提到的，如何把控创新与秩序的均衡，如何拿捏变革的节奏与分寸，恰恰是企业管理的真正难点。

4. 直觉思维带来的脱离实践

我们对这样的描述可能并不陌生：某个企业家凭借敏锐的商业嗅觉，捕捉到了商机，创造了利润。创业者面对的是复杂多变的商业环境，而且每天要处理大量事务，所以在很多情境中，他们无法对每一个问题都思虑周详后再做决定，直觉就显得尤为重要。因为很多创业机会稍纵即逝，直觉有时可以作为决策的依据，在捕捉和把握机会上十分重要。事实上，直觉式思维是人类普遍采用的认知策略，可以帮助人们在决策过程中节省认知努力，减少认知负荷。由于创业者所处环境的动态不确定，直觉式思维是帮助他们应对环境挑战的有效决策方式，甚至可能会带来巨大的盈利。

直觉式思维虽然不受限于实践经验，却依赖实践。基于对大量经验的反思和学习而形成的直觉是实践智慧的结晶，但如果一个初出茅庐的年轻人，不寻找更多的事实证据，仅凭直觉决策，其结果可能与之前的预期大相径庭。而且，不管是身经百战的企业家还是缺乏经验的创业者都不可滥用直觉。因为直觉式决策缺乏深思熟虑，通常仅依据自己最熟悉、最易获得的信息做出，过度相信自己的感觉会对一些重要信息视而不见，导致严重的决策失误。

5. 消极特质的积极面

积极的品质在超越了一定程度或是在不恰当的情境中会显现出它的消极影响。同样的道理，许多消极的特质也存在积极的一面。比如，自恋。说到自恋，大家可能首先会想到哗众取宠的表演、夸张的自我表现方式。在心理学早期研究中，自恋确实被当作病态的人格看待。自恋的人以自我为中心、自私，有夸张的行为表现方式和过激的情绪反应模式，并且缺乏同理心。因此，自恋也通常被视为消极的企业家特质，因为自恋的创业者过于强调自我重要性，难以进行团队协作；而且自恋总是伴随着过度自信，难以听取他人意见而一意孤行。

但随着研究的深入，越来越多的研究者开始关注自恋的积极面，并发现自恋的企业家善于自我推销，他们热情洋溢、雄心勃勃，能够在交往初期给人留下深刻的印象，有利于他们在创业初期获取资源。

6. 小结

综上可见，整个创业过程要求创业者在积极和消极之间做好"平衡"，他们既要乐观，又不要过于乐观；既保持敏锐直觉，又不能过分依赖直觉；既要勇于创新又不能盲目行动；等等。这启示我们更加理性地看待企业家精神，大多性格特质之于创业过程并没有绝对的好坏之分，研究者和实践者不应当过分关注特质本身，而应将注意力转移至其对创业行为和过程的影响逻辑，情境、任务类型和创业者的差异可能导致同一特质的作用效果差异悬殊。比如，科学研究表明，在整个社会环境对创业支持水平高时，企业家的过度乐观会显现出优势，但是环境形势严峻时，过度乐观会付出昂贵的代价；面对简单任务时，自恋的企业家能够有更好的表现水平，而随着任务的复杂度和挑战性增加，自恋的消极一面会逐渐显露；当企业家的实战经验丰富时，直觉思维能够有效协助他们的判断，但缺乏经验的人则需要周详计划，谨慎决策。

高超的平衡技巧本身就是领导力的重要表现，包含强大的行为控制、认知监控和情绪管理能力。这些能力并不可一蹴而就，需要创业者在实践中不断探索，不断反思和学习。

参考文献

刘依冉，张玉利. 企业家精神辩证观 [J]. 企业管理，2015,（3）：44-46.

创业思维是管理思维与创造思维的平衡

◎张玉利 / 南开大学

我在 NET2019 公众号上连续几个月写创业者的行为、认知甚至心智模式的独特性以及与普通人的差别，其实不是为了放大差别，也不是想突出创业者的特质，只是换个视角看待创业者。转换思维方式会有意想不到的收获，相信很多朋友都有过这样的感受。

创业思维不是对管理思维、逻辑思维的颠覆，而是管理思维与创造思维的结合，这是我们所倡导和鼓励的，本质上是平衡。我真正想说的是要从差异中找平衡，这也是创业教育的功能！

给本科生上"管理学基础"课程，讲到组织中的人员配备（staffing）部分时，自然要讲到内部提升和外部招聘，这又会涉及海归和本土、女婿和儿子、自己人和外人等。不关心自己人而重视外人，外人也不信，这是不是狭隘的本位？不是！适当的本位是需要的。当系主任，就要天天琢磨怎么把这个系办好，怎么给系里的老师争利益；天天想着学校怎么办好，那是校长的事情，这也是"守土有责"吧。对于巴黎圣母院火灾大家都在关心，不能因为八国联军火烧圆明园我们就对巴黎圣母院的火灾幸灾乐祸，不能存有报复心，圆明园、巴黎圣母院都是人类的宝贵财富，都值得珍惜。关心自己人和关心巴黎圣母院之间是矛盾的吗？显然不是。

对于创业，我喜欢两个描述：一是以哈佛商学院霍华德·史蒂文森（Howard H. Stevenson）教授为代表，将创业界定为"不拘泥于当前资源条件的限制下对机会的追寻，将不同的资源组合以利用和开发机会并创造价值的过程"；另一个是百森商学院的定义，"创业是一种思考、推理和行动的方法，它不仅要关注机会，还要求创业者有完整缜密的实施方法和讲求高度平衡技巧的领导艺术"。这两个定义都直指创业的本质，前者强调过程和行动，后者突出思维和认知。

百森商学院创立于1919年，在百年的发展中，创新创业教育一直是该校的核心和特色。创始人罗杰·百森（Roger W. Babson）先生的两句话现在还放在学院的网页上："我越来越觉得需要鼓励坚守与愿意改变并重。表面上看两者相悖，实则相合。一个是锁，一个是钥匙，离开对方则无用。""世界总体上因为创新而受益，创新表现为做新的事情，或者把已存的事情做好或做出不同。"

百森商学院另一位重要人物是杰弗里·蒂蒙斯教授。他享有"创业教育之父"的美誉，他提出的"创业者 – 机会 – 资源"模型早已成为经典。2006年4月，蒂蒙斯教授和小斯蒂芬·斯皮内利（Stephen Spinelli，Jr）教授（时任百森商学院副校长）、伍建民老师、高建教授一起在南开大学商学院向华人地区讲授和计划讲授创业方面课程的60多位老师传授如何教创业课程，蒂蒙斯教授认为创业者应该：

- 努力工作但要授权；
- 容忍失败但要为成功做计划；
- 对创意充满激情但愿意改变方向；
- 分享权力但同时要做一个强有力的领导者；
- 接受模糊性但要管理风险；
- 承担多项目任务但要保持专注；
- 机会导向但要保持怀疑态度和脚踏实地。

很明显，蒂蒙斯教授的观点的核心是平衡！高超的平衡能力是领导力的核心之一，我这样认为。

我们说计划可以区分为用于实施的计划和用于学习的计划，主要是强调破坏性技术、创业的结果难以预测、难以计划，并不是说两者就是绝对的对立。日常工作的计划在保证实施的同时也能兼顾学习的功能，不是很好吗？用于学习的计划，学习的目的在于把握规律，不也是为了实施吗？消灭例外和视例外为机会，想想也不矛盾，但不予以区分，就会约束我们的思维，可能就会想到消灭例外这一条。我想，这就是关注独特性、深入剖析差别的价值所在。

平衡不是综合，更不是简单地做和事佬，需要棱角，需要专注，需要特长。做研究也好，做其他工作也好，多数人都喜欢全面系统，但严格地说，这是做不到的。2018年12月我到三亚学院参观，和多数大学一样，三亚学院的图书馆建得很气派，图书馆前面有两排雕像，一侧是国外的科学家，另一侧是中国的哲人思想家；最前面中间立了一尊鼎，两侧放置的雕塑很特别，一个是龟兔赛跑，另一个是盲人摸象。我一开始觉得不伦不类，细想也有道理。我估计这反映了李书福先生对学院学生的期望。其实谁又不是在盲人摸象呢？大数据也是有限的。分类、剖析一些另类的群体（不局限于创业者群体）的认知和行为，是在丰富人们的思维，多做一些尝试。

人们不断地做区分。在讨论专家型创业者和普通创业者、创业者与管理者、创业者与管理者的区别之前，管理学教材和课程在区分管理与领导，最有名的一种区分是"做对的事情"和"把事情做对"，前者是领导，后者是管理。对于领导，我喜欢两个定义：一个是我自己理解的平衡，另一个是"下属主动服从与追随"。对于相对复杂的事情，分类是基本的也是有效的方法。后续，我还会继续讨论创业在情境影响下、在创业者自身差异作用下的独特性，以及与我们熟知的管理活动的差异。

平衡可以是走钢丝，可以是中庸，可以是和稀泥，可以是左右摇摆，可以也应该是进取！平衡不见得就是取舍，不见得就是在两难之间的权衡，可以是悖论（paradox，意思是对立的事物可以同时存在，如"友好的敌人"），可以是螺旋上升！两难是读本科时管理学课程强调的观点，管理实践中到处都有两难，提高质量可以降低维修成本，但会提升制造成本；丰富制度有助于秩序和效率，但经常会影响创新；两难启发我产生"管理的难点在'适度'"的认识。后来我了解到二元性或双元，如双元领导（ambidextrous leadership）、双元组织（ambidextrous organization）等，很受刺激。当年在南开读博士的李乾文（现南京审计大学教授）围绕双元组织写了不少文章。再后来接触到"悖论"一词，李乾文和我说该词的英文意思是对立的事物可以同时存在，我觉得更好。这也是一种演化，并不只是哲学思想，我认为是一种观念、一种认识事物的方法。有很多具体的方法和措施体现双元，体现悖论管理。

平衡也意味着包容！创造思维+管理思维=创业思维。

最后，把2019年年初在朋友圈发的内容——黄钰生先生写的《张伯苓先生追悼词》中向世人描述张伯苓校长的话——再抄录于此，供大家参考。

> 我们怀念那个身材魁梧、声音洪亮、谈笑风生、豪爽豁达、性格中充满了矛盾，而能在工作中统一矛盾的人——这个人，机警而天真，急躁而慈祥，不文而雄辩，倔强而克己；这个人，能从辛苦中得快乐，能从失败里找成功，严肃之中又有风趣，富于理想而又极其现实。我们怀念15年前、20年前、30年前，教训我们，号召我们团结合作、硬干苦干，指教我们，百炼钢化为绕指柔，不取巧，不抄近，随时准备自己忠实地报效国家的那个人。我们怀念15年前、20年前、30年前，每到一处，青年们争先恐后，满坑满谷，去听他演讲，爱护青年而为青年所敬爱的那个人，国士，教育家，新教育的启蒙者，一代人师，张伯苓先生。

张伯苓先生是著名的教育家、成功的创业者，也是成功的领导者。他，机警而天真，急躁而慈祥，不文而雄辩，倔强而克己。

第三篇

创业行动

第8章

认识多样化的创业行动

创业行动无处不在！
其类型繁多、形态多样，
既是"万花筒"，也是"多面体"。
创业离不开思维的指引，
更需要行动的落地。
那么，如何从多维创业行动中理解创业，
透视其多样性、价值性？
本章将对此做出探讨。

百花齐放的创业类型研究

◎张敬伟 / 燕山大学

1. 多样化的创业类型研究成为潮流

自 20 世纪 60 年代以来，创业研究经历了从识别创业者特质，到关注创业行为和创业过程，再到探究创业行为背后的创业认知成因这样的理论发展脉络。创业研究学者大都遵循这些理论脉络梳理和开展创业研究，却不大注意这个新兴的研究领域所呈现的独特的"创业+"现象，即很少有一个管理学研究领域像创业研究这样，学者对广泛的创业现象开展了高度细致的类型化研究，力图探究和总结不同创业类型的规律与理论逻辑。

比如，20 世纪 70 年代公司创业研究的出现，就是因为大公司主导着创新活动，研究公司创业有助于获得大公司创业活动的科学知识；再如，几乎同时兴起的裂变创业（或衍生创业）研究，也是因为技术人员离职创业的现象非常普遍，探究离职员工因何以及如何创业成为裂变创业研究的关键议题。20 世纪八九十年代以来，学者对于创业类型的研究持续发酵，出现了更为广泛的研究。比如，关注农村地区创业问题的农村创业，关注社会问题解决的社会创业，与数字技术紧密结合的数字创业，聚焦环境可持续发展的绿色创业，等等。不仅如此，针对特定主体的创业研究也开始大量涌现，如女性创业、大学生创业、海归创业、用户创业、农民创业等。

这些多样化的甚至还在不断繁衍和增生的创业类型研究，或者服务于不同的研究目的（如全球创业调查项目 GEM 使用生存型、机会型创业的分类），或者开启了独特的分析视角（如假设驱动型创业、战略创业等），或者关注特定创业主体的创业活动（如女性创业、农民创业等），或者围绕特定领域的创业现象开展研究（如社会创业、数字创业等），甚至还有的使用多个分类维度，对某种创业类型沿着特定维度展开深入探讨（如家族企业战略创业、数字学术创业），等等。随着研究的拓展和深化，很多创业类型都演化为相对独立的研究领域，在为创业研究提供独特"附加值"的同时，也能为相关研究领域提供基于"创业思维"的洞察力。总之，创业类型研究百花齐放，百家争鸣，使创业研究成为一个高度活跃的伞形研究领域。

为什么会出现如此多的创业类型研究呢？原因至少有两个方面：在实践方面，随着工业社会向信息社会的转型，以及随之而来的世界各国对于创业活动的普遍重视，创业精神逐渐深入到社会的各个领域，对相关的个体与组织的社会生活产生了广泛而深远的影响。创业实践的蓬勃发展，既为理论发展提供了丰富的原材料，同时也呼唤创业研究的分工和细化。在理论方面，鉴于创业是复杂、多样和动态的现象，有必要从多个角度开展研究才能探究其规律。比如，创业与传统大公司的战略更新和持续成长密切相关，因而公司创业、战略创业应运而生；创业扎根于特定的社会制度和文化土壤，因而，制度创业、社会创业等获得了学者的广泛关注；创业与时代脉搏紧密联系，大数据、云计算、物联网、移动互联网的发展催生了数字创业的相关研究。加之创业学者受到创业理论的熏陶和感染，敏于把握和开创研究机会，积极地开疆拓土，将创业研究拓展至更多的细分领域，推动创业研究外延的延展。

2. 类型化是理论化的一条基本路径

其实，无论是学术议题还是实践话题，多数可以进行类型化研究。类型化是人类认识事物的一种基本方式，是理论化的一条基本路径，是获得科学知识的重要工具。类型化研究在管理学领域并不鲜见，如管理者角色分类（高、中、基层管理者）、组织结构类型（机械结构、有机结构）、企业类型（国有、民营、外资等）、员工类型（知识型员工、非知识型员工）。在战略研究领域中，波特的三大竞争战略、迈尔斯和斯诺的四种战略类型，都是学者耳熟能详的学术常识。在创新研究领域中，克里斯坦森提出的破坏性创新（与维持性创新相对）令其一举成名，亨德森和克拉克提出的结构创新（与模块创新相对）也助力其获得《行政科学季刊》最佳论文奖，如此不一而足。学者采取不同的分类维度对某种管理现象进行分类，有助于从不同角度揭开该现象的神秘面纱，从而令身处其中的人们开启新的认知。不过，像创业研究领域这样出现如此多的类型化研究，却实属罕见。

类型化研究通常包括两种途径：分类（typology）和归类（taxonomy）。前者是根据概念或理论自顶向下区分出若干类型，是一种演绎思维；后者是根据经验或观察自底向上识别出若干类型，是一种归纳思维。类型有助于刻画事物共性，并定义彼此的区别。针对不同的创业类型开展研究，有助于区分和刻画不同的创业情境、创业动机、认知过程、创业行为以及创业结果，不仅有助于深入理解每种创业类型的独特理论逻辑，还有助于通过多样化和情境化研究为创业领域做出有益的贡献。

3. 创业领域的类型化研究

创业研究领域的分类研究和归类研究简述如下。

首先，创业分类的相关研究。国内高校广泛采用的，由张玉利、薛红志、陈寒松和李华晶等教授编著的创业教材《创业管理》(第5版)介绍了多种常见的创业分类。例如，按照"谁在创业"区分为个体创业、团队创业，按照"在哪里创业"区分为独立创业、公司内部创业和网络创业；按创业效果区分为模仿型创业、复制型创业、冒险型创业和安家型创业等；此外，书中还介绍了衍生创业、弱势群体创业等常见类型。本文从创业过程角度（创业初始条件 – 创业动机 – 创业行为 – 创业结果）对现有的创业分类进行梳理，发现了一些典型的创业分类，包括：

（1）按照创业初始条件的分类。毕海德（2004）根据创业时所需投资的多少、面对的不确定性的高低，以及可能获得的利润的高低，将创业区分为边缘型创业、风险型创业、与风投结合的创业、公司内创业和革命型创业。在毕海德看来，风险型创业（或有前途的创业，promising startups）所需投资不多，但较大的不确定性使其具有获得较高收益的可能性，因此是备受毕海德推崇的创业类型。

（2）按照创业动机区分为生存型创业和机会型创业。生存型创业是指创业者的创业动机出于别无其他更好的选择，即不得不参与创业活动来解决其所面临的生计问题，如很多人开淘宝店只是因生计所迫而加入了创业的洪流。机会型创业是指创业者的创业动机出于个人抓住现有机会的强烈愿望，比如马云创办阿里巴巴或是戴尔辍学创办戴尔电脑。GEM调查使用这个分类，用以衡量不同国家的创业活动水平和质量。

（3）按照创业行为可以区分为多种类型，常见的如资源驱动的创业和机会驱动的创业；熊彼特式创业（基于创新的创业）以及非熊彼特式创业。最近根据精益创业实践所总结的假设驱动的创业（与计划型创业、盲动型创业相对，参见宋正刚、张玉利和谢辉，2016），也非常值得一提。在这种创业类型中，创业者将创业想法转化为一系列可供检验的商业模式假设，并借由最小可行产品（minimum viable product，MVP）这一载体进行市场测试，验证假设，在此过程中迭代创意、产品和商业模式，直至创业成功，或失败了及时退出。如今，这种假设驱动的创业已经成为一种备受推崇的创业方法论，并对创业教育颇有启发。

（4）按照创业结果是否有益于社会，威廉·鲍莫尔（William J. Baumol，1990）将创业区分为有益的创业、无益的创业和破坏性创业。有益的创业为社会增加价值，例如各种工商企业无论大小，只要给社会财富增加做出了贡献，就是有益的创业。无益的创业并不给社会带来什么好处，例如某些利用制度不完备而寻租的"创业活动"，完全为私利而于社会毫无贡献。破坏性创业则给社会带来负效用，如贩毒。这种创业分类也引发了学者对于创业"阴暗面"的思考。

其次，对创业类型的归类。除了上述多样化的创业分类，学者还针对特定类型开展深入研究，逐渐形成了许多细分研究领域。初步的文献梳理显示，这些业已成为细分研究领域的创业类型大致（可能存在少量交叉）可以归为五类：

（1）特定宏观领域的创业，如社会创业（social entrepreneurship）、数字创业（digital entrepreneurship）、绿色创业（green entrepreneurship）、制度创业（institutional entrepreneurship）。

（2）不同类型组织的创业，如公司创业（corporate entrepreneurship）、学术创业（academic entrepreneurship）、家族创业（family entrepreneurship）。此外，裂变创业/衍生创业（spin-off 或 spin-out）往往与大公司和大学这两类组织密切相关。

（3）与地域有关的创业，如国际创业（international entrepreneurship）、农村创业（rural entrepreneurship）。

（4）特定群体的创业，如女性创业（female entrepreneurship）、用户创业（user/consumer entrepreneurship）、海归创业（returnees entrepreneurship）、（大）学生创业（student entrepreneurship）、农民创业（farmer entrepreneurship）、农民工创业等。

（5）其他类型的创业，如战略创业（strategic entrepreneurship）、非常规创业（unconventional entrepreneurship）、非正规创业（informal entrepreneurship）等。

最近利用 CNKI 数据库对上述创业类型进行关键词检索，结果如图 8-1 所示。

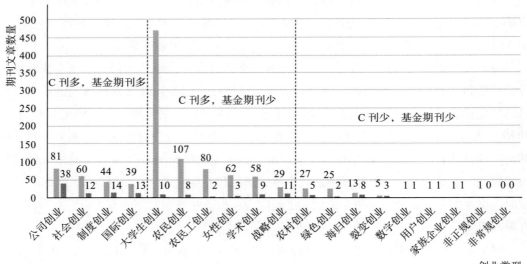

图 8-1　各种创业类型中文研究状况概览

注：检索日期为 2019 年 8 月 31 日。检索裂变创业时使用了关键词"衍生创业"，检索绿色创业时使用了关键词"环境创业""可持续创业"，检索学术创业时使用了关键词"学者创业"。

如图 8-1 所示，本文分别对 CSSCI 期刊（以下简称"C 刊"）和 30 本国家自然科学基金委（简称"基金委"）管理学部之前认定的重要期刊进行检索，并对检索结果展开比较，不同类型的创业研究冷热程度可见一斑。具体而言，这些创业类型研究可以分成三种情况。

（1）发表在 C 刊和基金委期刊的都相对较多，比如公司创业、社会创业、制度创业、国际创业等。我们可以认为这些主题得到了学者的重点关注。

（2）发表在 C 刊的较多，但发表在基金委期刊上的较少，比如大学生创业、农民创业、农民工创业、女性创业、学术创业等。最为突出的是关于大学生创业的研究，在 C 刊上发表了 469 篇文章，但在基金委期刊上仅有 10 篇，占比仅 2%。进一步检索显示，相当大比例的大学生创业研究成果都发表在教育学期刊上。其他几个特定群体的创业类型（如农民工创业、农民创业、女性创业）也存在类似的状况。

（3）发表在 C 刊和基金委期刊的都不多，如农村创业、绿色创业、海归创业、裂变创业、数字创业、用户创业、家族企业创业等。这些议题有一些是传统的，如裂变创业、绿色创业；有些则是新兴的，如数字创业、用户创业等；还有一些则是冷门的，如非正规创业等。

当然，这个检索结果仅仅反映了不同创业类型在国内的研究状况，缺少国际比较，仅供感兴趣的读者参考。

参考文献

[1] 张玉利，薛红志，陈寒松，等. 创业管理 [M]. 5 版. 北京：机械工业出版社，2020.

[2] 李剑力，创业活动的分类与启示 [M]// 张玉利. 创业研究经典文献评述. 北京：机械工业出版社，2018.

[3] 窦俊生，马翠萍，创业经验的本质与价值 [M] // 张玉利. 创业研究经典文献评述. 北京：机械工业出版社，2018.

[4] 毕海德. 新企业的起源与演进 [M]. 魏如山，马志英，译. 北京：中国人民大学出版社，2004.

[5] 宋正刚，张玉利，谢辉. 假设驱动创业与培养创新型人才研究 [J]. 教育评论，2016（02）：3-7.

[6] Baumol W. Entrepreneurship: Productive, Unproductive, and Destructive[J]. Journal of Political Economy, 1990, 98 (5): 893-921.

从创业类型解析"创业"万花筒

◎张敬伟 / 燕山大学

1. 创业无处不在

最近,杰弗里·霍恩斯比(Jeffrey S. Hornsby)等学者利用谷歌搜索引擎对"创业"(entrepreneurship)进行关键词检索,得到1.32亿个结果,而对"战略管理"(strategic management)进行检索仅仅产生了0.172亿个结果,虽然作者坦承这种对比很不严谨,但创业之热由此可见一斑(Hornsby等,2018)。创业研究领域,正如前文所言,百花齐放、百家争鸣,一片热闹非凡、热火朝天的景象。2018年,《小企业管理杂志》(*Journal of Small Business Management*, JSBM)甚至专门组织了一期专刊,对"无处不在的创业"(entrepreneurship everywhere)及其发展方向展开了热烈的讨论。当然,创业之所以无处不在,一个简单的解释就是创业心智、企业家精神已经渗透到社会的各个角落,发挥着或大或小、或有意或无意、或积极或消极的影响。毋庸置疑的是,创业领域给我们带来理论多样性的最佳范例,展示着创业实践和创业研究的蓬勃生机。

2. 创业类型的简要梳理

为了对创业展开进一步的多维度透视,后续章节计划用5组文章解析18种不同类型的创业行动。本章首先对这些创业行动类型做出简要介绍。

第一组文章聚焦于我们身边悄然发生的创业类型,包括生存型创业、非正规创业、制度创业。生存型创业普遍存在于我们的日常生活中,看似平淡无奇,缺乏成长空间,但如果创业者愿意尝试新的或不同的做法,也有可能突破生存瓶颈,进入增长轨道;正如NET2019公众号上杨俊教授的评论一语中的:心中有梦想,鸡毛也能飞上天!而游走于非法和合理之间的非正规创业也存在于社会的各个角落,这让我们思考鲍莫尔在1990年关于"有益的创业、无益的创业及破坏性创业的分类"及相关制度安排在引导这些创业类型时发挥的重要作用;非正规创业也提示我们,创业不是非黑即白,向黑或向白可能取决于正式与非正式制度的调整与调和,值得深入思考;接下来介绍的制度创业进一步对已有制度如何被打破或新制度何以被开创的机理与过程展开了详细阐述。

第二组文章聚焦于新时代蓬勃兴起的创业行动,包括数字创业、社会创业、绿色创业、非常规创业和用户创业。这些紧扣时代脉搏的创业类型,要么关注科技的力量如何融入新价值创造(数字创业),要么关注创业需要解决的社会问题与资源环境的可持续发展问题(社会创业、绿色创业),要么关注液态社会背景下创业动机和创业形式的多样性(如用户创业、非常规创业)。这组文章意在说明,创业和科技发展、社会利益与环境诉求、创业者的多样化动机等紧密联系,创业是解决多种问题、实现创业者目的的重要手段。

第三组文章围绕不同主体所开展的创业活动展开,包括公司创业、家族创业、学术创业、裂变创业、女性创业以及学生创业。无论是既有公司、家族企业还是大学及其机构,这些创业主体均为新组织孕育提供了土壤,不仅使新组织的裂变或衍生成为可能,还会以多样化的方式影响新组织的产生和发展。数字经济背景下既有组织开展得热火朝天的创业实践探索,使得这方面的研究开始备受瞩目,以公司创业、裂变创业尤甚。此外,女性和学生是两类独特的人群,其独特角色或身份是影响他们创业的重要因素。对女性创业而言,"她"力量的崛起和"她"创业面临的现实挑战,需要社会对女性创业给予更多的关注和支持;对学生创业而言,青年学子代表国家和社会发展的未来,他们从日益深化的创业教育中获得智慧传承,是最具活力的未来创造者,学生创业同样值得关注。

第四组文章与创业的地理空间有关,聚焦于国际化和农村这两种重要的创业情境,包括国际创业和农村创业。国际创业关注如何用创业精神和技能开展国际化经营,特别是如何培育和发展天生国际化企业、国际新创企业,使之能更早和更快地走出国门、开疆拓土。农村创业在农村情境和"三农"背景下展开,面临着不同于城市创业的诸多挑战,但鉴于"三农"问题对于我国经济社会发展的重要意义,农村创业很值得关注。

第五组文章与其说是创业类型,不如说是创业的方法论,包括战略创业和假设驱动型创业。战略创业强调用战略思维开展创业,用远见、全局观、思维与行动的融合来探索可持续的新价值创造方向,同时强调用创业思维开发战略,为组织注入创业心智,不断开创机会可能性空间。而假设驱动型创业则强调创业的精益思维,旨在通过采取一系列假设检验的步骤探索可行商业模式,以避免开发没人要的产品。这两种创业方法论对于不确定性情境下的创业具有重要启发意义。

当然,值得说明的是,因时间精力及篇幅所限,除了上述创业行动类型,还有一些创业类型,如海归创业、移民创业、异地创业(例如,叶文平等,2018)等未被纳入选题中，但也不容忽视。总之，本篇通过对 18 种创业类型的解析用以展示创业的多面性：创业是万花筒，因为这些创业类型充分地展示了创业情境，创业要素，创业主体的动机、思维、行动以及创业结果的多样性。当然，多样性既意味着多、异、好，也意味着可能的杂、乱、差。接下来，本文尝试从"组合"的角度对创业的多样性展开讨论。

3. 创业的组合之妙

首先，创业类型是概念的组合。概念组合意指根据已有概念来产生新概念（萨伽德，2012）。前文提到的各种"创业+"，如创业+农村（情境）组合为农村创业，创业+女性（主体）组合为女性创业，就是概念组合的范例。用概念组合去透视创业类型，可以发现有些创业类型比较容易理解，如女性创业、学生创业；有些组合的意义则比较复杂，比如，数字创业到底是什么？已有文章介绍的多是数字技术赋能创业，但反之是否也成立？因为也有可能是创业者赋能了数字技术，从而使数字技术得以有更多、更好和更有想象力的研发方向和应用场景，产生更多新颖的价值，因此值得深入思考。

当然，创业类型也并不局限于两个概念的组合，还有可能是多个概念的组合，如公司社会创业（参见公司创业中葛宝山教授的短论）、数字学术创业等。如此组合衍生出更为细化的创业研究领域。此外，组合的意义更在于，新概念往往会超过概念两两相加而产生新的含义。比如，"创业+"所带来的新组合，不仅对创业研究有贡献，还会对组合的另一方（如国际创业之于国际化）带来新价值。从哪些角度可以探索到新价值、新贡献，如何实现组合的价值涌现，是每种创业类型研究需要思考的问题。

其次，创业是多要素的组合。我们从对众多创业类型的概念梳理中可以发现，几乎所有的概念界定都关注机会的识别与利用。机会是创业的核心要素，但不局限于此（蔡莉等，2019）。现有创业理论有二要素说，认为创业是具有创业精神的个体与有价值的商业机会的结合（Shane 和 Venkataraman，2000；张玉利，2009）；三要素说，如蒂蒙斯模型认为创业是创业团队、创业机会和创业资源的组合；还有四要素说，认为创业是人、情境、交易和机会的组合（Sahlman，1996）；等等。用最简单的二要素模型对创业进行概念化，创业就是创业者与机会联结的不断复制、扩展和有机生长，逐渐形成错综复杂的产品、技术、商业模式、生态系统。总之，各种创业要素的新组合使新价值得以被创造和分配，创新创业得以实现。

最后，创业是两面（阴阳）的组合。创业的多样性，还体现在创业中有积极因素/结果，也有消极因素/结果；既有创新的，也有模仿的；既有新颖少见的，也有平凡普通的。正如当年鲍莫尔（1990）的文章让人们意识到，从结果来看，创业有有益的，也有无益的，还有破坏性的。创业的这种多样性在某些创业类型中体现得尤为明显，例如，在 NET2019 公众号有关农村创业的讨论中，刘海建、曾楚宏、卢伟等教授提醒我们，除了鼓励开展农村创业实践与研究，还需正视农村创业的独特情境、艰巨挑战以及创业风险；在有关非正规创业的讨论中，于晓宇和杨俊两位教授提示我们，一些新兴的商业模式可能游走于合理与非法之间，不能用简单的好与坏、消极与积极来看待，其重要价值或许体现在其中孕育着可能的创新和美好。

总之，创业是万花筒，是多面体。创业的组合之妙，就在于不同维度的组合尝试，可以形成更加多样化、异质性、新颖而独特的创业类型；创业的组合之妙，就在于用简单的要素可以组合出新的和多样化的组织、产品、市场、商业模式和生态系统；创业的组合之妙，就在于组合中有美，也可能有不美，而妙就妙在，创业有一种张力，将美与不美之间的悖论和张力，通过可能性孕育出来，使之涌现出来。创业之美来自追寻和孕育可能性的过程。很多创业者正是通过对这些美好可能性的追求而造福于这个世界。

4. 多样创业的理性思考

学者指出，隐喻（metaphor）是提升理论洞察的一种重要方式（Hill 和 Levenhagen，1995；Weick，1995）。因此，基于创业多样性的认知，我们可以将创业视为万花筒。二者的类似之处包括：种类繁多，形态各异；姹紫嫣红，富有生机；有好也有坏；存在不均衡；等等。这样的比喻或许能够帮助我们扩展认知创业的维度。

从隐喻角度理解创业并非新的尝试。几年前，两位知名创业学者从隐喻的角度梳理了创业研究（Lundmark 和 Westelius，2013），他们发现，学者和政策制定者多从经济视角看创业，鼓励自由主义和市场驱动，很少兼顾社会的、心理的、情感的等其他思考维度；而且人们大都认为，创业本质上是好的，是经济繁荣的秘方，是解决经济增长、农村发展、失业、贫困等几乎所有问题的万能药。但是，把创业视为灵丹妙药（elixir）的观点显然有些过于简单化了。创业的维度和属性不是单一的、纯粹的，只有多维透视，才有可能一窥创业的真实样貌。

退一步讲，即使是单从某一个维度来看，创业也不是非黑即白，而是存在灰度，需要一分为二，甚至一分为三（赵向阳等，2014）来透视和品味。一个简单的例子就是，福特公司为地球装上轮子惠及大众，但也带来了大量的碳排放以及更多的交通事故。换言之，绝大多数创业既有积极结果，也有消极结果；创业结果的好与不好取决于对谁而言，因为创业中涉及的利益相关者很多，而不同利益相关者有不同的利益诉求、不同的价值观；而且，好与不好也不仅体现在结果或目的方面，还体现在手段方面。正如《非正规创业》一文的解析，有时手段好，未必目的就好；反之亦然。综上所述，针对复杂的创业现象，从单一的或个别的维度去看，难免偏颇；从不同理论视角开展多维审视，才有可能洞悉化繁为简的理论智慧。

那么，创业为何会如此多样？前述的"组合"可能是一个关键的解释角度，其背后则是创业理论提供的解释逻辑。创业理论化工作就是对创业相关的关键概念的识别与提炼、概念之间逻辑关系的构建、验证与拓展。在基础性的创业理论模型方面，除了前述的个体与机会的联结、蒂蒙斯模型，还有很多理论构建的尝试，都有助于解释复杂多样的创业现象。例如，张玉利教授在NET2019公众号"观点思想"栏目的总结篇中，提出了"情

境 – 创业者 – 思维 – 行为"的理论框架；蔡莉教授和葛宝山教授等基于长期研究积累，梳理了"创业机会 – 资源、学习、能力和环境一体化"理论模型（蔡莉等，2019）。此外，威廉·萨尔曼（William A. Sahlman，1996）提出"人 – 情境 – 交易 – 机会"的理论框架，安东尼·布鲁顿（Anthony Bruton）和斯晓夫教授等（2013）提出"情境 – 微观基础（思维）与微观过程 – 创业活动 – 结果"的理论框架，等等。

从上述理论模型来看，创业往往涉及情境（context）、人（people）、机会（opportunity）、资源（resource）、思维（thinking/cognition）、行动（doing 或 action）、结果（outcome）等维度。创业在这些维度上的变化，会带来不同的创业类型和创业形态。例如，在"人"的维度上有女性创业、学生创业、用户创业等；在情境维度上有非正规创业（制度情境）、家族创业（家族情境）、国际创业（国际化情境）、农村创业（农村情境）等；在思维与行动维度上有战略创业、假设驱动型创业；等等，不一而足。当然，上述模型都是对创业进行高度理论化的尝试，希望为复杂多样的创业现象提供整体上的解释。这些理论框架为后续研究奠定了基础，并有助于引起兴趣、提供见解和激发辩论（Aldrich，1992）。

上述理论框架中单拿出任何一个要素来看，都高度复杂。例如，创业者本身是融合了理性和非理性，有着七情六欲和多重需求动机的综合体，创业者群体本身就有多重异质性。如此来看，创业研究既面临着巨大的挑战，也蕴含丰富的研究机会。

5. 创业价值的思考

在对有关创业隐喻的研究中，埃里克·伦德马克和阿尔夫·韦斯特利厄斯（Erik Lundmark 和 Alf Westelius，2014）批评了将创业视为灵丹妙药的观点，认为将创业视为诱变剂（mutagen）更为恰当。诱变剂是生物演化中的概念，体现为生物演化过程中诱发变化的倾向。作者认为，作为诱变剂的创业是变异之源，引发了惯例、组织的突变，并强调了创业的本质属性是偏离——偏离常规、偏离传统、偏离当下。作为诱变剂的创业意味着：变化的结果不一定好，可行的结果不一定是期待的结果；这也意味着创业的很多属性更为随机、难以预测和有意规划。

当然，不同于生物学意义上的诱变剂，创业是创业者有意识的行动，任何开创新实践、新惯例的行动都与创业者的能动性有关。创业研究从关注创业者特质，到关注其创业活动和过程，直至考察其思维和认知，在这一研究历程中，创业者作为创业的主体一直备受关注。创业者既是理性和非理性的综合体，也是能动的、具有自省意识的行动者。创业者不都是改变世界的英雄，他们不会脱离普通人的本性，但是能够超越普通人的行为[①]（张玉利，2019）。对创业者而言，创业既是一个创造财富、开展变革的过程，也是一个认识自我、重塑自我的过程，创业创的既是业，也是人；在创人中创业，在创业中创人。

正是因为人是多维度的复杂综合体，具有能动性的创业者通过其思维和行动能够开发出许多新颖的可能性，从而扩展创业的机会空间；创业者还能够将新的可能性转化为新

[①] 张玉利，创业者脱离不了普通人的本性但能超越普通人的行为. NET2019 公众号，2019-2-28.

的行为模式、新的惯例、新的商业模式和新的产业，让这些可能性发挥真正的作用。因此，即使创业仅仅意味着变异之源而难论结果好坏，但从出发点来看，创业可以也应该是积极的。唐纳德·库拉特科和迈克尔·莫里斯（Donald F. Kuratko 和 Michael H. Morris，2018）指出，创业能够通过创业心智赋能（empower）创业者，使创业者能够为自我及他人创造工作，创造自我身份，创造财富和未来，为社会做出贡献并回馈他人；创业通过赋能也有助于实现转换（transformation），创业活动改变了市场、商业实践、产业、个体、家庭、社区和社会。创业既是赋能器，也是转换器，而创业教育在其中能够发挥重要作用（Kuratko 和 Morris，2018）。总之，创业者通过积极行动，能够为社会做出积极的贡献。

综上所述，无论是把创业看作诱变剂、赋能器还是转换器，创业都在势不可当地发挥着作用。对创业的研究也需要提到新的高度。如今，创业作为一个独立研究领域，其合法性已经确立（蔡莉等，2019），但学者呼吁，创业"无所不在"也可能导致创业"什么都不是"，创业研究和创业教育需要找到正确的发展方向（Kuratko 和 Morris，2018）。

在当今全球科技飞速发展、经济社会发展不均衡的时代，创业实践和理论构建均有广阔空间。在实践方面，持续的变化、动态的不均衡孕育了潜在的创业机会，为创业者带来了重塑小生态、改变大世界的可能性。在理论构建方面，由于创业研究延伸到越来越多的情境中，学者需要思考创业研究的边界在哪里？如何挖掘情境因素在创业研究中的重要价值（Zahra，2007；李雪灵，2019）？进而思考如何从中国情境（张玉利等，2012；蔡莉和单标安，2013）出发，提炼有价值的概念和理论框架？而且，作为管理学术研究的一部分，创业研究如何对创业实践的"可行性"加以响应，同时又对未来"可能性"加以构建（韩巍，2017）？

总之，创业是我们用以追寻和创造美好未来的一种重要方式。如果说，未来总是在以我们想象之外的方式变为现实，那这一定是创业者干的！所以，只争朝夕，不负韶华，加入创造未来的洪流中，开创新的、不一样的、美好的未来，这或许是最令人向往的事业吧！

参考文献

[1] 蔡莉，葛宝山，蔡义茹. 中国转型经济背景下企业创业机会与资源开发行为研究 [J]. 管理学季刊，2019（2）：44-59.

[2] 蔡莉，单标安. 中国情境下的创业研究：回顾与展望 [J]. 管理世界，2013（12）：160-169.

[3] 张玉利，杨俊，戴燕丽. 中国情境下的创业研究现状探析与未来研究建议 [J]. 外国经济与管理，2012（1）：1-9.

[4] Lundmark E, Westelius A. Entrepreneurship as Elixir and Mutagen[J].

Entrepreneurship: Theory and Practice, 2014, 38（3）: 575-600.

[5] Kuratko D F, Morris M H. Examining the Future Trajectory of Entrepreneurship[J]. Journal of Small Business Management, 2018, 56（1）: 11-23.

[6] Bruton G D, Filatotchev I, Si S, et al. Entrepreneurship and Strategy in Emerging Economies[J]. Strategic Entrepreneurship Journal, 2013, 7（3）: 169-180.

第 9 章

我们身边悄然发生的创业行动

有不少创业行为,
比如生存型创业或非正规创业,
这些创业类型就在我们身边,
却很少得到应有的关注。
如何理解这些创业行动,
并分析其意义与价值?
本章将对此做出探讨。

生存型创业：在平凡生意中创造不凡

◎张玉利/南开大学　◎张敬伟/燕山大学

1. 生存型创业的缘起与发展

生存型创业是 GEM 项目中使用的概念。根据创业者动机的不同，GEM 区分了生存推动型创业（necessity-push entrepreneurship）和机会拉动型创业（opportunity-pull entrepreneurship），简称生存型创业和机会型创业。

生存型创业是指创业者是出于没有更好的选择而不得不参与创业，用以解决自身所面临的困难。生存型创业的核心在于，创业者参与创业活动是一种被动行为，而不是自愿行为。机会型创业是指创业者的创业动机是出于个人抓住商机的强烈愿望。商机可能带来的潜在利润的诱惑，以及抓住商机的强烈愿望，共同驱动了创业者承担风险、积极进取的创业行为。对机会型创业者而言，创业是一种个体偏好，也是实现目标（如实现自我价值）的手段。

生存型创业一度是我国创业活动的主导类型。根据《全球创业观察 2002 中国报告》，2002 年，在 18～64 岁的积极参与创业的中国人中，有 60% 属于生存型创业，40% 属于机会型创业。在清华大学二十国集团创业研究中心最新发布的《全球创业观察 2016/2017 中国报告》中，机会型创业比例已经由 2009 年的 50.87% 提高到 2016～2017 年的 70.75%，生存型创业比例降到 29.25%。这三组数据的对比反映出我国创业活动的质量在稳步提高。

生存型创业最初只是应用于 GEM 调查，后来这类创业也得到其他维度的阐释。例如，哈佛大学教授毕海德（2004）不再侧重于创业者的动机是主动还是被动，而是根据创业机会的性质区分出五种创业类型，其中的边缘型创业大多属于生存型创业。这类创业所需投资不多，面临的不确定性低，可能获得的利润也较低，如理发店、早点铺等。相较于 GEM 对生存型创业的理解，毕海德提出的边缘型创业并不强调创业动机，而是从投入、不确定性和可能利润角度，帮助创业者进行理性的创业选择。不过，毕海德教授更推崇风险型创业，即初始投入低，但不确定性比较高的创业，高的不确定性为其获取较高收益提供了可能性。比如，个人电脑行业刚刚兴起时，组装个人电脑也能产生不菲的收益。相较于风险型创业，毕海德教授言外之意，认为边缘型创业（或大多数生存型创业）可能是"没前途"的。

2. 生存型创业的谬误与真相

不仅毕海德教授有这种看法，在很多人的意识中，生存型创业往往就是当个体户、小商贩，开夫妻店、淘宝店，平凡之至，普通至极。因此，有些人可能会认为，生存型创业缺乏技术含量，与创新无关，因而没有多大价值，不值得关注；还有人认为，生存型创业从事的多是小商小贩、低端服务的营生，低人一等，难登大雅之堂。

事实果真如此吗？

根据上述《全球创业观察 2016/2017 中国报告》调查，当前我国生存型创业占比约 30%，虽然不是比例最大的创业活动，却是社会中普遍存在的创业活动！尽管大多数生存型创业只是解决自我雇用、家庭生计问题，但在促进商品流通、繁荣商业服务、稳定社会治安等方面发挥着重要的作用；而且，生存型创业也不是低贱的创业活动！无论是热心早点、快递驿站，还是美容美发、修理文印等各种小生意，给老百姓的日常生活带来的便利性无可替代！低贱与高贵是一种分等思维，意在区分高下，不利于和谐发展；分类是一种共生思维，可以把生存型创业看作机会型创业的有力补充，二者互补共生，有序发展（参见第 5 章的文章《心智模式：分等与分类》）。

因此，生存型创业的价值不容忽视！

首先，生存型创业能够解决创业者的就业问题。生存型创业的一个重大价值是创业者自我雇用，在解决自身生存问题的同时提升经济活力，并间接地解决很多社会问题。诺贝尔和平奖获得者尤努斯开办的格莱珉银行为穷人提供小额信贷，将不少沿街乞讨的乞丐转化为自谋生路的创业者。虽然这些创业者可能无法过上富裕的日子，但从乞丐和无业游民向自食其力者的进化，这是多么大的转变！

其次，生存型创业解决生计问题相对容易。生存型创业往往处在不确定性程度低、所需投资不多的领域，虽然大多缺乏创新，但容易短期见效，甚至立竿见影。相比而言，机会型创业往往涉及一定程度的创新，而创新被市场接受需要一个时间过程。生存型创业收益虽低但容易短期见效的这种特点反而说明，至少可以通过生存型创业积累"半"桶金，包括资金积蓄、经验积累和人脉培育等，从而为创业者适时转向更好的成长机会打下基础。

最后，生存型创业还能塑造人！因为不得不创业，生存型创业反而有背水一战的特点，没有退路，反而可能更愿意坚持。最近，演员岳云鹏接受采访时吐露心声：自己只会电影和相声，电影演不好可以回去说相声，但相声说不好就只能回家种地！多数人把不得不干的工作干出了兴趣，干出了成绩！相反，总觉得有退路是很多跨界不成功的主要原因之一。比如，教授总觉得大不了还回学校教书、带学生，从政不专心，创业也没有全身心投入。从这个角度看，生存型创业也很锻炼人，因为创业者要时刻想着生存！

3. 生存型创业也能创出不凡

生存型创业往往因为进入和退出壁垒低、创新不足、竞争激烈，失败率较高。因此，生存是生存型创业者面临的突出问题。此外，不少存活下来的生存型创业企业长期保持在"生存线"水平，没有发展。这是不是意味着生存型创业只能生存，没有发展空间？其实，突破"生存"思维，积极把握机会，往往能有更好的活法。比如，即使是修车小摊，创业者除了修车，还可以搭售纯净水或其他小商品，便于在顾客等待时增加消费可能性（这和超市收银口放置口香糖等小商品是一个道理）；再如，作者认识的一位服装店的老板，为店里展示的每件衣服都配上标签，用寥寥数笔告诉顾客，每件衣服都是有故事的；通过为精心选择的服装配上额外的情感价值，她的小店经营得风生水起。从这些例子可以看出，即使是生存型创业，如果创业者用心做事，也能从同行中胜出。那么，生存型创业该如何发展呢？

陈明哲教授（Chen，1996）曾提出 AMC（Awareness-Motivation-Capability）框架，分析影响个体与组织行为的三个关键因素：洞察、动机和能力。如果把生存型创业看成某种创业行为（模式），那么，可以借用这一框架，分析生存型创业发展的思路（见图9-1）。

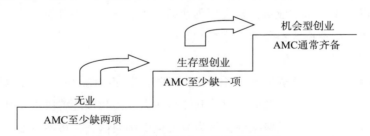

图 9-1　生存型创业企业的成长路径

从图9-1可以看出，处于第一阶梯的是无业，因为觉察不到机会，或是缺乏把握机会的动机或能力（AMC至少缺两项），因此未能利用任何机会。向上一个阶梯是生存型创业，因为洞察不到新颖机会，或是缺乏利用新颖机会的动机或能力（AMC至少缺一项），创业者发现和利用的往往是平凡、普通的机会。再向上一个阶梯是机会型创业，表现为创业者发现了相对新颖的机会，也有动机和能力抓住这种机会，或者是创业者在仅仅具备前两项条件的情况下，积极整合资源和提升能力以实现新颖机会的利用。

基于以上讨论，本文认为可以从三个方面促进生存型创业向机会型创业（至少是"机会型的生存型创业"）的转化。

第一，提升洞察。这里主要是指提升洞察新颖机会的能力，创造并利用各种可能性。例如，不少从事服装生意的生存型创业者积极转型微商，或是利用抖音、快手等新媒体带货，也能让自己的生意跃升到新的台阶。

第二，提升动机。这一点很难，但经营企业如果没有事业心、进取心则很难有发展。提升生存型创业者动机的重点是提升其自我效能感（李爱国和曾庆，2017）。相信自己能行，有利于创业者洞察和把握更为有利可图的机会。

第三，提升能力。一方面需要创业者持续学习，积累创业手段（我是谁，我知道什么，我认识谁）；另一方面需要创业者培养调整能力。毕海德（2004）非常强调创业者的机会主义调整能力，例如，当自己的提议被顾客拒绝时，尝试另外一种方案，就有可能拿下生意。通过机会主义的、积极的和有意识的调整，创业者在利用不确定性，扩大创业可能性空间。

当然，上述三个方面是相互联系的，提升能力，也有助于提升自我效能，改善其动机；洞察到新颖而有利可图的机会，也可能使创业者乐于去积极行动，弥补自身能力暂时不足的缺陷。

生存型创业的发展还有一些具体的战略可供选择。由于这类创业大多处于分散行业，具有进入壁垒低、顾客需求多样、难以实现规模经济等特点，可以借鉴分散行业中的经营战略来寻求成长。比如：

（1）借助连锁经营、商业模式创新等寻求发展。生存型创业也可以有品牌，例如庆丰包子、真功夫等；像理发店这样随处可见的生存型创业也可以在一个城市实施连锁经营。通过商业模式创新整合分散需求，也可以获得规模经济，提升生存和发展能力。

（2）找准利基市场，寻求集中化发展。如面向特定顾客提供专业化服务（如胖装店、教辅书店），面向特定产品进行专业化经营以实现规模化（如专为各大超市供应几种蔬菜）。

对于生存型创业，质的提升同等重要。《寿司之神》中小野二郎的寿司店数十年规模并未扩大，但米其林三星餐厅的荣誉、政要光顾、提前几个月的预订、攀升的客单价，以及内在的精益求精的工匠精神，难道不是生存型创业寻求内涵式成长的典范吗？

其实，无论是生存型创业还是机会型创业，创业精神是其成功的内核。借用百森商学院创始人罗杰·百森的观点，如果创业者尝试做新的事情，或是把已有事情做得更好或以不同的方式去做，这个世界将因此而不同！

4. 请善待生存型创业

生存型创业广泛地存在于我们的生活中，不仅有助于创业者解决自我雇用问题，产生经济收益，还提升了创业者的社会参与度，因而有助于增进社会福利，是一种不容忽视的创业类型。对于生存型创业的发展，第一，政府应该有所作为，比如给予补助性/给予性的支持政策，像降低创业门槛、减税甚至免税、注册资本金申报制、提供创业场地等。这些政策应以设法降低其创业成本为主，融资、风险投资等都不是其关注的重点。各地政府主导建设的众创空间可以侧重于提供这方面的功能。另外，政府可以提供创业教育和培训，促进交流，拓展生存型创业者的创业思维，提升其创业技能，带动其自我效能感的提高。第二，生存型创业者自身也应加强学习，掌握创新创业思维和技能，在提升生存能力的基础上积极把握和创造机会，向机会型创业转化，至少也要转向"机会型的生存型创业"。第三，社会需要营造一种更为积极的氛围，让生存型创业者体会到公平感、价值感和获得感，从而有利于生存型创业为社会做出更大贡献。

参考文献

[1] 毕海德. 新企业的起源与演进 [M]. 魏如山，马志英，译. 北京：中国人民大学出版社，2004.

[2] 姜彦福. 全球创业观察 2002 中国报告 [R]. 北京：清华大学出版社，2003.

[3] 清华大学二十国集团创业研究中心. 全球创业观察 2016-2017 中国报告 [R]. http://www.sem.tsinghua.edu.cn/news/xyywcn/10364.html.

[4] Chen M J. Competitor Analysis and Interfirm Rivalry: Toward a Theoretical Integration[J]. Academy of Management Review, 1996, 21（1）：100-134.

[5] 薛红志，张玉利，杨俊. 机会拉动与贫穷推动型企业家精神比较研究 [J]. 外国经济与管理，2003，25（6）：2-8.

[6] 李爱国，曾庆. 生存型创业向机会型创业转化的机制与路径 [J]. 重庆社会科学，2017，12：93-99.

非正规创业：不合法但合理的机会寻求

◎张敬伟 刘丽娟 / 燕山大学

1. 非正规创业研究的缘起

2018年现象级影片《我不是药神》在社会上引起强烈反响。电影讲述了男主角程勇在了解白血病患者无力承受天价进口药的情况下，应广大患者请求，从印度购买白血病仿制药、"非法销售假药"的故事。程勇通过非法渠道购买并销售未经批准进口的仿制药（即"假药"），为那些无力承担高昂药价的患者的生存而抗争，被白血病患者冠以"药神"之名。虽然程勇的义举得到患者的认可，但他还是因"非法销售假药"而受到法律的制裁。当然，影片的原型人物则因为只是帮助病友购买（而不是销售）"假药"，并得到患者的支持而未被起诉；这一事件也最终促使国家对进口抗癌药品的关税制度和药品管理制度进行了改革。

在这个案例中，创业者程勇从正式制度与非正式制度的不协调中发现并利用了创业机会。从正式制度（即法律）的角度看，销售"假药"肯定不合法；但从非正式制度（即白血病患者群体的价值观）来看，销售"假药"却又合情合理。这种创业行为游走于"法"与"理"的中间地带，被称为非正规创业。非正规创业者识别和利用的是非法但合理的创业机会。

其实，早在20世纪70年代，就有学者注意到各种发生在法律框架之外的经济活动。学者马克斯·韦伯（Max Weber）等（2009）将发生在正式制度之外、非正式制度之内的经济活动称为非正规经济，例如，未经注册就开展经营、生产和销售山寨产品、雇用无证工人等。据估计，过去 20 年间，158 个国家的非正规经济的平均规模相当于官方 GDP 的 31.8%；到 2015 年，这个比例下降到 27.8%（Medina 和 Schneider，2018）。接近 1/3 的经济总量是由非正规经济产生的，这足以说明，非正规经济在社会经济发展中发挥的作用不容小视。

非正规创业是发生在非正规经济中的创业活动，是非正规经济的重要组成部分。相关调查显示，全球有 2/3 的企业未经注册就开始创业（Autio 和 Fu，2015）。如果加上其他非正规创业活动（如雇用无证员工、生产假冒产品等）的数据，非正规创业活动的占比将变得更大。学者（于晓宇等，2013；Webb 等，2009）指出，虽然非正规创业会带来国家税收损失、存在负的外部性、给正规企业带来竞争冲击，但它在解决就业、缓解贫困、促进经济增长等方面发挥着积极而重要的作用。

2. 非正规创业的内涵

非正规创业识别和利用的是正式制度之外、非正式制度之内的创业机会。理解非正规创业首先需要区分正式制度和非正式制度。通常，一个社会中会存在多个群体，不同群体有不同的规范和价值观，因此，对于"什么可以被社会接受"这一问题，不同群体可能持有不同的观点。当存在观点分歧时，占主导地位的群体的规范和价值观通常成为正式制度的基础（即"法"），体现为法律、法规及配套的执法机构等；与正式制度不一致的那些规范和价值观，就属于非正式制度的范畴（即"理"）。因而，在非正规创业情境下，合法与否根据正式制度来判断，合理与否则根据非正式制度来判断。

如果把创业机会看成某种"目的－手段"关系的组合，那么，可以从目的和手段两个方面判断一种创业行为的合法性和合理性。其中，"目的"是指企业的产出（商品或服务），"手段"是指用于生产产品或服务的要素与流程。韦伯等学者（2009）根据合理性和合法性这两个维度区分了三种不同类型的创业：正规经济中的创业、非正规经济中的创业和叛逆经济（renegade economy）中的创业（见图 9-2）。

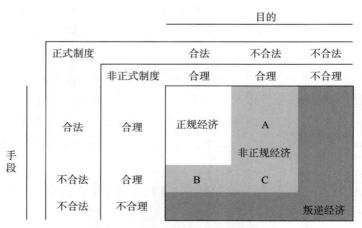

图 9-2　不同经济类型中的创业

在正规经济中，创业者利用合法和合理的手段从事创业活动，生产合法和合理的产品或服务，这是通常意义上"正规"或"正常"的创业活动。在叛逆经济中，创业者识别和利用了不合法且不合理的机会，如人口拐卖、制毒贩毒等，往往不为社会所容。在非正规经济中，创业者将不合法性与合理性结合在一起。按照"目的－手段"以及"合法－合理"的多维度区分，非正规经济中的创业可以划分为三类，见图中浅阴影部分。

区域 A 中的创业行为是使用合法且合理的手段实现不合法但合理的目的。比如生产和销售盗版软件或是赝品等。这种不合正规创业往往会给正规企业带来竞争冲击。

区域 B 中的创业行为是使用不合法但合理的手段实现合法又合理的目的，比如雇用无证工人生产合法产品，因为无证工人更有可能接受较低的工资和较差的工作条件。虽然这类创业行为因无视正式制度的要求而改善了成本效率，却可能产生负的外部性，比如，恶劣的工作环境可能会损害无证工人的健康。

区域 C 中的创业行为结合了不合法但合理的手段和目的。一个典型的例子是企业雇用无证工人生产假冒产品；另外，《我不是药神》中男主角为白血病患者非法从印度购买"假药"的行为也属于此类。

无论上述哪一种情况，非正规创业的机会均来自正式制度和非正式制度之间的不协调。当体现某一群体规范与价值观的利益诉求在正式制度框架内无法实现时，就可能产生非正规创业行为。

3. 关于非正规创业的四种观点

对于如何理解非正规创业的本质，科林·威廉姆斯（Colin C. Williams）等学者（2012）总结了四种不同的观点。

（1）现代化观。这种观点认为正规经济中的创业活动是进步和现代化的代表，而非正规创业则是欠发达、落后的表现，并认为像街头流动摊贩这种非正规创业属于早期生产方式的残余，必将随着非正规经济融入正规经济而消亡。然而，全球范围内非正规创业活动的长期和持续的存在，反映出这种解释逻辑的局限性。

（2）结构主义观。这种观点认为非正规创业是放松管制和全球化经济浪潮的副产品，是现代化进程的一部分。在现代化和全球化过程中，社会边缘群体无法在正规的劳动力市场找到合适工作而被迫从事非正规创业，因此，非正规创业往往是解决自我雇用问题的生存型创业。与现代化观点类似，结构主义观也认为非正规创业是落后的。

（3）新自由主义观。这种观点认为非正规创业是创业者的理性决策。例如，面对烦琐的行政手续，创业者遵循理性选择，不想浪费时间和成本应付正式制度的各种要求而采取非正规的方式开展创业。新自由主义观将非正规创业视为国家过度管制的直接结果，非正规创业者被描述为自愿脱离正规经济、寻求自由和解放的英雄。因而，这种观点认为非正规创业非但不落后，反而是一种进步。

（4）后结构主义观。这种观点明显区别于其他观点，认为非正规创业不仅仅涉及经济动机，还可能涉及社会的、政治的、身份的等其他动机。比如，《我不是药神》影片中男主角销售"假药"的行为并非因经济利益驱动，而是出于对白血病患者群体的人道主义援助。

以上观点为非正规创业的产生与存在提供了相互竞争的解释。威廉姆斯团队尝试将这些理论逻辑进行整合，认为这些不同观点可以解释不同类型的非正规创业。比如，结构主义观与现代化观可能适用于相对贫困人口的非正规创业，而新自由主义观和后结构主义观则可以用来解释高收入群体的非正规创业。可见，对非正规创业进行分类，考察不同类型或情境下的非正规创业行为及其结果，有助于增进我们对于这种创业类型的理解和认知。

4. 非正规创业的研究与实践启发

（1）非正规创业的理论发展。非正规创业的普遍性及其对经济社会发展的重要意义，使其成为不容忽视的创业类型。然而，学术界对于非正规创业却缺乏足够的关注。本文使用关键词"informal entrepreneurship"对 WOS 数据库 2012～2019 年文献进行了检索，结果显示这 8 年间发表的文献仅有 39 篇；使用"非正规创业"对中国知网数据库同期文献检索显示，仅有上海大学于晓宇教授团队 2013、2018 年的两篇高水平论文聚焦于非正规创业。主流创业研究关注正式制度情境下的正规创业，并未对创业的"非正规性"（informality）予以重视。"非正规性"为创业研究供了一种独特的制度情境，考察这种特殊创业情境与创业认知、行为及绩效的关系（张玉利等，2012），有助于为检验已有创业理论和发展新的创业理论提供研究机会。

当前的非正规创业研究以经济学、社会学、管理学、人类学等理论为基础，重点考察非正规创业的过程，并从创业动机、创业机会、资源获取与利用以及创业绩效等方面做出大量探讨（于晓宇等，2013）。国内于晓宇和国外韦伯、威廉姆斯等领军学者团队的文章非常值得参考。对于理论研究中的一些重点议题，本文仅列举如下两点。

首先，非正规创业与正规创业之间的转化。这是学者普遍关注的一个重要方向。正式制度与非正式制度的边界是动态变化的，因此，随着制度边界的变化，创业者可能会基于守法或违法的成本与收益的重新考量，由非正规创业转向正规创业，或者反之。因此，有哪些因素影响转化以及转化如何发生，都值得探究。通常，学者更为关注非正规创业向正规创业的转化，比如韦伯等（Webb 等，2013）曾经指出，相比于手段非法的非正规创业，目的非法的非正规创业转向正规创业的可能性更低。

其次，将非正规创业用于解决贫困问题。如前所述，非正规创业是解决边缘群体就业、增加收入、缓解贫困的重要途径。考察非正规创业在解决贫困问题方面发挥作用的机制（于晓宇等，2018），从而为扶贫政策提供理论依据，也是学者较为关注的议题。

（2）非正规创业的实践启示。非正式制度与正式制度之间普遍和持续存在的不协调，使非正规创业活动的发生几乎成为必然。因此，正视其存在，并进行有效的管理，是正式制度的守护者——政府的一项重要职责。由于正式制度和非正式制度的边界会随着社会文化、技术、法律趋势的变化而变化，正规创业和非正规创业的机会空间也会发生变化。对创业者而言，他可以通过洞悉这些变化中蕴含的正规或非正规的创业机会，选择合适的创业行为，为社会创造价值。

对政府而言，作为正式制度的代言人，政府需要通过因势利导的管理工作，减少非正规创业的负面影响，发挥非正规创业的积极作用；政府还可以通过制度建设，扩大正规经济中的机会空间，激励创业者采取正规创业行为，从而增进社会的整体福祉。具体思路至少有两个。

第一，修正非正式制度。社会宣传或教育培训有助于修正创业者对于正规创业和非正规创业在成本收益方面的错误认知，推动非正规创业向正规创业的转化。比如，创业者对注册手续及注册要求可能存在认识上的偏差，误以为注册手续烦琐或注册资金门槛过高，从而倾向于采取非正规创业，以规避正式制度的约束。然而实际上注册手续可能非常便捷，市场准入门槛也很低。因此，通过宣传教育提高创业者的认知水平会影响其创业类型的选择。

第二，完善正式制度。一方面，国家权力部门应对图 9-2 中不同类型的非正规创业进行分类管理，制定和完善相关法律法规，提升非正规创业者采取正规创业行为的积极性。另一方面，与时俱进地修订和完善正式制度，使之贴合更广泛的社会群体的规范和价值观，有利于非正规创业的正规化。我国山寨手机产业就是非正规创业群体促使政府取消手机牌照制度而赢得合法地位的典型案例。最近的案例则是我国的网约车产业。网约车创业者成功地利用制度空隙中的机会侵入出租客运市场，导致出租司机群体向地方政府施压。地方政府采取严格限制手段，明确规定网约车吸纳私家车从事客运服务属于非法经营。随着网约车的价值被高层决策机构、专家学者以及广大用户所认可，2016 年，国务院等多部门发文，放宽了对网约车经营的限制，认可了其合法性。这个例子表明，当环境变化（如技术或商业模式创新）给原有的正式和非正式制度的边界带来冲击时，有可能引发新的非正规创业行为；利益群体的博弈有可能推动正式制度的变迁，使某些非正规创业行为正规化，实现合法与合理的和谐统一。

短论

容忍非正规创业的"混乱"和"叛逆"
于晓宇 / 上海大学

我国学界、业界、政策制定者都低估了非正规创业这一类型创业活动的潜在价值。根据经济合作与发展组织（OECD）的数据，中国非正规经济体量很小、比例很低。回顾我国社会主义市场经济体制的形成过程，这不难理解。对比部分发达国家，其非正规经济不仅成为正规经济的有益补充，并且得益于成本更低廉、转型更灵活等特点，对于减少贫困、创新发展等也发挥了重要作用。

创新性的创业活动都有一定程度的"非正规性",就像科技进步、商业模式创新本质上就是打破既有规则,合理但未必合法,有时,连合理都算不上。《爆裂》一书提道:"只有叛逆才能够形成更多的创新,'强有力的叛逆'是任何健康民主、持续自我纠错和创新的开放社会必不可少的因素。"从这个角度,容忍非正规创业是应对未来不确定性的重要手段。

对企业家、创业者而言,他们要了解哪些创业活动属于合理但不合法,而不是既不合理又不合法。此外,他们必须要了解如何利用非正规创业活动降低创业成本、失败成本,并逐步提高产品、服务和企业的合规性。

对政策制定者而言,要降低制度、政策的模糊性,给予本可以合法的创业者以合法地位。一些非正规创业活动之所以合理但不合法,一个原因是存在多个冲突的制度中心。另外,对那些游走于法律边缘的非正规创业活动,应该给予一定程度的容忍。深圳不仅集聚了一些科技山寨品,还集聚了华为、大疆、华大基因等极具创新性的企业。这与深圳能够接受容忍那些最初合理不合法的非正规创业活动有着密切的关系。然而,像上海等具有超大城市治理经验但对非正规创业活动很难容忍的城市,很难利用非正规创业活动的"混乱"和"叛逆"脱离"创新者的窘境"。

本文是国家自然科学基金面上项目(71772117)资助成果。

参考文献

[1] 于晓宇,张文宏,桑大伟. 非正规创业研究前沿探析与未来展望[J]. 外国经济与管理,2013,35(8):14-26.

[2] 于晓宇,刘婷,陈依,等. 如何精准扶贫?制度空隙、家庭嵌入与非正规创业绩效[J]. 管理学季刊,2018,3:46-67.

[3] 张玉利,杨俊,戴燕丽. 中国情境下的创业研究现状探析与未来研究建议[J]. 外国经济与管理,2012,34(1):1-9,56.

[4] Webb J W, Tihanyi L, Ireland R D, et al. You Say Illegal, I Say Legitimate: Entrepreneurship in the Informal Economy[J]. Academy of Management Review, 2009, 34(3): 492-510.

[5] Webb J W, Bruton G D, Tihanyi L, et al. Research on Entrepreneurship in the Informal Economy: Framing a Research Agenda[J]. Journal of Business Venturing, 2013, 28(5): 598-614.

[6] Williams C C, Nadin S, Rodgers P. Evaluating Competing Theories of Informal Entrepreneurship: Some Lessons from Ukraine[J]. International Journal of Entrepreneurial Behavior & Research, 2012, 18(5): 528-543.

制度创业：形塑规则中的利益寻求

◎张敬伟 靳秀娟／燕山大学

1. 制度创业研究缘何而起

制度创业的概念脱胎于组织研究领域的制度学派。早期制度研究注意到组织运作过程中的非理性行为，代表性人物菲利普·塞尔兹尼克（Philip Selznick）指出，组织不是经济学意义上的效率机器，也不是封闭的系统，它会受到所处环境的影响。外在的价值观念、社会规范和法律法规会产生强大的制度力量，迫使组织采取与效率目标相悖的非理性行为。例如，虽然不同行业、不同类型的组织在追寻的目标、使用的技术乃至所处的运行环境方面都存在很大的差异，它们却采取了相似的组织结构（如科层制）和组织实践（如目标管理）。

针对这种组织趋同现象，约翰·迈耶和布莱恩·罗恩（John W. Meyer 和 Brian Rowan，1977）提出，需要从组织与环境关系的角度理解组织行为，而且，研究组织环境不能只关注技术环境，还要考虑组织所处的制度环境；技术环境要求组织有效率，制度环境要求组织采纳那些被"广为接受"的组织形式和做法，而不管这些形式和做法是否对组织效率有益（周雪光，2003：73）。迈耶和罗恩的研究主张得到保罗·迪马吉奥和沃尔特·鲍威尔（Paul J. DiMaggio 和 Walter W. Powell，1983）等学者的进一步发展，从而形成了组织研究的新制度学派。这一学派强调合法性机制的重要性，认为价值观念、社会规范和法律法规等广为接受的社会事实，具有强大的约束力量，规范着组织和个体的行为。

新制度学派强调制度环境对组织的约束作用，却忽略了身处制度中的行动者的能动性

(agency)。一个显而易见的事实是，虽然制度会约束和塑造行动者的行为模式，但是嵌入制度中的行动者也会对制度产生影响，甚至会改变原有的制度。在此背景下，迪马吉奥（1988）提出了制度创业的概念，认为制度框架下的行动者会为了追求自身的利益，撬动资源去改变现有制度或是创造新制度。制度创业概念的提出，使行动者及其行动对于改变和形塑制度的作用重回学者的视野，为解释新制度从何而来，以及面对制度同构压力下的行动者如何影响甚至变革制度等问题提供了新的研究视角，得到了国内外学者的广泛关注。

2. 何谓制度创业

（1）制度创业的内涵。制度创业是指制度框架下的行动者通过撬动资源改变现有制度或创造新制度，以从中获利的行为过程（DiMaggio，1988；Battilana 等，2009）。在制度理论框架下引入制度创业的概念，旨在强调制度变革过程中行动者及其能动性的作用。因此，制度创业的核心议题是制度创业者对现有制度的变革以及新制度的创建。由于"制度"一词并未具体明确组织在哪一方面的行为，因此，制度创业也泛指那些尝试打破常规、破旧立新的行动过程（尤树洋等，2015）。

学者进一步指出，判断一项变革是否属于制度创业的范畴是相对于其所嵌入的制度框架而言的，只有打破了原有制度框架的趋异性变革才能被称为制度创业（Greenwood 和 Suddaby，2006；Battilana 等，2009），而那些对现有制度进行调整和完善的非趋异性制度变化，则不属于制度创业的范畴。例如，在孟加拉国，女性创办企业与社会价值观相悖，因此可以被视为制度创业；但是，在崇尚平等的美国，女性创业没有和任何制度约束相冲突，因此不能被视为制度创业（尤树洋等，2015）。

（2）制度创业与一般创业的异同。如果将创业一般性地理解为新组织的创建过程（Gartner，1985；Lumpkin 和 Dess，1996），那么制度创业与一般创业存在如下异同。

首先，二者突出的共性是，它们都强调变化中的机会和利益。例如，制度创业中的机会源自现有制度框架下的相关主体的利益诉求未能得到满足，因而发起制度变革；在一般创业中，创业机会通常来自环境变化或是创业者主动创造的变化，创业是创业者从变化中获取利益的重要途径。

其次，从区别来看，制度创业的对象是制度，其结果是旧制度的变革或新制度的建立，不一定要创建一个新组织。一般创业关注新组织的创建过程，其结果往往是新组织的建立，但只有那些创造了新的商业模式、组织形式的创业行为才能被视为制度创业。创建新的商业模式或组织形式并非一般创业的必要条件，而创建新组织也不是制度创业的硬性要求。

另外，相比一般创业局限于独立地开办新企业或是在现有组织内开创新事业，制度创业的表现形式更为多样。虽然制度创业多聚焦于场域（由一系列受相似制度因素影响的组织构成）层面（项国鹏等，2011），但鉴于制度本身多样化、多层次的特征，制度创业会发生在组织内部、组织、组织场域或社会等更广阔的范围（尤树洋等，2015）。

3. 谁是制度创业者

制度创业是关于行动者的行动理论，旨在考察行动者的能动性从何而来，以及行动者如何撬动资源以发起和实施制度创业。因此，理解制度创业必然需要理解制度创业者。迪马吉奥（1988）将制度创业者定义为"通过撬动资源创建新制度或是变革已有制度的行动者"。制度创业者可以是一个组织或一群组织，也可以是单个个体或一群个体。朱莉·巴蒂拉娜（Julie Battilana）等学者（2009）还对"谁是制度创业者"做出了如下讨论。

首先，制度创业者是发起和实施趋异性制度变革的主体。巴蒂拉娜等（2009）认为，制度创业者并不等同于制度变革者，制度创业者是制度变革者，但是制度变革者不一定是制度创业者，只有那些发起和实施了趋异性变革的制度变革者才是制度创业者。

其次，制度创业者不一定具有强烈的初始变革意愿。早期研究认为制度创业者是有明确目的的制度变革者（Colomy 和 Rhoades，1994），近期研究指出，制度变革者的变革意愿会在变革过程中发生变化（Child 等，2007），甚至有的变革者是在无意中偏离了现有的制度框架（Lounsbury 和 Crumley，2007）。因此，那些最初没有任何变革意愿和计划的行动者也有可能变成制度创业者。

最后，制度创业者不一定非要成功地改变现有制度或建立新制度。鉴于制度创业者在推行制度变革的过程中面临诸多挑战，制度创业失败非常常见（DiMaggio，1988）。那些在趋异性制度变革过程中积极撬动资源，但最终未能成功的行动者仍然被视为制度创业者。

4. 制度创业因何发生

制度创业将行动者的能动性引入制度分析，但是，那些已经嵌入于现有制度中的行动者为什么还要改变现有的制度呢？这被称为"嵌入能动性悖论"（Holm，1995；Seo 和 Creed，2002）。对此，学者展开了制度创业动因的相关研究。李雪灵等（2015）曾将动因归结为社会、场域、组织、个体等四个层面，本文参考此框架对制度创业动因简述如下。

第一，外部环境因素。早期制度创业学者将制度创业的动因归结为外部环境变化和资源压力，包括社会动荡、技术更新、政策变化、经济与政治危机等（郭毅等，2009）。但强调外部环境的影响无法解释为何同样遭遇外部冲击的组织和个体没有发起制度创业。由于忽略了引发制度创业的内生性因素，这类动因无法对"嵌入能动性悖论"做出合理的解释。

第二，组织场域因素。制度创业的研究多以组织场域作为基本分析单元（Maguire 等，2004），重点关注组织场域异质性、制度化程度等特征对制度创业的重要影响。

异质性程度主要指组织场域内不同制度安排特征之间的差异，这种异质性很有可能会导致制度不相容，并引发内部矛盾（Battilana 等，2009）。明谷·施欧和道格拉斯·克瑞德（Myeong-Gu Seo 和 W. E. Douglas Creed，2002）曾提出四种引发制度变革的矛盾类型：

合法性与效率的矛盾、制度与环境适应性的矛盾、制度间的不兼容以及利益错位，这些制度矛盾会激发行动主体的反思能力，强化他们的变革动机，从而偏离原有的制度框架开展制度创业。

关于制度化程度，有学者认为，在制度化程度较高的组织场域中，行动者能够更加明确地判别制度创业行为的利弊，因而发生制度创业的可能性会更高（Beckert，1999）。但也有学者认为，较低的制度化程度往往伴随着更高的不确定性，进而为制度创业提供更多的机会（DiMaggio，1988；Fligstein，1997）。因此，仅仅考察制度化程度无法得出确定的结论。

第三，组织因素。学者关注组织在场域中的位置的影响。有学者认为，处于场域边缘的组织通常在场域中的嵌入程度低，难以在现有制度安排中获益，因此很有可能发起制度创业（Boxenbaum和Battilana，2005）。但也有学者发现，处于场域中心位置的组织也可能发起制度创业。例如，罗伊斯顿·格林伍德和罗伊·苏达比（Royston Greenwood和Roy Suddaby，2006）研究发现，处于边界桥接和边界错位的组织更有可能面临制度矛盾，而组织绩效的下滑会进一步激发合法性和效率之间的矛盾，从而强化组织开展制度创业的动机。针对以上矛盾的发现，尤树洋等（2015）指出，中心位置的行动者通常有开展制度创业的能力和权力但缺少动机，边缘位置的行动者通常有动机但缺乏资源和能力。因此，当中心位置的组织获得了足够的动机或是边缘位置的组织获得了足够的资源时，它们就有可能发起打破常规的制度创业。

第四，个体因素。制度创业者不仅包括组织行动者，还包括个体行动者。个体行动者层面的影响因素主要有三个：个体在组织场域中的位置、个体在组织内的位置以及个体特质和技能等。例如，占据主体位置的个体行动者在场域中享有更高的合法性，有助于获取分散在不同利益相关者手里的资源，进而促成制度创业。此外，学者还探讨了个人反思认知模式、个人技能（包括社会技能、政治技能等）以及人口统计特征等因素对制度创业的影响（Mutch，2007；Fligstein，1997；Garud等，2002）。

5. 制度创业如何发生

在现有的制度创业过程研究中，巴蒂拉娜等学者（2009）的研究较为典型，她们将制度创业的动因、过程与结果纳入一个完整的研究框架，如图9-3所示。在场域特征及行动者的社会位置这两个相互作用的因素的驱动下，制度趋异性变革的发生和发展体现为两大关键步骤：第一，创造趋异性变革的愿景；第二，围绕愿景建立同盟，开展资源动员。随着趋异性制度变革的扩散，新制度逐渐获得合法性地位。上述步骤具体阐述如下。

首先，制度创业者为趋异性制度变革创建愿景，目的是通过一系列的行动策略打破被人们视为理所当然的行为惯例，让人们认识到建立新制度的必要性。这可以通过三类框架来实现：①诊断性框架，即暴露现有制度框架的弊端，揭示现有制度逻辑存在的问题；②预测性框架，即提出一个更好的制度框架，借此削弱现有制度的合法性，并提高新制度框架的合法性；③动机性框架，即通过提供强有力的理由来支持正在推广的新愿景，在此过程中制度创业者需要充分考虑其他行动者的利益。在创建愿景的过程中，制度创业者可以借助话语策略褒扬新制度、贬低旧制度，激发利益相关者的共鸣。

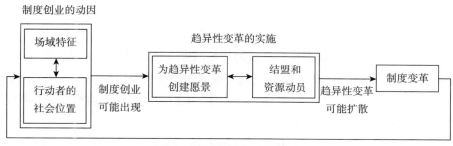

图 9-3 制度创业过程模型

其次，动员同盟，包括结盟和资源动员。制度创业者通过社会关系网络建立合作机制、形成战略联盟，以调动各方资源促成集体行动。在结盟的过程中，制度创业者可以借助话语策略（如类比、比喻、讲故事）说服其他利益主体结盟，或者与他们开展谈判，建立合作机制。在此过程中，制度创业者既要防范同盟内部发生矛盾，又要尽量制造矛盾瓦解对方同盟。通常而言，资源动员与结盟活动是交叉进行的，通过合作或战略联盟，撬动、整合和利用其他利益相关者手中的权力与资源以推进制度创业的开展。

由上述模型可知，制度创业过程具有两个显著的特点（尤树洋等，2015）。第一，动态性。一方面，动态性来自多主体的参与和互动，这些互动、协商和逐渐实现集体行动的过程本身就具有高度的动态性。另一方面，动态性来自制度创业的时间过程，从打破已有制度、创建新制度，乃至新建制度逐渐获得合法性地位，整个过程都是动态变化的。制度创业并非一蹴而就，而是一个多主体参与、由点到面直至最终完成制度变革的发展过程（尤树洋等，2015）。第二，复杂性。制度创业的复杂性主要体现在创业主体的多层次性以及创业主体所嵌入环境的特征的多样性（尤树洋等，2015）。一方面，发起制度创业的行动主体既包括组织还包括个体，不同层次行动主体的特征及其在组织场域或环境中所处的位置会进行交互并影响制度创业过程；另一方面，从创业者所嵌入的环境特征来看，组织场域的异质性程度、制度化程度的高低，是新兴场域还是成熟场域，都会对制度创业过程产生影响。这些因素通常情况下还会和行动主体的社会地位及个人特质发生交互作用，由此导致制度创业过程高度复杂。

值得注意的是，图 9-3 中制度创业过程中的各项活动并不是线性发生的，例如，变革的愿景会在制度创业过程中不断演化，结盟和资源动员可以同时进行。另外，由于制度创业是一个极其复杂的文化和政治过程（DiMaggio，1988），其行动策略往往是多样化的（李雪灵等，2015），不同发展阶段可能会使用不同的策略（项国鹏等，2011）。因此也有学者提出，制度创业研究应避免陷入"唯有策略的零散诠释而无理论逻辑建构的困境"（郭毅等，2009），需要注重对制度创业过程机理的挖掘。

6. 制度创业有何结果

天下熙熙，皆为利来；天下攘攘，皆为利往。制度创业者着手"破旧立新"也正是为了潜在的利益。制度创业通常涉及多利益主体，因此，必然会对不同的利益相关者产生不同的影响。总的来讲，制度创业会产生积极和消极两方面的影响。

制度创业的积极影响表现在：首先，提高社会的总体福利水平。比如，由各国政府签订的《京都议定书》有助于解决日益严峻的环境问题，使全球各国人民都能获益。其次，提高组织的绩效水平。比如，马云对传统商业模式进行了变革，创建并发展出电子商务巨擘阿里巴巴。最后，提高个人的福利水平。比如，永辉超市在企业内部推行"合伙人"制度，通过对分红进行二次分配以惠及更多基层员工。

制度创业也会产生负面影响。比如，某些企业为了攫取更多利益而创建新的垄断组织，会阻碍技术进步和社会发展；一些互联网企业开展"996工作制"，在一定程度上剥夺了员工的权利，进一步加重了职场压力；此外，制度创业者也有可能因为自利或"好心办坏事"而产生各种外部不经济（项国鹏等，2011）。

7. 制度创业研究有何启示

（1）研究启示。如今，制度创业已经成为国内外组织与创业研究领域的重要议题，有很多问题值得深入探讨。

首先，由于制度概念的抽象性，学者研究了不同制度意义上的制度创业行为，这导致制度创业的外延非常宽泛，研究积累和对话比较困难，因此，明晰制度创业的内涵可能是必要之举。其次，虽然制度创业强调制度创业者的能动性，但现有研究对个体层面的微观视角关注不足，有必要将主流的创业理论纳入制度创业研究框架，例如，从创业机会、创业认知等角度研究制度创业；与此相关，后续研究可以将不同层面相结合，开展跨层面的研究。再次，现有研究多采取单案例研究方法探究非营利组织的制度创业问题，有必要根据研究问题的需要，采取多样化的研究方法。例如，对于理解哪些前因的组合更有可能产生制度创业行为，定性比较分析（QCA）可能是非常有效的研究工具。最后，新兴场域的制度创业研究还比较有限，有关制度创业失败的研究也不多见，这些议题都值得引起重视。

（2）实践启示。由于制度涵盖的内容和层次比较多样，制度创业的概念外延也较为宽泛，这使得各个层面的利益主体都可以在制度创业的相关研究中有所借鉴。例如，对新兴市场中的企业而言，它们处于一个制度化程度较低但不确定性更高的市场环境中，市场规则、行业规范等方面的制度尚不完善，它们可以通过制度创业主动塑造"游戏规则"，从中获益。再如，对政府机构而言，其最主要的任务是营造良好的制度环境，一方面，对于那些于社会无益的破坏性制度创业行为进行规制；另一方面，大力鼓励和支持那些可以提高社会总体福利的制度创业者，使制度创业成为经济与社会发展的有效助力。

短论 1

制度创业过程：多重制度逻辑的组合及其演化

杜运周 / 东南大学　尤树洋 / 东北财经大学

制度创业是指行动者为了追求自身利益，调动资源改变已有制度或是创造新制度的行为，具有相对性、动态性和复杂性。既有研究集中在制度创业的前因条件和实施过程，从制度框架内部视角解释制度变革的机理。制度创业有助于解释多元制度逻辑中的差异化创业行为，也有利于理解新企业克服合法性威胁的方法和手段。整合制度复杂性与组织身份研究文献、考察发起制度创业的微观和宏观动因、探索实施制度创业的理性和非理性逻辑、开展多重制度逻辑背景下制度创业过程研究，是该领域未来重要的研究方向。

制度创业是一个复杂的过程，涉及多种制度逻辑间的竞争与互动，每一种制度逻辑都是一种理想类型的制度秩序。多重制度逻辑的不同组合及其演化构成了制度创业的重要过程。未来可以结合组态视角和 QCA 方法分析多种制度逻辑的组态效应，研究者也可以搜集制度逻辑演化的面板数据，采用分阶段 QCA 分析制度创业的过程，为制度创业提供合理的过程解释。

本文是国家自然科学基金面上项目 (71672033)、国家自然科学基金青年项目 (71502025) 资助成果。

短论 2

微观层面的制度创业理解

项国鹏 / 浙江工商大学

制度创业是近 10 年来创业学界的一个前沿问题，尤其对正处在经济社会快速发展与制度转型的中国而言，这个问题更具研究价值，无怪乎有国外学者称中国是制度创业研究的最佳场所。制度的抽象性与复杂性，使制度创业在研究层次、类型、阶段等方面都面临多元选择，是一个富有综合性、结构化、动态性的复杂研究议题。

在工商管理学科的背景下，从微观企业层面来研究制度创业的具体机制是比较合适的研究定位之一。这有利于指导创业者根据对制度环境的判断，设计合理的制度创业策略并加以系统执行。根据制度创业所作用的对象——制度约束的存在状态，可以把制度创业分为开拓型制度创业（从无到有）与完善型制度创业（从有到新），两者在获取新制度合法性方面的作用对象、作用机制、难易程度等具有明显区别。无论是哪种制度创业，都是一个长期的复杂过程，可以划分为三个阶段：建立变革基础阶段、理论化新制度阶段、新制度扩散阶段。在不同阶段中，所采用的制度创业策略大相径庭。

制度创业研究兼具重要的理论意义与实践意义，但由于理论综合性及其数据获取的困难，对研究者的理论整合能力与调研资源动员能力的要求很高，需要加强协作，以团队组织方式来推进。

本文是国家自然科学基金面上项目（71772161）资助成果。

参考文献

[1] Maguire S, Lawrence H T B. Institutional Entrepreneurship in Emerging Fields：HIV/AIDS Treatment Advocacy in Canada[J]. The Academy of Management Journal, 2004, 47（5）：657-679.

[2] Greenwood R, Suddaby R. Institutional Entrepreneurship in Mature Fields：The Big Five Accounting Firms[J]. The Academy of Management Journal, 2006, 49（1）：27-48.

[3] Battilana J, Leca B, Boxenbaum E. How Actors Change Institutions: Towards a Theory of Institutional Entrepreneurship[J]. The Academy of Management Annals, 2009, 3（1）：65-107.

[4] 项国鹏, 胡玉和, 迟考勋. 国外制度创业研究前沿探析与未来展望[J]. 外国经济与管理, 2011, 33（5）：1-16.

[5] 尤树洋, 杜运周, 张祎. 制度创业的概念述评、量化分析与研究展望[J]. 管理学报, 2015, 12（11）：1718-1728.

[6] 李雪灵, 黄翔, 申佳登. 制度创业文献回顾与展望：基于"六何"分析框架[J]. 外国经济与管理, 2015（4）：3-14.

[7] 郭毅, 殷家山, 周裕华. 制度理论如何适宜于管理学研究？——制度创业者研究中的迷思及适宜性[J]. 管理学报, 2009（12）：1614-1621.

[8] 周雪光. 组织社会学十讲[M]. 北京：社会科学文献出版社，2003.

[9] 杜运周. 组织与创业领域：组态视角下的创业研究[J]. 管理学季刊, 2019（3）：31-41.

[10] 杜运周, 尤树洋. 制度逻辑与制度多元性研究前沿探析与未来研究展望[J]. 外国经济与管理, 2013, 35（12）：2-8.

[11] 尤树洋, 贾良定. 制度创业中的社会认同及其情感机制：H镇产业集群的质性研究[J]. 外国经济管理, 2018, 40（9）：3-17.

[12] Voronov M, Weber K. The Heart of Institutions: Emotional Competence and Institutional Actorhood[J]. Academy of Management Review, 2016, 41（3）：456-478.

第 10 章

新时代蓬勃兴起的创业行动

当下是一个巨变的时代,
依托数字技术开展的数字创业、
针对社会问题解决开展的社会创业、
聚焦可持续发展的绿色创业、
日益备受关注的非正规创业和用户创业,
如今都在如火如荼地开展。
如何理解这些创业行动,
并分析其意义?
本章将对此做出探讨。

数字创业：数字技术赋能新价值创造

◎张敬伟 靳秀娟 / 燕山大学

1. 数字创业研究的兴起

中国信息通信研究院发布的《中国数字经济发展与就业白皮书（2019年）》显示，2018年中国数字经济规模为31.3万亿元，GDP占比34.8%，数字经济领域就业岗位1.91亿个，数字经济吸纳就业能力显著提升。知名创投研究机构CB Insights针对全球独角兽公司的统计研究显示，截至2019年3月5日，全球共有326家独角兽公司，其中25%来自互联网领域；前5名中有4家属于数字企业，其中，今日头条排名第一，接下来是Uber、滴滴出行、Wework。中国入围公司除今日头条和滴滴出行之外，还有大疆创新、快手和小红书等92家企业。瑞银集团估计，2019年将有超过100家互联网领域的独角兽公司上市。

像今日头条、滴滴出行这些估值动辄十亿、百亿美元的数字化宠儿，正是近年来数字经济发展中涌现的佼佼者。新的数字技术，比如移动互联网、社交媒体、云计算、3D打印等，正在以前所未有的汹涌态势，重塑传统产业，加速产业融合，催生新的业态，改换竞争图景，并渗透到社会生产和生活的每一个角落。数字技术已然成为一种无可比拟的重要生产要素，赋能财富创造，激发创新创业；数字技术已经成为新经济发展的发动机，是重塑社会生产力和生产关系的关键力量，更是世界各国竞争力比拼的新竞技场。

数字技术的广泛应用为创新和创业活动的开展提供了不同以往的商业环境，其影响不仅在于打破原有企业成功的条件，更在于深刻地改变着创新和创业活动中蕴含的不确定性

（Nambisan，2017）。在全球数字技术与数字经济快速发展的背景下，数字创业应运而生，它将新兴的数字技术与创业活动融合在一起，为新价值创造带来无限的想象空间。近年来，数字创业迅速成长为创业研究领域的热点议题。

2. 数字创业：数字技术与创业的化合物

（1）有关数字创业概念的讨论。学术界有关数字创业的概念探讨最早出现在克莱德·艾里克·赫尔（Clyde Eirikur Hull）等学者2007年发表的文章中，随后不少学者都对数字创业进行了界定（见表10-1）。虽然没有一致的定义，但数字创业可以被广义地理解为与数字技术有关的新机会识别和利用过程。一些学者（如Hull等，2007）认为，数字创业属于创业的一个子类别，而另一些学者（如Sahut等，2019）则明确反对，认为数字创业是扩展的创业（augmented entrepreneurship），是数字技术赋能创业活动开展而创造数字化价值，从而为传统创业带来新的附加值。相比概念上的争论，本文更认同赛提希·南比桑教授（Satish Nambisan，2017）的观点，即把数字创业理解为数字技术与创业的交叉点和结合部，只有从数字技术如何与创业（即创业者对机会的识别与利用）相结合的角度理解数字创业，才能更好地领会这种创业模式的独特魅力。

表10-1 数字创业的代表性定义

文献	定义
Hull等（2007）	数字创业是创业的一个子类别，是将传统组织中部分或全部的物理要素进行数字化
Davidson和Vaast（2010）	数字创业就是追逐由新媒体和互联网技术所引发的新创业机会的过程
Hair等（2012）	数字创业可以被定义为这样一类创业，即部分或全部新创企业通过数字化而非传统的形式开展创业活动
Guthrie（2014）	数字创业就是企业利用互联网和数字化产品进行价值创造
Sussan和Acs（2017）	数字创业包括了任何致力于使用数字技术的组织的主体，即他们开展需要数字支持的活动，但其本身不一定是数字化的，如Uber司机
Le Dinh等（2018）	数字创业就是在数字化时代用新的方式创建和经营业务以实现与传统创业活动的调和
余江等（2018）	大量使用数字化技术和社交媒体以及其他新兴信息通信技术参与创业机会的识别、发展、实现和改进的过程
Sahut等（2019）	数字创业就是通过使用各种社会技术实现数字赋能以支持有效地获取、处理、分配和消费数字信息以创造性地创造数字价值的过程

（2）数字技术及其特征。如今，越来越多的学者已经认识到，数字技术不再为某个或某些行业所独有，随着它的广泛扩散，它已经成为一种重要的生产要素（Nambisan等，2019；Sahut等，2019），在创新创业中发挥赋能（enabler）作用。理解数字技术及其特征，对于理解数字技术如何赋能创业活动非常关键（Nambisan，2017；Nambisan等，2019）。南比桑教授（2017）对此进行了细致的分析，他认为，数字技术包括三类不同但相互关联的要素：数字组件、数字平台和数字基础设施。

数字组件是指可以为终端用户提供某种特定功能和价值的数字元件、应用程序或媒体内容，包括电子设备上单独的硬件和软件，或者数字平台的构成部分，比如智能手表上的应用程序、运动鞋内置的运动传感器等。数字组件不仅能够被在线访问和调整升级，而且，由于实现了信息内容与物理实体的分离，不同的数字组件易于连接和重新组合。比如，如今的车商可以方便地通过修改数字组件为其已售产品提供升级服务。数字组件的上述特性被称为可再编程性（reprogrammability）和可重构性（recombinability）。

数字平台是一组共享和通用的承载数字组件以及其他部件的服务体系和架构，包括具有可扩展性的操作系统或开源社区等，比如谷歌的安卓平台。通常情况下，数字平台是包含多个层次的模块化结构，这些模块化结构的存在使得单个组件不再是产品导向，每个平台层都有可能产生一个不同功能的设计层，这就使得数字平台中跨越多个层次的组件不再局限于产出某种特定的产品，而是成为与特定产品无关的新产品开发平台。因此，数字平台允许不同组件之间重新连接并进行功能的再组合、扩展和再分配。比如，安卓手机和百度地图在不同平台层次的有机组合催生了手机导航和打车服务。数字平台的这些特性被称为自生长性（generativity）和可扩展性（scalability）。

数字基础设施是指可以提供沟通、协作和计算功能的数字技术工具或系统，如云计算、在线社区、社交媒体、3D打印等。数字基础设施使得更多的主体可以参与到创业过程中来，这有助于创业主体利用大数据和云计算等数字技术低成本地构建和测试商业模式。比如，爱彼迎和滴滴打车等公司利用数字技术打破时间和空间约束，在不拥有客房和汽车的情况下对社会闲置资源进行优化配置。从这个角度看，数字基础设施具有开放性（openness）和集成性（collectivity）等特点。

（3）数字技术如何赋能于创业？从价值创造的投入产出视角来看，在数字化时代，数字技术在价值创造的投入、转换过程以及产出等环节均发挥重要作用，在很大程度上改变了传统"投入—过程—产出"模型背后的深层次机制（参见NET2019公众号文章《数字创业：创业研究面临的新挑战》）。那么，从赋能的角度看，数字技术如何影响创业呢？

首先，数字技术对创业主体的影响主要体现在数字技术的多层级模块结构（Yoo等，2010）和开放性特征有助于打破空间限制，使得来自不同层级、不同位置的多样化创业主体得以产生更多的联结和互动，促进集体性的价值创造过程。借助于数字技术，创业团队、用户、投资者等怀有不同目标、动机和资源的主体能够更为便利和有效地参与创业活动的各个环节，从而为数字创业者带来更多创意、资金、人才和解决方案。例如，众筹网络平台能够将创业者与全球范围的潜在消费者和投资者连接在一起，有效促进了资源的获取和创意的落地。

其次，数字技术对创业过程的影响主要体现在数字技术打破了创业过程的时空边界。基于数字组件和数字平台的可编程性和开放性等特性，不同层次的数字组件和数字平台进行低成本的、快速的试验与迭代，创新过程各阶段的边界被打破，持续、快速和多样化的迭代使创业过程的动态性更强，非线性特征更为突出。另外，在此过程中产品或服务的范围、功能、价值主张甚至商业模式都在不断演变，从而衍生出更多机会（例如，数字搜索和数字档案的结合可以实现交通导航、音乐点播等不同机会）。

最后，数字技术对创业结果的影响主要体现在数字技术打破创业结果的结构边界（即产品的范围、特征和市场范围）。基于数字技术的可编程性、可重构性、自生长性等特点，更加多样化的新产品、新功能涌现出来，而且，具有开放性的数字技术赋能更多主体的参与，使新产品、新机会在多主体之间以及他们与数字技术的互动中不断迭代，这在很大程度上模糊了产品或服务的产出界限，比如微信通过红包衍生出支付、电商等很多业务，与之相关的创业机会仍在持续地迭代和酝酿之中。

（4）数字创业与传统创业的区别。基于上述讨论可以发现，数字创业在创业主体、创业机会、创业过程和创业产出等方面与传统创业存在显著区别（见表 10-2）。

表 10-2　数字创业与传统创业的区别

创业类型	传统创业	数字创业
创业主体	主要聚焦于创业者和创业团队	除了创业者及其团队，还包括用户、投资者、合作者等更广泛、更多样的创业主体
创业机会	高度依赖于创业者的认知和创业手段；创业机会的产生和识别有着稳定的边界	离散的多样化主体共同参与机会开发和价值创造；创业机会具有高度的自生长性，机会识别和演化的过程动态性更高
创业过程	多关注有形要素的投入和使用；创业过程动态性相对低；创业成本相对高	多关注无形要素的整合和利用；创业过程的动态性更强；创业成本更低
创业产出	多关注产品的交易价值；多关注价值创造的个别环节	多关注产品的体验价值；持续性地为顾客创造价值；产品或服务具有新的竞争特性

第一，创业主体。传统创业研究关注创业者的先前工作经验、社会网络等创业手段对创业过程及结果的影响，研究对象聚焦于创业者及其团队本身。而数字技术为创业过程中多主体联结与交流互动提供了便利和可能，使得更广泛、更多样、持续演进的行动主体可以参与到创业过程中来。因而，如何充分利用数字技术整合分散化、多样化的行动主体的创意和资源，并实施有效的治理以实现共赢，是数字创业者面临的重要议题。

第二，创业机会。传统创业模型中的机会识别强调创业者的先前知识和认知能力，假设创业机会的产生和识别有稳定的边界。而基于数字平台的开放性，创业机会在多主体共同参与下持续被创造出来。数字技术的赋能也使得机会空间得以显著拓展，以往难以实现的机会，如长尾市场、众包、众筹以及各类免费商业模式等，都变得可行且易行。与此同时，数字技术赋能下的创业机会因具有自生长性而得以不断衍生，比如电子游戏产业逐渐衍生出游戏直播、游戏评论、游戏解说和游戏竞技等细分产业形态。

第三，创业过程。传统工业化时代的创业投入以有形要素为主，而在数字经济时代，数字、信息等无形要素的重要性凸显出来，创业者将更多地借助于大数据、社交媒体、云计算等数字技术与数字资源，向市场提供数据化的产品、服务和解决方案，创业过程的动态性更强。无形要素具有不同于有形要素的独特属性，例如，数字产品具有高固定成本和低边际成本的特点，这使得很多数字产品可以采取免费模式进行商业化，而且，创业者也可以借用数字技术（如基于大数据的精准营销），在降低创业活动成本的同时提升顾客价值。

第四,创业产出。首先,传统创业活动追求交易价值,关注有形产品的销售和利润,数字化时代的创业活动更加关注产品的体验价值。比如,滴滴出行利用数字技术整合私家车资源有效地提供定制化租车方案。其次,传统创业在价值创造方面多离散地关注个别环节(如生产或营销),数字创业则可以连续地为顾客创造价值,例如,不受时空限制地为已售产品提供实时升级和优化。最后,相对于传统产品而言,数字产品更强调互补和兼容,例如,智能手机的价值是由软件、硬件和应用共同打造的,三者缺一不可。数字技术的这些特征对于锁定顾客、赢取标准竞争的胜利,都有着重要的意义。

3. 数字创业的研究与实践启示

在数字经济时代,大力发展数字创业与创新的重要性毋庸置疑。官产学研有必要通力合作,积极推进数字创业研究与实践的进展。

(1)研究启示。首先,学者应采取多层级的系统视角研究数字创业。从技术属性上看,数字技术存在多层级的模块化技术结构,所以,数字创业研究不能像传统创业研究那样过于强调个体和组织层面,而是需要关注平台、生态系统等宏观层面(Sahut 等,2019),并与微观层面研究相结合,才能更好地理解数字创业的前因、过程及结果。同时,正因为数字创业研究具有多层次和跨层次分析的特点,学者(Nambisan 等,2019;Sahut 等,2019)呼吁采取政治学、经济学、管理学、心理学等多学科视角研究数字创业,值得国内学者加以重视。

其次,学者不能忽视数字创业中的阴暗面。数字技术的广泛应用,使得价值创造的方式变得更加多样化,同时组织获取价值的方式也更为多样化,利润的来源也更为隐蔽。就像卡尔·夏皮罗和哈尔·瓦里安(Carl Shapiro 和 Hal Varian)在《信息规则》一书里所说的,新经济是一个"以拙取胜"的地方,数字技术蕴含着大生意,但也鼓励了像价格歧视和掠夺这样有害于社会的破坏性创业行为。所以,数字创业研究不仅需要考察它赋能于新价值创造的积极作用,还应该研究它可能带来的垄断、欺诈等伤害消费者价值和社会利益的负面影响及应对机制。

(2)实践启示。对创业者而言,首先,他们应积极利用数字化红利,发挥数字技术的优势来识别、创造新颖机会和价值。借助于数字技术的独特优势,数字创业通常面临更低的创业成本和创业门槛,互联网带来的丰富的信息资源可以帮助创业者更好地识别创业机会;全球范围内的资源整合有助于提高市场效率,扩大市场范围,提升产品的扩散速度,提高创业成功的可能性。

其次,数字技术也对创业者提出了更高要求。数字技术带来的联结和互动的可能性、便利性和低成本,使得创业者需要掌握高超的沟通协调能力和快速学习能力,创业者既需要顶层设计思维,还需要灵活地整合和编排资源。创业者还应该掌握数字时代的经济规律和竞争规则,以利用其优势,规避风险。比如,创业者可以通过时机优势和网络外部性加速获客,利用好正反馈效应;另外,数字产品的快速迭代增加了时间压力和竞争压力,只有将时机、战略与创新创业的节奏完美合拍的创业者才有可能从中取胜。

对政府而言，首先，政府应加大对数字产业的支持力度，从相关产业政策、资金支持等方面推进数字经济发展，助推数字领域的创新创业活动的开展。其次，政府应该在数字创业生态系统的构建和完善过程中发挥积极作用（余江等，2018），特别是通过制定和完善相关法律法规（例如，政府应该在数字网络安全、消费者隐私、知识产权保护、反垄断条款等方面积极作为），在制度环境方面为数字创业的有序发展保驾护航。

4. 尾声

数字技术以其独特的技术属性，以前所未有的威力，突破时间和空间局限，极大地扩展了新价值创造的可能性空间，在经济社会发展的各个领域发挥出巨大的影响力。

数字技术也冲击了我们对于创新与创业的传统认知，因为数字技术带来更为多样化的可能性，以及更多的不确定性，这迫使我们不得不重新审视传统的创业概念与模型，将目光投向数字技术及其关键属性，重新思考创业研究和实践面临的机遇与挑战。

我们应该注意到，数字技术显著地改变了不确定性的形式和内容（而不是"本质"，这一点我们不认同南比桑教授的观点）以及应对不确定性的方式。但基本的经济原理并没有变（Shapiro 和 Varian，2000）。无论世界多么喧嚣，企业唯一正确的准则就是为顾客创造价值。我们还应该注意到，数字技术，无论多么先进和优越，它始终是创新创业的手段，而不是我们追求的目的。借由数字技术的威力发挥人的潜力，才是人类走向自由的必由之路。

短论

数字创业：数字经济发展的引擎
朱秀梅 / 吉林大学

中国老百姓中流传着这样一句话"一机在手，走遍神州"。随处可见的二维码，使人们仅凭一部小小的手机就能实现强大的电子支付功能，中国的电子支付俨然已经走在了世界前列。事实上，这只是生活一隅，智慧国家、智慧城市和智慧生活已深深融入人们日常的生产生活。在这背后，正是无数拥有强大数字创业思维和能力的创业者在利用数字技术发现与创造数字机会，以新颖的数字商业模式，提供多样化的数字产品和服务，实现强大的数字功能，驱动着数字经济发展。

数字创业是什么？其概念体系尚不成熟，学者对数字创业形成了不同认知。狭义的数字创业是指能够创造数字产品/服务的创业活动，包括全面型和融合型数字创业，前者如腾讯、阿里云等主要以线上产品或服务为主，后者如淘宝、美团、滴滴等利用线上平台，整合线下资源，提供融合型数字产品或服务。广义的数字创业除此之外还包括数字技术赋能的创业，即所谓的智能+创业，如传统企业的数字化转型。

习近平总书记在 2018 年中央外事工作会议讲话中指出，当前我国处于近代以来最好的发展时期，世界处于百年未有之大变局。数字创业具有极大的社会迁移功能，是大变局的重要内容。这是因为数字创业正在从根本上改变传统创业模式，改变人们的生产和生活方式，改变产业布局和经济增长方式。数字技术的大发展，有可能加剧中国的区域发展不平衡问题，也可能加大发展中国家与发达国家的经济差距。因此，中国应抓住这一重大发展机遇，推动数字创业和数字创业生态系统的发展，实现经济高质量增长，优化产业布局，加快促进产业升级。

然而，数字创业作为一种独特的创业类型，其理论研究远落后于实践发展，数字创业具有哪些独特性？数字创业是否具备独有的创业要素？如何发现和创造数字创业机会？数字创业的过程和机理如何？数字创业企业如何实现生态化发展以及如何转化为数字创业生态系统？诸如此类的问题都有待我们深入挖掘。可喜的是，快速发展的数字创业企业给学界提供了非常丰富的实践素材，我们可以本着理论源于实践并高于实践最终回归实践的总体指导思想，通过理论与实践的深度融合，揭开数字创业的神秘面纱，构建数字创业理论，指导数字创业实践，使之真正成为数字经济的引擎。这是新时代赋予中国管理学者的重要使命。

本文是国家自然科学基金面上项目（71972086）资助成果。

参考文献

[1] Nambisan S. Digital Entrepreneurship: Toward a Digital Technology Perspective of Entrepreneurship[J]. Entrepreneurship : Theory and Practice, 2017, 41（6）: 1029-1055.

[2] Sahut J M, Iandoli L, Teulon F. The Age of Digital Entrepreneurship[J]. Small Business Econimics, 2019. https://doi.org/10.1007/s11187-019-00260-8.

[3] Nambisan S, Wright M, Feldman M. The Digital Transformation of Innovation and Entrepreneurship : Progress, Challenges and Key Themes[J]. Research Policy, 2019.

[4] 余江，孟庆时，张越，等. 数字创业：数字化时代创业理论和实践的新趋势 [J]. 科学学研究, 2018, 36（10）: 1801-1808.

[5] 夏皮罗，瓦里安. 信息规则：网络经济的策略指导 [M]. 北京：中国人民大学出版社, 2000.

社会创业：从双重身份到价值融合

◎刘振 / 山东大学

早在18世纪，亚当·斯密就在《道德情操论》中指出：市场经济的繁荣并不会自然带来社会公益的增长。近些年来，随着世界范围内社会问题与矛盾的与日俱增，民众的社会需求难以在既有框架下得到有效满足，社会迫切需要通过创造、创新和创业来填补这一空缺。正是在这样的社会背景下，社会创业逐渐引发学术界和实践界的高度关注。

目前，社会创业研究融合了经济学、政治学、社会学、心理学等不同学科的理论与方法，但有关社会创业的确切定义和理论边界尚不明确。有学者认为社会创业可以作为探究新理论问题的一种研究情境，无须建立一个新的理论，但这一观点在学界并未达成一致。社会创业作为创业研究领域中的新兴议题，我们有必要对其保持开放性，站在问题导向的角度，不拘泥于既有的理论及框架，对其展开深入的思考与探索。

1. 社会创业从何而来

社会创业这一概念肇始于20世纪80年代的阿育王基金会（Ashoka）。在实践中，社会创业始终秉承两种文化：一是由来已久的公益慈善文化；二是通过创业的商业化手段解决社会问题的当代文化。从社会创业的发展脉络来看，其大致可以分为"公益慈善—企业社会责任—非营利组织商业化—社会企业"四个阶段。

社会创业实践最早可追溯到英国维多利亚女王时代的公益慈善活动，主要表现形式有私人医院、临终关怀运动等，其宗旨是通过公益慈善活动服务社会弱势群体，着力解决贫穷、健康、医疗等社会现实问题。不过，当时的公益慈善活动通常由政府主导，并非由市场自发形成。

在第二次工业革命的推动下，全球范围内经济特征与社会形态发生了显著变化。随着市场经济的持续发展，环境污染、失业与就业困难、贫困等社会问题普遍出现，客观上对企业提出了服务社会的要求。许多企业对所在社区的特定社会需求做出了积极回应，开始承担社会责任，如捐款、投资教育与社会公益事业等，在追求利润的同时为利益相关者及社会大众创造价值。

从非营利组织商业化的角度，社会创业的开山学者格雷戈里·迪斯（Gregory Dees）认为，与企业社会责任相比，非营利组织对社会需求变化的关注和作用更加直接。但是，与同处"利商思潮"下的营利组织相比，非营利组织在获取资源、应对竞争和持续发展方面处于劣势，它们为创造社会价值而不得不进行商业化运作。这一时期的学者普遍认为，商业化运作会使非营利组织与利益相关者之间的关系特征发生变化而使其偏离社会目标，因此，非营利组织的商业化运作不应摒弃其慈善本质，即全部经营所得用于社会价值的创造与扩散。

英国学者查尔斯·里德比特（Charles Leadbeater）在《社会企业家的崛起》一书中指出，福利国家体制应对社会问题的能力是有限的，而且非营利部门无法单独应对工业化和城市化所带来的贫困与混乱，为此我们必须进行社会创新。社会企业在这一背景下登上历史舞台，它能够克服非营利组织在财政和管理上的先天不足，并获取稳定的经济收益以支持社会价值的持续创造，而且，国家作为社会福利提供者的角色，正在逐渐被以社会企业为代表的社会组织替代。管理大师彼得·德鲁克曾预言：社会企业将成为未来经济发展的重要力量，甚至可能是后资本主义时代发达经济体系中真正的增长部门。

2. 社会创业因何火热

2006年诺贝尔和平奖获得者是孟加拉国的企业家穆罕默德·尤努斯（Muhammad Yunus）。正是因为他创办了为穷人提供小额信贷的格莱珉银行，才使得无数穷人从高利贷和贫困的泥沼中挣脱出来。尤努斯之所以能够获得诺贝尔奖，关键在于他在实践中探索出一套能够有效解决穷人问题的创新方案。其实，在我们身边，就有许多这样的故事。其中，郑卫宁及其创办的残友集团，为我们展示了中国社会创业实践者的风采。

1997年，为了让残疾人换个活法，身患血友病的郑卫宁和四位残疾人朋友在深圳自发成立了电脑学习兴趣小组。郑卫宁将母亲留给自己的30万元投入其中，购买资料设备，在家中聘请老师学习技能。21年后，这个兴趣小组发展成为一家拥有1个基金会、14家非营利组织和44家营利社会企业的大型集团——深圳市残友集团，业务涉及软件开发、电商、动漫、智能建筑等领域。5 000余名员工中超过95%是残疾人，他们通过自己的劳动创造价值，并解决生计问题。残友集团秉承"三位一体"的运营模式：基金会整合社会公益资源打造平台，并从法律上界定集团的社会属性；基金会支持内部社会企业及组织的标准化、专业化运作；社会组织又为社会企业提供残障员工的标准化、无障碍生活社区服务，由此形成良性循环的公益生态链。目前，该集团已发展成全球规模最大的高科技社会企业。

以格莱珉银行、残友集团为代表的社会创业实践，之所以得到高度关注并非源于"声势"，而是得益于扎实的"效果"。以残友集团为例，其备受关注的根本原因在于，创业者郑卫宁找到了行之有效的解决社会问题并创造社会价值的创新方案。残友集团的经营实践使残疾人释放自主性和创造性，自力更生地进行价值创造；他们不再是亲人和社会的负担，生活得更体面、更有尊严。另外，基金会"三位一体"的运营模式保障了其社会价值的持续创造；集团通过主动参与市场竞争，以实力赢得市场尊重，而不是靠噱头换取市场同情。残友集团的成功能够帮助我们更好地认识到社会创业对于经济与社会发展的重要价值。

3. 社会创业有何不同

很多学者和实践者都试图分析、提炼社会创业的独特属性，希望找出社会创业不同于商业创业及其他创业类型的独特价值。这其中，比较有代表性的观点如下所述（见表10-3）。

表10-3 社会创业的连续光谱

		纯粹的慈善 ←	社会企业	→ 纯粹的商业
	动机、方法 目标	公益，使命驱动 社会价值	混合动机，使命和市场驱动 社会价值与经济价值	利己，市场驱动 经济价值
关键利益相关者	受益人	不需支付费用补助	全额支付与免费并存	市场价格
	资本	捐款和资助	低于市场价格的资本，捐款和市场价格的资本并存	市场价格的资本
	劳动力	志愿者	低于市场价格的工资，志愿者与支付足额工资的员工并存	市场价格的工资
	供应商	实物捐赠	特别折扣，实物与市场价格并存	市场价格

第一，双重身份和多重底线——这是从概念内涵层面关注社会创业的核心观点之一。迪斯提出了社会创业的连续光谱观点，指出社会创业处于纯粹的慈善与纯粹的商业之间，具有经济与社会的双重身份，这也是目前社会创业研究中的共识性观点之一。在此基础上，学者或者基于文献研究，或者通过案例分析，进一步明确了社会创业所需满足的多重底线：除要满足经济与社会身份之外，还可以进一步拓展社会身份的维度，比如，可以在环境、人文、医疗、教育、社会认知、网络构建等诸多方面，为满足市场经济难以顾及的社会需求做出贡献。

第二，由经济手段到社会目的的内在逻辑——这是从微观层面解释社会创业的核心观点之一。与商业企业社会责任中体现的以社会责任为手段来实现经济收益的目的不同，社会创业以经济为手段来创造社会价值，经济价值或收益只是社会创业的手段和副产品，社会价值才是其最终目的。基于此，学者开始探究社会企业在创业与成长过程中的关键要素和机制问题，试图从过程视角提炼社会创业独特的"手段-目的"关系的基本维度与特征。

第三，自下而上的社会变革推动者——这是从宏观层面探索社会创业的核心观点之一。美国纽约大学罗伯特·瓦格纳公共服务学院教授保罗·莱特（Paul C. Light）的著作

《探求社会企业家精神》是典型代表。他指出，在实现社会突破或变革时，社会创业既是目的，也是途径，社会创业应该被定义为一种行为、输出和结果，通过社会创业可以向社会输入新的观念体系，而这对于引发社会辩论乃至实现最终的社会突破或变革极其重要。社会创业者所具有的推动社会变革的能力，表现为激发和整合利益相关者共同创造社会价值，满足现有制度、市场、政府无法满足的社会需求，引起社会结构的变化。社会创业的双重身份决定其始终要受到商业利益与社会价值两种张力的共同影响，能否实现可持续取决于社会创业者与利益相关者互动的密切程度，而利益相关者数量与地理范围的分散程度，在一定程度上影响社会创业推动社会变革的能力。

4. 社会创业如何研究

从上述社会创业独特属性的相关观点中不难发现，既有研究以社会创业双重身份为基础，通过双重身份所延伸出的经济与社会两层面的制衡、张力与冲突展开相应研究。也就是说，既有社会创业研究所呈现出的核心观点可以总结为：一是冲突观，即经济利益与社会价值之间"一分为二"的关系；二是位置观，即先以经济为手段再以社会为目的，或者通俗地讲，就是"用赚钱的事业养活不赚钱的梦想"。

但是，如果将社会创业划分为"创业"与"社会"两个维度来看，两者真的能够一分为二吗？还是说社会价值如果能够与创业活动两者相互驱动，更加能够体现当今创业活动的价值所在？张玉利教授在2018年首届社会创业研究论坛的主题演讲中指出，在创业活动中，经济利益与社会价值应由"冲突观"转向"一体观"或"融合观"，要遏制损害社会利益的私利驱动型创业，引导创业质量的提升，而社会创业可以被看作社会目标导向下的创业。

因此，要界定社会创业，必须首先理解"创业"，因为"社会"只是对"创业"的进一步细分。在许多方面，社会创业只是营利部门所使用的创业模式的一种延伸。创业和社会创业之间没有明确的界限，大多数学者都将社会创业定义为专注于利用资源来解决社会问题的一种创业形式。可见，公共管理学、社会学和创业学都在关注如何更好地利用市场的效率机制来解决社会问题，这也正是社会创业所探讨的核心问题。

基于此，我们有必要回到问题导向上来，从创业实践的一般规律中，去寻找值得社会创业学者思考、探索和解决的问题。按照理论驱动和现象驱动两种思路，值得未来研究关注的问题方向，有如下几个方面可供参考。

在理论驱动方面，可以根据研究者的兴趣，通过特定的理论视角切入，来解释、预测社会创业实践。比如，可以考虑以创业机会理论、制度逻辑理论、企业成长理论、资源基础理论、效果逻辑理论等既有理论为研究视角，探究社会创业的一般规律、关键要素与作用机制等问题。在此过程中，一方面可以从不同的理论视角解释社会创业实践，同时基于比较研究探寻社会创业的普遍规律；另一方面可以将具体研究成果与相应理论进行对话，以期在探究既有理论的不足以及定位其理论边界等方面做出理论贡献。

在现象驱动方面,可以从社会创业的典型案例中寻求实践中关注的、迫切需要回应和解决的现实问题。比如,来自金字塔底层的社会创业的具体需求等同于社会创业机会吗?究竟是具体的需求,还是能够让社会创业受众主动参与价值创造的全部过程,才是社会创业的机会所在?又如,社会创业靠什么来建立声誉,或者避免被认为是"挂羊头卖狗肉"?社会创业受众的"现身说法"、媒体的多方报道、参与市场竞争的过程及成效,究竟哪一方面更有助于社会创业构建的合法性?再如,支撑社会创业可持续发展的根本基础是什么?是某种可复制和借鉴的价值转化模式?或是满足更多数量的特殊受众的需求?抑或基于"自下而上"的制度逻辑对既有制度体系产生影响?……这些来自社会创业实践一线的具体问题,正等待着我们去回应和解答。

本文是国家自然科学基金青年项目(71702085)资助成果。

参考文献

[1] Choi N, Majumdar S. Social Entrepreneurship as an Essentially Contested Concept: Opening a New Avenue for Systematic Future Research[J]. Journal of Business Venturing, 2014, 29(3): 363-376.

[2] Dacin P A, Dacin T M, Matear M. Social Entrepreneurship: Why We don't Need a New Theory and How We Move forward from Here[J]. Academy of Management Perspectives, 2010, 24(3): 37-57.

[3] Dacin M T, Dacin P A, Tracey P. Social Entrepreneurship: A Critique and Future Directions[J]. Organization Science, 2011, 22(5): 1203-1213.

[4] Dees G J. A Tale of Two Cultures: Charity, Problem Solving and the Future of Social Entrepreneurship[J]. Journal of Business Ethics, 2012, 111(3): 321-334.

[5] Dees G J. Enterprising Nonprofits[J]. Harvard Business Review, 1998, 76(1): 55-67.

[6] Dorado S, Ventresca M J. Crescive Entrepreneurship in Complex Social Problems: Institutional Conditions for Entrepreneurial Engagement[J]. Journal of Business Venturing, 2013, 28(1): 69-82.

[7] Mair J, Marti I. Social Entrepreneurship Research: A Source of Explanation, Prediction, and Delight[J]. Journal of World Business, 2006, 41(1): 36-44.

[8] 斯晓夫,等. 社会创业:理论与实践[M]. 北京:机械工业出版社,2019.

[9] 刘志阳,李斌,陈和午. 企业家精神视角下的社会创业研究[J]. 管理世界,2018(11):171-173.

[10] 莱特. 探求社会企业家精神[M]. 苟天来,等译. 北京:社会科学文献出版社,2011.

绿色创业：从生态系统到人工智能颜色

◎李华晶 / 北京林业大学

绿色创业是创业者通过开发能够实现未来产品和服务的机会，创造经济、心理、社会和环境多重价值的过程（Shepherd 和 Patzelt，2011；Dean 和 McMullen，2007）。当前，全球经济社会可持续发展的理念与战略导向为绿色创业研究和实践提供了契机（OECD，2017；Hall 等，2010；Cohen 和 Winn，2007）。正如绿色创业研究的代表性学者谢泼德教授在 2015 年《创业学报》建刊 30 周年时所指出的，创业活动既可能帮助也可能伤害其他人、社区和自然环境，而创业研究的重要动向之一就是学者开始关注创业结果如何"利他"，包括生态创业和社会创业在内的、以可持续发展为诉求的绿色创业研究，为理解创业现象开辟了广阔领域。

1. 绿色创业：创业与可持续发展的融合

近 10 余年来，有关创业与可持续发展融合的讨论，已从传统意义上的环境主题延伸到了环境、社会和经济"三位一体"领域，涵盖了"三重底线"（triple bottom line，TBL）——经济繁荣（economic prosperity）、环境友好（environmental integrity）和社会平等（social equity）。其中，经济底线关注增加利润和投资分红等传统的商业责任，环境底线关注环境保护责任，社会底线则关注对社会其他利益相关者的责任。依据 TBL 原则，融合创业与可持续发展的研究，实质上就是从只关注经济底线转向同时关注社会底线和环境底线，从而在已有商业创业研究的基础上形成针对社会创业和生态创业等不同价值取向的创业实践的研究。经典研究成果（如 Shepherd 和 Patzelt，2011）提出，应当从"什么应具可持续性"和"什么应得到发展"两个层面来探讨创业与可持续发展的融合主题，据此可以梳理出，具有可持续发展属性的创业活动，追寻的是创造未来产品、过程和服务的机会，关注自然环境的保持、生活质量的保障，着眼于为个体、经济和社会创造经济性与非经济性的价值。

作为一个新兴的研究主题，绿色创业尚未形成统一的定义，常见的表述名称还有环境创业（environmental entrepreneurship）、可持续创业（sustainable entrepreneurship）和生态创业（ecopreneurship）等多种形式。目前，比较有代表性的界定包括：绿色创业就是"识别、评价和利用经济机会的过程，这些机会出现于市场失灵状态下，有利于企业保持可持续发展，而且与环境具有密切联系"；绿色创业关注的是那些把"未来"产品和服务带到现实当中的机会，绿色创业就是对这种机会的识别、创造和利用的过程，同时还包括由谁完成以及将会产生什么经济、心理、社会和环境结果等问题。总的来看，既有研究对绿色创业的理解基本一致，即整合商业创业和可持续发展两个概念分析企业创业活动；商业创业的核心是机会的识别与利用，目的是价值创造，而可持续发展是综合环境、社会和经济"三位一体"实现企业成长。

据此，绿色创业强调对机会的识别与利用，目的是实现环境、社会和经济协调发展，不仅限于环境保护，还应该考虑社会和经济维度；不仅表现为非营利机构创造性的商业运作，也表现在企业通过创造性地满足多重需求扩大盈利空间和提升竞争能力；不仅包括成熟企业出于绿色化目的而进行的内创业，也包括绿色新组织的创生；不仅关注开启和发展绿色新事业的新方法，也关注创造和传播绿色价值的新途径，是推动绿色创意在更广泛社会领域中产生影响的新模式。关于绿色创业基本内涵的进一步解析，可以查阅《创业研究经典文献述评》一书中的专题文章《基于创业与可持续发展融合的绿色创业研究》。

2. 从绿色创业到绿色创业生态系统

《创业学报》现任主编麦克马伦在2018年发表的研究成果提出了更进一步的思路，他以社会企业为对象，融合生态学经典理论，指出创业生态系统是揭示个体和组织创业活动如何推动可持续发展的重要主题。与其不谋而合，近两年的最新研究成果，特别是社会技术系统研究范式在创业研究中的应用（Audretsch等，2018），都在强调创业生态系统在揭示创业本源和社会价值中的重要地位（Autio等，2017；蔡莉等，2016）。

那么，绿色创业何以能从一种可持续发展理念转化为创业者实实在在的行动，并最终创造出兼顾经济、环境和社会三重底线的社会福祉呢？对这个问题的思考，引导我们把视线转向一个核心——绿色创业生态系统（green entrepreneurial ecosystems）。正是绿色创业生态系统，让创业者不是从轻重好坏等选项中做线性取舍，而是在与环境交互中将"看"到的机会转化为"做"到的新事业并创造出"好"的社会价值，同时，绿色创业生态系统也伴随创业者行动过程动态演变，最终推动区域创业活力与生态环境有机融合并协同发展。

特别需要重视的是，党的十八大以来，中国生态文明建设的新实践，为基于中国情境开展绿色创业生态系统研究提供了良好契机。习近平总书记指出，绿水青山就是金山银山，生态文明建设是关系中华民族永续发展的根本大计，要自觉把经济社会发展同生态文明建设统筹起来。国家出台的一系列相关政策也明确，要打造双创生态圈和资源共享平台，积极推进绿色发展，走出一条经济发展与环境改善的双赢之路。这些重要思想论述和政策举措，以及十九大以来推动经济高质量发展的战略导向，迫切需要我国创新创业实践转型升级。

绿色创业生态系统能够很好地契合绿色发展与创新发展的协同，这正是回应上述要求的解决路径。可以电影《流浪地球》喻之，创业生态系统是个"地球"，绿色创业生态系统是"阳光普照的地球"。绿色创业生态系统让创业星球不再流浪，能够实现经济增长和生态文明互促共进。

3. 绿色创业生态系统研究的理论背景

创业生态系统新近研究成果表明，尽管目前针对创业生态系统独特属性和动态机理的研究还有所欠缺（Roundy等，2018；蔡义茹等，2018；Spigel，2017；项国鹏等，2016），并且关于绿色创业生态系统内部结构的深入剖析和动态过程的系统提炼更是鲜见，但毫无疑问，从绿色创业生态系统视角解释和研究绿色创业过程，是一个非常重要的方向和途径（McMullen，2018；李华晶，2017）。当前，生态学、经济学、心理学和社会学等多学科理论开始在创业生态系统研究中得到应用和关注（Autio等，2017；滕堂伟，2017），这些研究交叉的共同之处在于，创业主体与其所处环境中的资源要素在创业过程的社会互动中形成动态整体（Brown和Mason，2017），这也为解析绿色创业生态系统架构体系及其形成和演化提供了分析脉络。

其中，一些研究从社会技术系统研究范式出发，关注绿色创业过程中技术系统与社会系统的融合联动（Gibbs和O'Neill，2014）。针对创业生态系统，技术被视为推动系统形成的关键资源要素，而社会创新效应则可以反映创业生态系统作为人与环境交互作用以及一定社会关系共演过程的重要评价主题（Audretsch等，2018）。针对绿色创业生态系统，部分研究文献也有少量涉及，围绕技术的动力作用和社会创新的价值结果提出了不同看法（Conti等，2018；Shepherd等，2013）。比如，一种常见的解释是，创业者对绿色技术的热衷其实源于积极的政策刺激，而那些非环境友好的行为则与创业者伦理问题密切相关。另一种相反的解释则认为，绿色创业的动力来自创业者较高的社会责任感和道德水平，而那些非绿色的创业行为，更多地归因于制度环境的不健全。还有研究指出，在发展中国家的现实条件下，探查创业生态系统的影响具有独特价值，发展中国家和新兴市场对研究创业实现社会价值过程具有重要意义（Autio等，2017；李新春等，2016）。这些都为立足中国情境开展绿色创业生态系统研究提供了新的视角。

4. 绿色创业生态系统研究的现实背景

伴随绿色创业生态系统相关研究的兴起，在经济、社会和生态各个领域，涌现了众多以绿色创业为源起的新企业，还有很多既有企业通过内部绿色创业努力实现"绿色转身"。例如，2019年2月底，京津冀协同发展迎来5周年，作为一项国家战略，它不仅持续推动了三地产业质量升级，还坚持推进三地生态优化联动。无独有偶，同样在2019年2月底，国家发改委发布了《国家发改委关于培育发展现代化都市圈的指导意见》（简称《意见》），该《意见》提出到2035年形成的若干具有全球影响力的都市圈，既是功能多样、产业集聚、设施完善的创新创业平台，也是强化生态环境共保共治的绿色生态网络。这些实践经验和诉求从另一个侧面说明基于绿色创业生态系统实践开展创业理论创新的必要性和广阔前景。

令人沮丧的是，在实践中并非所有的绿色创业行动都能促进绿色创业生态系统的形成和演化。不少创业者面对绿色机会时要么力不从心，要么熟视无睹，要么避而远之，要么背道而驰。这使得我们不得不做更多的思索：为什么创业者的表现会如此迥异？在绿色创业主体行动过程中，与环境中的什么资源要素进行交互？这些关键因素之间存在什么样的关系？最终又如何影响创业者？毫无疑问，回答这些问题，单从创业者本身或外部环境一个角度来进行考察，是难以准确、全面的，而绿色创业生态系统为回答创业如何满足更高水平的生态、社会和经济需求提供了思路，有助于从整体性和动态性揭示创业为什么以及如何能够"做好事"的发展规律。

5. 绿色创业生态系统研究的思路链条

依照上述理论和实践背景，我们可以认为，绿色创业生态系统具有其独特的属性特征，是环境约束条件下绿色创业主体得以契合区域可持续发展诉求的核心所在，并且，绿色创业生态系统的形成与演化，不是从小到大、从少到多的线性过程，而是多资源要素、多环节步骤彼此胶着的复杂状态，系统中的核心主体与所处环境进行交互，不仅带来经济价值，还能实现生态和社会价值。其中，技术助推（nudge）使绿色创业生态系统从一种潜在可能涌现成为一种结构形态，成为绿色创业者与其他主体及环境之间主动和反复作用的根本动因；社会创新（social innovation）则是绿色创业生态系统通过异质性主体之间协同演化产生的重要效应；发展中国家经济社会的迅速变迁和多元化使得绿色创业生态系统实践尤为重要。

由上可见，开展中国情境嵌入下绿色创业生态系统研究十分必要也大有前景。以创业生态系统作为核心线索，借鉴社会技术系统研究范式，在技术助推和社会创新之间建立一个对话框架，进行总括性情境研究，进而更加深入地挖掘和揭示绿色创业本质问题，有助于通过新知识的发现和创造推动创业理论的创新，积极响应中国生态文明建设的重要诉求，为实现创业的可持续发展价值提供可参考的行动路线。正如1962年出版的被视为

"世界环境保护运动里程碑"的著作《寂静的春天》作者所倡导的：人类与自然环境相互融合，期望技术和社会系统交会下的绿色创业生态系统研究，能为创业的科学理性与人文情怀融合提供一些理论思路和现实方案。

6. 人工智能创业是黑色还是绿色

谈到助推绿色创业生态系统的技术，人工智能（AI）不容忽视。人工智能作为引领这一轮科技革命和产业变革的战略性技术，具有溢出带动性很强的"头雁"效应。NET2019公众号也专门开设"AI创业"专题，探讨了人工智能与创新创业交会融合的相关问题。其中，AI专题文章《中国人工智能创业城市：五年五城五色土》，从区域空间视角简析了人工智能创新创业城市特色及其可能的生态系统问题。那么，与绿色创业有交集甚至可以助推绿色创业生态系统的人工智能，是绿色的吗？

在宣传报道中，人工智能的颜色通常是黑色的。比如 2018 年平昌冬奥会闭幕式"北京八分钟"表演中展示的人工智能前沿技术，被媒体纷纷冠以"黑科技"；再如 2019 年 8 月马斯克的"脑机接口"项目 Neuralink 发布最新成果，也是招来一众"黑客帝国""黑科技有多黑"的评价。源于动漫作品的"黑科技"一词，原意是凌驾于人类现有的科技之上的知识，现在已经引申为超越人类传统认知的高新或超强科技，似乎更具有人工智能的意味。

可是，人工智能创业者在做的事，却有不少是绿色的。研究表明，人工智能可以用于生态学领域，比如基于人工智能深度学习的解决方案，已经可以有效地被应用于水声分析，对了解气候变化对海洋生态系统的影响非常重要，从而为改善气候变化和水温变化提供服务。再如突破医疗健康难题、服务老人幼童、优化城市治理、提高安防水平，这些彰显社会价值和人文情怀的新技术产品还催生了新的商业模式。这么看来，人工智能带来的感官体验不该是暗黑色彩，更有可能是多姿多彩的，包括象征可持续发展的绿色。

与此同时，区块链技术纷纷被应用于绿色金融、绿色能源、绿色供应链、绿色产业转型等领域，不少技术领域的创业者或企业也都有了颜色符号：乔布斯的黑T恤、周鸿祎的红上衣、马云的五彩针织衫，还有 IBM 的蓝色巨人之称、亨利·福特对黑色老爷车的痴迷，任正非则认为华为是灰色的，并提出"任何事物都有对立统一的两面，管理上的灰色，是我们的生命之树"。

那么，在绿色创业生态系统构建过程中，人工智能到底是什么颜色？这个问题可能会引发另一个更深入的问题：人工智能及其创业活动的颜色辨析，意义何在？

7. 一点哲学探讨

回答上述问题，不妨先回到中国历史上著名的逻辑命题之一"白马非马"。名家代表人物之一公孙龙提出的这个命题，看似狡辩，实则充满逻辑思辨，他希望推广的是一套逻辑规范。再来看看西方思想家对颜色及其相关逻辑问题探讨的启示。文学家和自然科学家歌德从亚里士多德色彩观出发，思考并提出了颜色理论，既有一些主观的色彩观念（比如将绿色和红色相对应，认为绿色象征天和希望、红色象征大地力量），更有一些精准的实验发现（比如用仪器来制作颜色）。

解析创业色彩还需要注意中国文化情境。冯友兰和楼宇烈等一些中国哲学家提到，名家所反映的概念层面的逻辑分析与纯理性，在中国哲学和文化体系中的发展相对而言并不十分充分，比如楼宇烈在一篇文章写道，中国文化的传统并不把现象与本质、形而上与形而下割裂开来，与西方哲学有明显差异。这就不难理解为何反映股市涨跌的颜色，中国和西方国家会是截然相反的。但是，这些哲学家也都强调中国哲学和文化有其自身特色与优势。

因此，助推绿色创业生态系统的人工智能技术，到底是什么颜色，还需要研究者和创业者共同描绘。评析人工智能创业的颜色，以及延伸绿色创业研究价值，颜色不只是一个修辞上的用法，背后还有诸多可供挖掘的理论问题，有必要融汇多学科（如哲学、逻辑学、语言学、物理学等）研究范式，通过理论交叉让创业研究更加丰富多彩。同时，我们也需要谨防出现"范畴错误"（category error），避免在属性研究上出现学者弗雷德·卡尔顿·赖尔（Fred Carlton Ryle，1949）指出的合成或分割谬误。

最后，用哲学家路德维希·维特根斯坦（Ludwig Wittgenstein）的一句话收尾，同时也用来表达一种展望。他对颜色语法进行深入研究，以八面体将颜色之间的逻辑规则进行直观而明了的展示，提出了一种依赖于颜色概念使用的更为开放的颜色学说，特别是针对逻辑命题与经验命题的界限进行了讨论，并这样提醒我们："当我们被问'红、蓝、黑、白这些词意味着什么？'我们当然可以立即指向具有这些颜色的事物，但是我们对这些语词的意义的解释的能力并没有走远。"

本文是国家自然科学基金面上项目（71972014）资助成果。

短论

绿色创业的"名"与"实"
张慧玉 / 浙江大学

毫无疑问，绿色创业为如何满足环境、社会和经济"三重底线"需求提供了极佳的思路，这也必然促使这一概念成为创业界、商业界甚至整个社会都颇为关注的热门标签。

从绿色创业这一"标签"出发，有两个问题值得我们思考。一方面，如何彰显绿色之"名"？尽管信息沟通已经实现了前所未有的发展，但这依然是一个酒香也怕巷子深的年代。不难推测，在社会创业、生态创业、可持续创业、绿色创业等相关概念出现之前，必然已经有许许多多的无名创业英雄尝试通过自身的努力去改变世界、让生活变得更美好，但他们中的很多人可能孤军奋斗，可能默默无闻，可能经历了一次次的失败却不为人知。

试想，若他们能够把绿色的标签醒目地贴在头上，是不是会获得更多的关注与支持？那么，如何让利益相关者看到这一动人的颜色？

语言可能是一个重要的答案，并且在信息高效传播的今天，这个答案可能格外重要。以怎样的语言来传递创业项目的绿色理念效果更佳？以何种途径来传播这些语言可以感染更多人？这些都是绿色创业者与研究者可以思考的问题。

当然，标签的另一方面，我们必须思考：绿色，是否"名""实"相符？不难发现，在利益相关群体绿色需求日益凸显的情境下，诸多企业（同时包括新企业与既有企业）都在尝试为自己贴上绿色的标签，这自然与创业者、管理者的绿色理念密切相关，但肯定也不乏各种工具性考量：在这个呼唤绿色的时代，绿色标签不仅能够获得政府与政策上的支持，而且能够迅速捕获投资人、消费者等利益相关者的好感。

在这样的情况下，语言可能变成了双刃剑：可以彰显绿色，也可能造成有名无实的坏象。恰如"绿色"一词本身所带的隐喻意义，褒贬参半。对创业者而言，如何让"绿色创业"名实相符，包括质和量的双重匹配，可能是比彰显绿色更核心的问题；而对政府决策者而言，如何让利好政策真正服务于名实相符的绿色创业者而不被有名无实者利用，则可能是一个颇为棘手但至关重要的挑战。

本文是国家自然科学基金面上项目（71872165）资助成果。

非常规创业：不走寻常路的别样风采

◎张敬伟 李金霞 / 燕山大学

1. 常规创业长什么样

著名经济学家熊彼特在《经济发展理论》一书中，将企业家（或创业者）描绘为"创造性破坏者"。在熊彼特看来，作为社会经济创新者的企业家不同于投机家和发明家。企业家并不囤积任何种类的商品，也不创造前所未有的生产方法，而是以不同的方式运用现有的生产方法，或以更恰当、更有利的方式运用现有的方法。他们实现了生产要素的新的结合方式。熊彼特（1990）把"新组合的实现称为'企业'，把职能是实现新组合的人称为'企业家'"。

在熊彼特教授笔下，创业者的形象伟大而光辉（尽管熊彼特承认，他分析企业家的作用并不包含对这类人的"美化"）。创业者的独特任务就是"打破旧传统，创造新传统"。因而，在熊彼特式创业中，创业的要义就是创新，就是要挑战既有规则，突破常规惯例，实现对新规则、新秩序、新结构的创造，而实现这一切的武器就是新的人工制品，比如新产品、新流程、新组织方式、新商业模式等。

如今，熊彼特的企业家理论备受学界和实践界的推崇，极大地影响了人们对于创业的认知，甚至强化了有关创业和创业者的刻板印象。例如，在很多人的意识中，创业往往代表着创新、颠覆、革命、进步和增长，积极而催人奋进。这也在很大程度上塑造了人们对于常规创业的理解：创业以创业者对创新机会的识别为起点，以创新为基本要义，将谋求商业成功甚至是改变世界作为创业最重要的目标，从而承担风险、超前行动、孜孜以求，成王败寇。

这种常规创业观无疑是重要的，因为它确实帮助我们认识到创业（特别是熊彼特式基于创新的创业）的威力，并引导我们去实施这样的创业以期成为留名青史的创造者。然而，过于强大的刻板印象有可能遮盖了复杂创业现象所散发的绚丽光彩，换言之，从主导的甚至单一的维度去理解创业本身就是对创业最大的讽刺和不尊重。因为这样会屏蔽了对其他可能性的认知。而"'寻找'和'创造'新的可能性"（熊彼特，1990），可能就是创业能够给我们带来的一个关键价值。

所以，当最近涌现出更多不同于熊彼特式创业、与传统或常规意义上不太一样的创业新形态时，我们就难免会对创业的内涵有了更多期许，原来，创业还可以是这样的。

这就是本文要介绍的非常规创业。

2. 从意大利 RATATA 艺术节看非常规创业

意大利 RATATA 艺术节是一个致力于独立出版、插图和漫画的国际艺术博览会与节日。自 2014 年起，每年 4 月在意大利马切拉塔市举行。有的读者可能会认为，这不过是当地政府或是某个商业集团组织的大型节日，而且这样一个集展览、赏玩和娱乐于一体的大型社会活动，一定会为其创办人带来不菲的收益。事实果真如此吗？

RATATA 艺术节的创业团队是一群艺术爱好者，他们在响应当地政府关于文化建设的倡导时，突然冒出来一个创造性的想法——马切拉塔市拥有马切拉塔艺术学院、法布拉艺术学院等知名艺术类大学，是优秀艺术家的聚集地，有着浓厚的艺术文化底蕴，为什么不利用好这些资源开办属于自己的艺术节呢？！就这样，在有着共同热情的艺术爱好者社群内，开启了一段自发组织的不以盈利为目的的创业之旅。

第一届艺术节定位于面向插图、漫画和平面艺术社群的交易博览会，创业团队主要依托于社群现有关系和资源进行组织，在社群内形成了大量的自我消费和自我生产。首届艺术节出人意料的成功，激发了创业团队开办第二届艺术节的热情。由于社群内部资源有限，创业团队开始在原有社群和新的合作者与志愿者网络中整合资源，在原始社群边界之外开展创业活动。此时的创业目标仍是非营利性的，只是出于发展的需要，不可避免地引入更多的商业关系。到第三届时，RATATA 艺术节已经拥有了独立身份和品牌，引发艺术社群以及参展商、当地俱乐部等更为积极地参与，但艺术节本身并未转型为商业企业，而是采取了商业手段的非营利组织形式。到第四届时，RATATA 艺术节已经形成了包括马切拉塔艺术学院在内的更为广泛的社群网络以及周边机构网络，RATATA 社群内外都充分肯定了艺术节的品牌价值；虽然艺术节的商业导向更为明显，但创业团队努力维持商业导向和非营利性的平衡，也没有设立公司对艺术节进行商业化运营。

从这个例子可以看出，与识别创业机会进而谋求商业成功的常规创业不同，RATATA 艺术节纯粹发端于创业团队对于艺术的激情与热爱，而非经济回报；它被富有艺术激情的创业团队及其所属社群所造就，并为初始社群和不断扩大的艺术社群提供高质量的生产与消费的平台，还为更大范围的利益相关者带来了不菲的经济和非经济收益，但创业团队并未采取公司化组织形式对艺术节进行定位和运作。

RATATA艺术节是一个典型的文化领域的非常规创业现象。除了文化领域，非常规创业还出现在娱乐、体育、烹饪等广泛的业余爱好领域。例如，冲浪爱好者尼克·伍德曼（Nick Woodman）在和朋友一起冲浪的过程中，发现相机拍摄的视频无法令人满意地记录冲浪过程中的精彩瞬间，激发了自己开发便携相机的想法，并最终启动了"隐形相机"GoPro创业项目；笔者所认识的一位精品咖啡店老板，正是出于对咖啡烘焙的热爱而踏上创业旅程，与咖啡和喜欢咖啡的人相伴，已然成为他生活方式的一部分。

总之，非常规创业的表现形式多样，包括用户创业（user/consumer entrepreneurship）、社群（部落，以下统称"社群"）创业（communal/tribal entrepreneurship）、文化创业（cultural entrepreneurship）、生活方式创业（lifestyle entrepreneurship）等。这些不同形态的非常规创业存在交叉，又各有特色，共享一些不同于常规创业的关键特征。因此，我们可以将非常规创业视为一个"伞形概念"，它囊括了多种不同常规的创业行动类型（见图10-1）。

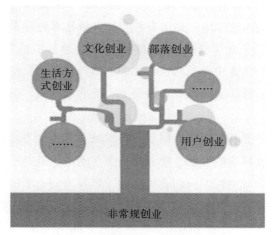

图10-1 非常规创业的多种形式

3. 非常规创业的硬核要素

那么，到底什么是非常规创业呢？目前尚未有学者对非常规创业进行内涵界定。但我们可以通过一组关键词，识别出非常规创业的硬核要素，展示出这类创业的突出特征和别样风采。这些硬核要素包括激情、消费、社群以及非常规创业者。下面简要介绍这些要素及其在非常规创业过程中发挥的作用。

（1）激情。特别是领域激情（domain passion），它是非常规创业的动力源泉，也是非常规创业的突出特点之一。社会心理学家把激情看作一个动机构念，包含情感、认知和行为等要素。创业学者更强调激情的情感维度，特别是积极情感；而且，创业学者所讨论的激情往往是指创业激情，即蕴含在机会识别和利用活动中的、与专业知识和技能有关的积极情感。引发非常规创业的领域激情往往来自私人生活领域，例如，对某种消费品、业余爱好或是娱乐运动的热爱。正如意大利 RATATA 艺术节的创立，就是源自创业团队对平面设计、漫画与插图艺术的热爱，希望帮助马切拉塔市营造出本该充盈的艺术气息。

（2）消费。消费是将领域激情转化为创业的关键过程。拥有特定领域（如文化、娱乐、体育等）消费激情的个体，往往将消费品或业余爱好作为个体生活意义和人生价值的表现形式，在与其他个体建立联系的同时展示自身个性化的身份。激情是个体对自己喜欢的、某种能够带来愉悦的物品的感觉，通过购买和使用自己喜欢的东西，个体能够强化领域激情；而且，对于消费中的未满足需求，拥有领域激情的个体可能会自行开发解决方案，将领域激情和相关技能转化为创业行动。

（3）社群。社群是由相同激情或爱好而联系在一起的个体的集合。在拥有相同激情的社群中，消费者的能力会得到更多的激发。例如，像爬山或滑板等体育活动，或是像小米社群的"米粉"互动活动等，能够激发消费者的创造力，并提升他们分享激情的愿望，比如研发新的爬山装备或滑板，提出新的功能需求和设计，撰写热门影片的续集等。社群"粉丝"们交换、分享和传播他们的作品，可能会形成一种结构化的生产方式，最终以创业为高潮。例如，RATATA 艺术节就是由各种当代具象艺术爱好者组成的社群创造而来。

（4）非常规创业者。非常规创业者作为创业主体，兼具消费者和生产者的双重身份，在社群和大众市场之间扮演着中介的角色。他们一边与社群"粉丝"共享某些激情和消费活动，一边将社群价值通过产品或服务传播到更广泛的市场上，在社群与大众市场之间维持动态的平衡。

综上所述，非常规创业者在消费过程中，将领域激情转化为创业动力；创业者与具有类似激情的社群成员以及环境的互动，能够产生潜在的创业机会——通常表现为未得到满足的需求。创业者基于领域激情识别创业机会后，激发出创业激情，并利用社群力量，在社群内发展原型产品，进行市场测试和产品迭代，进行企业创建，并逐渐将产品发展到大众市场。图 10-2 展示了非常规创业的几个硬核要素之间的关联。图 10-3 则基于一项有关业余爱好的创业研究得出的创业过程模型（Milanesi，2018），更为细致地展示出非常规创业过程中几个关键要素之间的动态关系。

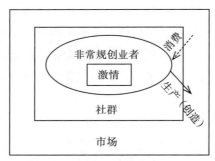

图 10-2　非常规创业的硬核要素及其关系

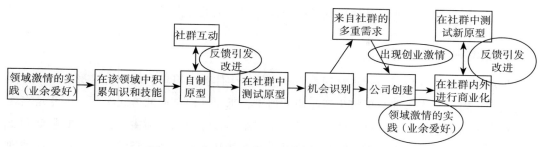

图 10-3　基于业余爱好的非常规创业过程模型

4. 非常规创业哪里不同常规

综上所述，可以发现非常规创业确实有些特别。下面我们将沿着上述维度以及拓展维度进一步对非常规创业与常规创业进行比较，以期更为完整地理解非常规创业的"非常规"之处。

与常规创业相比，非常规创业往往始于非经济动机。非常规创业者的创业动机远超出对利润的追求，而是源于与专业经验无关、与个人能力和休闲活动相关联的激情驱动。个体对艺术、文化、体育、烹饪等的热情，对美好生活方式的向往，都有可能激发创业者投身于非常规创业。例如，源于激情的 RATATA 艺术节、向往高质量生活的生活方式创业、基于热爱和激情的用户创业等，其动机往往都不是经济驱动的。

与常规创业相比，非常规创业者往往兼具用户角色。非常规创业者是拥有和经营与其个人价值观、兴趣或激情密切相关的企业的个体，他们都表现出所在消费领域的用户身份。正是因为对现有用户体验的不满才激发了创业的愿望（用户创业更直观地体现了这一特点）。因而，非常规创业者具有生产者和消费者的双重身份。例如，RATATA 艺术节的创业团队，不仅是因为对艺术的热情激发了创办艺术节的想法，而且在创业进行过程中仍然产生了艺术消费行为。

与常规创业相比，非常规创业更为强调创业者所属社群的作用。非常规创业公司脱胎于社群集体创造性活动，受到"集体"维度的影响。有研究表明，对社群环境的深入理解和互动有利于激发创造力，并改进创业者形成的想法（Shah 和 Tripsas，2007）。除此之外，非常规创业往往受到资金、组织、技术等资源限制，社群资本、商业网络和消费群体等能够为非常规创业者提供创业和初期成长的重要资源基础。

与常规创业相比，非常规创业不一定会采取公司的形式实施，发展速度也相对较慢。例如，RATATA 艺术节是以 RATATA 协会为主组织的临时性活动和节日；而且，艺术节历时四届才得以建立有效的运作流程，仿如一段任重而道远的旅程。有学者认为，非常规创业企业的发展速度也比常规创业企业慢。菲利普·金（Phillip H. Kim）等学者（2015）用"龟兔赛跑"形象地描述了这一现象，然而他们认为，非常规创业者更愿意投入时间在创业上，虽然初期成长速度较慢，但往往会带来更有利的初始经济和非经济结果，而且经过一段时间后，这类企业与其他传统类型企业的差异也就不大了。

5. 非常规创业的研究启示

非常规创业告诉我们，个体对于更为丰富的人生体验的追求、对于特定身份和社会群体的认同、对于个人幸福与更好生活品质的追求，都可能以创业的方式实现。创业是实现多样化人生目的的工具。从这个意义上讲，不以金钱或经济利益为主要目标的非常规创业帮助个体追寻自我。可以预期，随着消费升级、在线技术发展及广泛的社会变革，这种创业现象会越来越多。

显然，非常规创业研究为创业研究提供了新的多样化的可能。但目前关于非常规创业的研究还未形成系统的理论框架，在国内更是极为少见，存在着广阔的研究空间。通过对相关文献的研读，本文提出以下两点研究启示，用以抛砖引玉，希望引发大家进行"非常规"的思考。

（1）创业研究不应忽视情感的作用。创业者是理性和感性的混合体，创业本身就是一个情感的旅程（Cardon 等，2012），而情感在认知、决策与行动中发挥的重要作用往往被低估。著名心理学家洪兰老师曾经说，小决策遵从于脑，大决策则需要遵从内心。从这个角度看，大公司之所以忽略战略性创业机会，一个重要原因是决策者固守常规，精于算计，把大的看小了；创业者则因怀抱激情，虽然未必思量长远，但这份激情使其能够以大公司所没有的勇气去披荆斩棘，拓出一条无人之路。

就非常规创业而言，创业者始于领域激情，并逐渐混合创业激情，去开拓新的事业。但创业者或其团队能否永葆激情，不断推陈出新以适应不断变化的社群环境和市场环境？非常规创业者的先前经验、认知和情感状态等如何影响创业过程或创业结果？这些问题都值得探讨。现有研究指出，创业者身负用户角色，这会给两类角色内在的情感平衡带来挑战，如何有效回应用户身份（社群内部人的情感归属）与创业者身份（商业盈利诉求）在社群中的情感张力，在不同常规的创业旅程中实现多赢，值得我们思考。

（2）非常规创业还告诫我们，不应固守熊彼特式的英雄主义创业观。创业不只是英雄的故事，也不是成王败寇这么简单。创业也不只是为了经济利益，很多社会的、心理的动机不容忽视，而且，非常规创业研究也更为直观地提示我们需要注意创业的阴暗面。例如，一些非常规创业者不计成本地追逐自己喜欢的情感价值，也可能收不抵支，甚至创业成功也不过是为自己铸就了一个新的牢笼。创业失败研究关注创业的另一面，也关注创业者的情感，有必要将非常规创业现象纳入研究视野，探究其中的规律。

参考文献

[1] Pagano A, Petrucci F, Bocconcelli R. A Business Network Perspective on

Unconventional Entrepreneurship: A Case from the Cultural Sector[J]. Journal of Business Research, 2018, 92: 455-464.

[2] Guercini S, Cova B. Unconventional Entrepreneurship[J]. Journal of Business Research, 2018, 92: 385-391.

[3] Shah S K, Tripsas M. The Accidental Entrepreneur: The Emergent and Collective Process of User Entrepreneurship[J]. Strategic Entrepreneurship Journal, 2007, 1 (1-2): 123-140.

[4] Milanesi M. Exploring Passion in Hobby-related Entrepreneurship: Evidence from Italian Cases[J]. Journal of Business Research, 2018, 92: 423-430.

[5] Kim P H, Longest K C, Lippmann S. The Tortoise Versus the Hare: Progress and Business Viability Differences between Conventional and Leisure-based Founders[J]. Journal of Business Venturing, 2015, 30 (2): 185-204.

用户创业:"反客为主"的创富之旅

◎张敬伟 靳秀娟 / 燕山大学

1. 用户创业研究的缘起

用户创业并不是什么新现象。早在1893年,约瑟芬·科克伦(Josephine Cochrane)就在芝加哥国际博览会上展示了她设计和制造的世界上第一台实用的洗碗机。作为社交名媛,科克伦经常在家招待客人,但佣人们总是不小心把她精美而昂贵的碗碟打碎。她尝试自己洗碗后发现,这项工作并不轻松。出生在发明人世家的科克伦下定决心:如果没有人发明洗碗机的话,她就自己做。经历一系列尝试之后,科克伦研制出了实用的洗碗机,申请了专利并成立了公司,后来她的公司发展成为惠而浦的一个事业部门。

用户创业也不是什么稀有现象。20世纪七八十年代出现的山地自行车、90年代出现的互联网"大佬"雅虎和易贝,以及中国台湾女生姚彦慈为其外婆开发的Eatwell辅助餐具,这些知名产品或公司的出现,都是用户在解决自身需求痛点的过程中"一不小心"踏上创业旅程的经典案例。现有研究显示,用户创业现象并不少见。考夫曼创业基金会的一项调查发现,在美国2004年的新创企业中,有10.7%是由用户创立的,有46.6%的创新型新创企业是由用户创立的(Shah等,2012)。用户创业现象在某些行业更加突出。例如,在美国少年用品行业1980年至2006年间成立的公司中,有84%是由用户创立的(Shah和Tripsas,2007)。

通常,当用户在使用产品或服务(以下统称产品)过程中发现问题或产生新需求时,他们会基于以往的产品使用经验及相关知识提出新的创意,并将其免费分享给其他具有类似需求的用户（Franke 和 Shah，2003）。基于投资成本的考虑，大多数用户会将产品原型的生产寄希望于企业，即通过有偿或无偿的方式将自己的创意分享给制造商，期待它们能够制造出相应的产品，以解决自己的问题。然而，制造商并不总是能够满足用户的这些特殊需求，甚至会对这些需求置之不理（Hamdi-Kidar 和 Vellera，2018）。当这些用户的创新需求无法得到满足时，他们就有可能采取创业行动来实现自己的创意。

其实，针对用户参与创新的现象，麻省理工学院教授冯·希佩尔（von Hippel，1986；1988；2017）做出过系统的研究。他认为，当制造商提供的产品不能很好地满足用户需求时，用户为了解决自身的需求问题而提出新的创意，并通过与用户社群内其他成员的互动反馈完善自己的创新想法，创造自己满意的产品。该观点打破了"企业为消费者生产产品""创新主要由制造商或研发人员主导实施"等传统看法，指出用户也能找到满足其个人需求的创新方案，也是创新的重要来源。进入 21 世纪以来，营销学者提出服务主导逻辑（Vargo 和 Lusch，2004）以取代传统的产品主导逻辑理论，提出产销结合（prosumption）模式（Ritzer 等，2014）以取代传统的"生产－消费"二分法，这些新兴理论均强调了消费者在生产、创新和价值创造中扮演的重要角色，产生了广泛的影响。

以上创新和营销理论的发展与转向，为用户创业研究奏响了序曲。索纳利·沙阿（Sonali Shah，2005）最早针对滑板、冲浪板、滑雪板等产业的用户创业现象开展了调查研究，拉开了用户创业研究的序幕；随后，沙阿和玛丽·崔普萨斯（Sonali Shah 和 Mary Tripsas，2007）在《战略创业学报》（*Strategic Entrepreneurship Journal*，SEJ）上发表文章《偶然的创业者：用户创业的涌现和集体化过程》，该研究基于对美国少年用品行业用户创业现象的考察，提出了用户创业的定义和创业过程模型，由此奠定了用户创业在创业研究领域的江湖地位。如今，已经有越来越多的学者意识到，用户是创业活动中不容忽视的一个重要主体，用户创业正成为创业研究的一个新兴议题。

2. 用户创业的内涵与分类

沙阿和崔普萨斯（2007）首次提出用户创业的概念，将其定义为"用户个体或群体基于自身需求将一种新产品或服务进行商业化的行为"。随后，沙阿等学者（2014）将用户创业定义为新企业创建行为，即用户将原本用来满足个人需求的创新（包括新的或改进的产品或服务）用于生产并销售给他人。尽管其他学者也对用户创业做了界定，但基本含义大同小异，大多强调了用户创业是用户将基于未满足需求而开发的创新进行商业化的行为。

一般而言，企业或产品的用户不仅包括消费者等外部用户，还包括从事产品研发或运营相关工作的内部用户。沙阿和崔普萨斯（2007）根据创新需求源自哪里，将用户创业者区分为终端用户创业者（end-user entrepreneur）和职业用户创业者（professional-user entrepreneur）两类。终端用户创业者（本文聚焦于此类）通常是为了满足个人日常生活中的需求而创业，产品主要面向小规模的利基市场，创业过程中的需求满足和乐趣本身就是重要的回报。职业用户创业者往往身处组织之中，具有较高的专业化技能，他们创业通常是为了满足工作的需要（例如，很多半导体制造设备是由半导体制造公司开发的），其主要目的是谋求经济利益。沙阿等学者（Shah，Smith 和 Reedy，2012）后来又新增了混合型创业者这一类型，旨在融合职业用户创业者和终端用户创业者的创业特点。

2018年，哈姆迪-基达尔·琳达和韦勒拉·西丽尔（Hamdi-Kidar Linda 和 Vellera Cyrielle）按照创新商业化的主要渠道将终端用户创业区分为零终端用户创业（zero end user entrepreneurship）、选择性终端用户创业（alternative end user entrepreneurship）以及完全终端用户创业（full end user entrepreneurship）。零终端用户创业者往往将自己的创意无偿提供给生产商；选择性终端用户创业者倾向于向生产商销售创意而非创建公司；完全终端用户创业者则通过创建公司的方式实现创新的商业化，这是大部分用户创业研究关注的类型。

3. 用户创业的典型特征

用户创业是一种重要的非常规创业类型。其创业动机往往起始于自身需求痛点的满足，而非纯粹地追求经济利益；用户会通过结识更多与自身有着相同消费偏好的个体，由这些"志同道合"的用户组成的社群为创业者提供了不同寻常的创业情境；从身份角度看，用户创业者既是消费者，又是创新者、生产者，身兼多种角色，给用户创业平衡价值创造与获取、情感归属与获利诉求带来挑战。与传统创业模式相比，用户创业具有如下典型特征。

（1）创业过程的涌现性（emergent）。沙阿和崔普萨斯（2007）将传统创业模式与用户创业进行了对比（见图10-4和图10-5）。首先，传统模式起始于创业机会的识别，而后进行新产品原型的开发。用户创业的创业过程与此相反，用户创业者开发产品原型的目的是解决自身需求，而后经过使用和测试才识别出潜在的商业化机会，这也使得用户创业行为本身具有一定的"偶然性"。其次，传统的创业者尽管也非常重视新产品的反馈信息，但这些信息往往是在成立公司后才获取的，而用户创业者在成立公司之前就能够在用户社群中免费获取产品反馈信息。由此可见，用户创业者的机会识别往往不是有意为之，而是在产品开发过程中得到社群的积极反馈，才意识到创业机会的存在，萌生创建公司的念头。用户创业也因此具有"涌现性"的特征。

（2）用户社群的集体参与。与传统的创业模式不同，用户创业者的创意大多来自用户社群中的多主体互动，是集体智慧的结晶。用户社群是由用户组成的一个独特的社会结构，大多是社群成员自发组织、自愿参与的非正式组织，主要靠社群成员的共同兴趣和爱好来维系，组织方式较为松散，成员之间的互动方式也较为灵活多样（Shah 和 Tripsas，2007）。用户在社群中不仅可以分享他们对产品的想法、信息和知识，还可以通过社群互动收集用户的使用反馈和创新改进建议（Hau 和 Kim，2011）。因而，用户社群为用户创业提供了重要的集体（collective）维度。随着社交媒体软件的普及，用户社群的形成与互

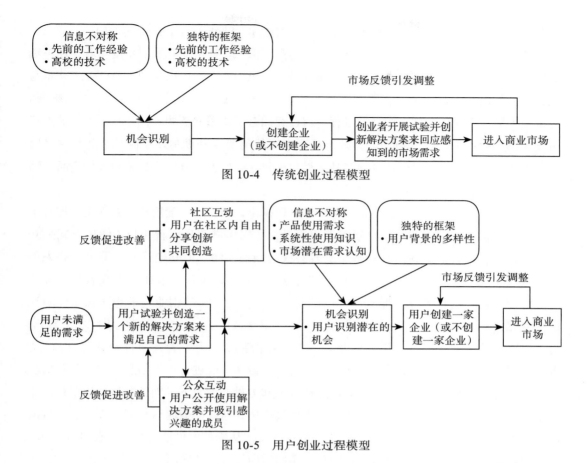

图 10-4 传统创业过程模型

图 10-5 用户创业过程模型

动变得更为便利,可以预期用户社群会产生更大的影响。那么,用户社群对用户创业者的创业行为产生了哪些影响呢?

首先,用户社群内的多主体互动促进了创业机会的识别和评估。用户创业者在进行创新时会与社群成员进行交流互动,社群的存在为其提供了一个创新知识共享的交流平台。用户可以在社群内免费共享彼此的创新成果,在此过程中社群成员会收到与创新产品有关的反馈信息,进而了解其他用户对新产品的兴趣,甚至是购买意愿。因此,随着互动过程中的持续反馈,用户创业者能够更为准确地把握用户社群的需求,洞悉其"待办任务",开发出真正有需求的产品,从而有助于用户创业者对其创新产品的商业化价值和创业可行性做出准确的判断。

其次,用户社群内的多主体互动为用户创业者提供了搜集信息和整合资源的渠道。一方面,相对于用户社群外的企业及研发人员等"圈外人",处于用户社群内的用户创业者等"圈内人"在获取产品反馈的一手信息方面具有明显优势。基于共同兴趣爱好所建立的信任关系保证了信息的高质量,而且这些知识具有很高的黏性,难以被其他人获取和复制到新的情境中。另一方面,由于用户社群成员背景的多样化,他们在参与互动过程中能够从多个视角提供问题的解决方案,这不仅有助于用户创业者免费地众筹到产品创意,还有利于提升解决方案的质量，从而提高创业成功的概率（Shah 和 Tripsas，2007）。

最后，用户社群为用户创业提供了初期的市场保障。从市场开发的角度来看，用户创业者在创业过程中借用社群力量与其他成员进行积极的互动，可以帮助用户创业者获得与创新产品的潜在需求相关的有效市场信息，基于此开发的新产品会更加符合用户的需要。这也使得用户创业者在创新产品的过程中就已经拥有了潜在的消费者，开发了潜在的消费市场（Shah 和 Tripsas，2007）。另外，社群内部的免费共享机制以及成员之间相对稳固的情感纽带，能够为用户创业者的产品赢得口碑效应，这不仅有助于显著地降低产品营销成本，也有助于产品向大众市场的扩散。

（3）创业者的用户身份。希佩尔（1986）曾指出，相比于一般用户，领先用户拥有丰富的产品知识，积极参与产品创新并期望通过为厂家提供产品创新和相关解决方案来获得较高的收益，也因此在用户社群中更容易成为领袖人物。但是他认为，即使是领先用户也很难实现由用户创新者到产品制造者的身份转换，因而很少有用户创新者能够继续开展商业化活动实现创业。那么，用户创业者"反客为主"的创业过程将面临怎样的身份挑战呢？

相比于其他创业类型，用户创业者本身既是创新者和生产者，同时又是用户/消费者。他们还是用户社群的一员，与志同道合的用户群体一起进行价值创造，享受着分享创意带来的愉悦感和成就感。在用户社群集体智慧和力量的助力下，创新产品日趋完善，并逐渐走出社群，满足更多消费者的需求。在此过程中，财富悄悄向用户创业者招手。当识别出创业机会并决定创业后，用户创业者摇身一变，从价值的创造者变成价值的获取者，从消费者变成生产者，创新诉求也逐渐从情感归属向经济利益倾斜。

当从一名普通的消费者"升级"为一家企业负责人时，用户创业者便会面临更多来自员工和运营方面的压力。他们能否兼顾和平衡价值创造与获取、情感归属和获利诉求之间的关系，有可能决定他们创业的成败。有学者从情绪劳动视角对这一问题开展了研究，认为用户社群对用户创业者商业行为的情感响应是可以被管理的，来自双方的情绪劳动有助于促进合作，助力用户创业者成功（Mardon 等，2018）。总体而言，用户创业者身份转换和管理方面的研究比较匮乏，从情感与理性、动机与行为等互补视角开展相关研究，或许能够为踏上创业之旅的用户创业者提供有益的启发。

4. 用户创业的理论与实践启发

传统观点认为，创业者是组织的产物，因为很大比例的创意来自创业者的先前工作经验。例如，毕海德（1994）对有限公司 500 强（Inc.500）前 100 家高成长公司的调研发现，71% 的创意来自创业者的先前工作经验；阿诺德·库珀（Arnold C. Cooper，1985）早期的研究也有类似的发现。然而，针对用户创业的相关研究却发现，创意并非来自原雇主，用户是在使用产品过程中遭遇需求痛点才无意间走上创业之路的。当用户成为创业行为的重要主体，成为创业的重要来源时，针对这种创业类型开展研究就显得十分必要。当然，用户创业是创业领域的新兴议题，有大量问题值得探讨，本文仅就部分理论和实践议题进行阐述。

就理论研究而言，用户"反客为主"并借助"集体力量"进行创业的现象能够为创业研究开启新鲜的理论视角。第一，用户这一特殊创业主体的加入改变了价值创造和创新活动仅限于企业与研发人员的假定，创业成为多主体参与、融合集体智慧的价值共创活动，有必要从价值共创视角探讨不同的共创模式和过程动态如何影响用户创业行为（比如机会识别与演进）及其结果。第二，用户创业者往往会随着创业过程的演进而面临身份转换的挑战，考察身份转换如何实现，以及在此过程中如何平衡不同身份，可以帮助我们更好地了解创业者如何进行创业学习，也帮助我们理解身份背后的、基于共同兴趣的情感联结与商业利益之间的张力如何形成，及其给用户创业带来何种益处与挑战。第三，用户创业始于满足自身需求的内在动机，而后则面临着经营绩效和市场竞争压力，有必要从创业动机（内在和外在动机）转换和平衡角度进行考察，以理解哪些因素影响用户创业者的动机变化以及这些变化对其创业过程和结果的影响。

就创业实践而言，一方面，对个体用户或用户群体而言，大数据和数字经济的迅猛发展为用户社群的组建以及互动质量的提升提供了便利条件；同时，更加开放和多元的数据资源也为用户实现创业成功提供了更多的可能性，可以预期，像世纪佳缘、锤子科技等用户创业现象会更多地涌现，用户的智慧将会以前所未有的力度加以释放。另一方面，对现有公司而言，能否通过参与用户社群中的主体互动来开发用于指导企业创新的用户资源，甚至借助这种用户高度参与的社群实现创意众筹，开拓创新和创业渠道，也是值得思考的战略议题。

短论

不满意？"你"也可以创业

尹苗苗 / 吉林大学

随着互联网经济及平台经济的出现，用户的身份发生了明显变化，用户不再满足于被动接受制造商提供的产品或服务，而是主动献计献策，改善产品或服务，甚至亲自创造出满足自身需求的产品或服务，并将其出售给具有同样需求的用户。学术界将这一过程称为"用户创业"，目前这一领域正吸引学术界和实业界关注。

用户创业者与一般创业者相比具有其独特性，主要体现在用户身份、需求认知度和创业动因三个方面。关于用户身份，用户创业者必须是现有产品的使用者，他们在对已有产品的使用过程中发现不足，并在试图寻求产品改进方案过程中识别到了创业机会。关于需求认知度，用户创业者在产生创业想法之前便已经拥有了与产品需求相关的独特认知、潜在的解决方案等不对称信息，且其可以从用户社群（通常由不同背景的用户组成，社群成员可以针对创新想法提出问题、提供对策建议）中获得关于潜在市场的需求信息，故用户创业者会比一般创业者更了解潜在消费者需求。此外，用户创业者的初期创业动机主要是为了追求乐趣或满足个人需求，而不管他们的创新想法是否具有商业化潜力，其初期的创业活动并非为了获取经济收益。

用户创业过程与一般创业过程相比也具有独特性，主要体现在机会开发、资源开发以及产品创新性方面。在机会开发方面，用户创业的机会识别往往是偶发的、非计划性的，且机会开发过程是在用户社群内由多主体互动共同完成的，是限于市场失灵（即用户创新扩散受限）寻求创业机会的过程。在资源开发方面，虽然用户创业者可以在用户社群内通过多主体互动轻易获得创业资源，但同时也将自身关键资源暴露于强大的竞争对手。在产品创新性方面，用户创业者把自身知识和用户社群内的多样化知识进行结合，在与社群成员多主体互动下形成创新，因此产品创新程度更高。

本文是国家自然科学基金面上项目（71972085）资助成果。

参考文献

[1] Shah S K, Tripsas M. The Accidental Entrepreneur : The Emergent and Collective Process of User Entrepreneurship[J]. Strategic Entrepreneurship Journal, 2007, 1（1-2）: 123-140.

[2] Pedeliento G, Bettinelli C, Andreini D, et al. Consumer Entrepreneurship and Cultural Innovation: The Case of GinO12[J]. Journal of Business Research. 2018, 92, 431-442.

[3] von Hippel E. Lead Users: A Source of Novel Product Concepts[J]. Management Science, 1986, 32, 791-805.

[4] von Hippel E. The Sources of Innovation[M]. New York : Oxford University Press, 1988.

[5] von Hippel E. Free Innovation by Consumers : How Producers can Benefit[J]. Research-Technology Management, 2017, 60（1）: 39-42.

[6] Mardon R D, Molesworth M, Grigore G. YouTube Beauty Gurus and the Emotional Labour of Tribal Entrepreneurship[J]. Journal of Business Research, 2018, 92, 443-454.

第 11 章

谁在创业？各类创业主体百舸争流

创业，
不仅是个体的机会寻求与价值创造，
也是组织寻求更新和成长的重要路径。
本章关注不同主体的创业行动。
一类以组织为主体，
如公司创业、家族创业、学术创业、裂变创业；
一类以个体为主体，
如女性创业、学生创业。
如何理解这些不同主体的创业行动，
并分析其意义？
本章将对此做出探讨。

公司创业：基业长青的战略路径

◎罗顺均 周翔 / 广州大学

1. 公司创业的起源与内涵

打造"基业长青"的企业是很多企业家的理想和追求，也是管理学者长期关注的焦点。20世纪70年代前后，国外一些学者开始考察既有企业如何通过创新的方式实现可持续发展。随着环境不确定性的增强，学者和实践者逐渐意识到，基业长青无法通过培育某种持久竞争优势来实现，而只能依赖于对竞争优势的持续更新。由此，公司创业应运而生，它关注既有企业如何通过创业活动的开展来实现持久的竞争优势。1983年，丹尼·米勒（Danny Miller）首次正式提出公司创业的概念，以此为起点，公司创业作为独立的研究领域开始受到管理学界的关注（Miller，1983；董保宝，2012）。随后，公司创业的概念持续演进。在过去的40年间，公司创业的含义由最初的在既有企业内部开发新兴业务的创造活动，演化到如今包含创新、公司风投和战略更新的三维度概念（Sharma和Chrisman，1999；Zahra，1996），公司创业的内涵已经获得广泛的认可。

公司创业，不论是创新、公司风投还是战略更新，都是企业为了应对环境变化而做出的动态调整行为（Burgers和Covin，2016）。正如许多学者所主张的，公司创业实际上是战略和创业两个研究流派的思想融合（Mcgrath和Macmillan，2001；戴维奇，2015）。其中，战略管理为公司创业活动提供了平台（Ireland等，2003），因为战略管理直接或间接地决定了影响公司创业活动的内部环境。反之，战略管理要求在多种竞争选项中做出决策（Stopford，2001），而公司创业活动所识别的机会为战略管理提供了潜在的机会集（葛宝山等，2013；蔡莉等，2018）。综上所述，公司创业应该是"机会的识别与开发"和"战略的决策与落地"两种机制循环作用的动态过程。

2. 公司创业的研究痛点

如果把公司创业看成"机会的识别与开发"和"战略的决策与落地"两种机制循环作用的动态过程，一个需要解决的问题是：公司创业的行动主体应该是谁（Shimizu，2012）？一方面，负责企业战略决策与落地的主体通常是CEO，但鉴于人的思维惯性，如果我们尝试让CEO在发展现有业务的同时开发新业务，那么这些新业务往往难以跳出既有的战略范畴。相似的战略决策模式和结果该如何应对动荡环境的挑战？另一方面，身处企业一线的基层员工和管理者显然对新兴的机会更为敏感，也更有可能识别出与既有战略不同但是和环境变化更为匹配的机会。但是，这些基层的员工和管理者却没有决策权，也无权参与企业的战略决策。那么他们在识别出重要的机会之后，又该如何推动企业去把握这一机会呢？

亨利·伯格和杰弗里·孔文（Henri Burgers 和 Jeffrey G. Covin，2016）综合上述两种观点后指出，公司创业是掌握创新所需资源的CEO，以及掌握创新所需知识的一线创新团队之间博弈的结果，而不是单纯地由CEO主导，或是由基层的一线人员来决定。归根结底，公司创业是"一致性"和"差异化"两种机制之间平衡与取舍的结果。其中，"一致性"能够提升CEO对一线创新团队的信任，但是必然会限制创新所需的自由度；相反，"差异化"能够提升创新所需的自由度，却又会降低CEO对于创新团队的信任，进而影响资源的支撑。因此，如何平衡两种结构之间的冲突并让其中的张力激发出组织的潜力，是影响公司创业成败的关键因素。

3. 公司创业平衡两种结构的潜在模式

对于两种结构的平衡，现有文献提供了三种潜在的模式：跨界并购式的公司创业、内部孵化式的公司创业以及数字生态式的公司创业。首先，跨界并购式的公司创业通常出现于"核心能力快速丧失"的企业之中。由于环境的急剧变化，企业无法适应环境而导致核心能力快速丧失，这时企业为了生存只能通过并购创新型企业来带动自身的变革（周翔等，2018）。这种模式的公司创业难度较大，涉及的难点也最多，相关的讨论广泛分布于CEO的认知改变、组织结构的转型、被并购方的激励以及信任和博弈等相关文献中。

其次，内部孵化式的公司创业适用于CEO是变革型领导且组织文化相对柔性的组织。在这类组织中，公司创业通常体现为一个渐进的过程，同时也是企业运营的常态。这种公司创业模式的难点在于其对CEO提出了极高的要求。CEO不仅需要具备广阔的视野，还需要有自我否定和充分授权的信心与魄力。对此，大量的公司创业文献尝试从CEO个人特质、高管团队的组成及其对CEO认知和决策的影响的角度进行讨论（项国鹏等，2016）。

最后，数字生态式的公司创业是一种在数字技术普及之后逐渐兴起的公司创业模式，适用于具有标准化界面的平台型组织。这种平台型组织允许外部创新团队通过模块化接入的方式，在特定的权限范围内灵活调用平台资源实现创新创业，收益可以基于特定的方式公平分配。这种公司创业模式无疑是最为理想的一种模式，"一致性"和"差异化"能够在这种模式下达到最优平衡。但是，现有文献对于平台型组织依然处于理论化的描述阶段，对于其形成的机制和运作机理的探讨还相对稀缺。

4. 公司创业案例分析及启示

如何实现"基业长青"对于每家企业而言都是一个艰巨的挑战。很多企业在追逐这一理想的过程中遭遇重大挫折，甚至黯淡离场。但仍有一些优秀企业沿着不同的创业路径成功地跨越"长青困局"。这些企业就如漆黑夜空中瞬间划过的流星，给后来者带来了重要的启示。

案例1

南洋电缆：跨界并购助力电缆企业转型为双主业驱动的科技公司

南洋电缆（以下简称"南洋"）由郑钟南于1985年在汕头创立，是华南地区规模最大的电缆电线制造企业。然而，随着宏观环境和行业环境的变化，南洋赖以发展的业务模式逐渐难以适应市场变化，企业的核心能力逐步下降，业绩水平也随之持续下滑。在此背景下，南洋开启公司创业活动，寻找新的业务增长点。一时间，南洋到底该何去何从成为萦绕在郑钟南心里的一个巨大谜团。在此危难之际，海外求学归来的女儿郑燕珠勇挑家族重任，主导面向新兴领域的市场调查和论证。经过长达2年的市场调研，南洋决定进军手机信息安全领域。2016年4月，南洋整体收购北京天融信100%股份，正式进入手机信息安全领域。随后双方用了近两年的时间初步完成了并购整合。2017年年底，公司基本实现了先进制造和信息科技双主业驱动的转变，标志着南洋通过跨产业并购实施公司创业取得了初步成功。

回顾南洋并购天融信的历程，南洋在战略、组织和流程方面采取了巧妙的策略组合，使得双方平稳度过创业整合期。在战略层面上，南洋基本采取克制干预的策略，主要通过董事会和财务监控两种方式对天融信施加影响，基本不会在业务层面干预原有核心团队的工作；在组织层面上，南洋的组织架构基本保留了原有的部门和岗位设计，但设计了较为积极的股权激励方案；在流程层面上，南洋采取较为谨慎的原则，保留了天融信的业务流程，包括流经岗位、权限等级和审核时限等，另外，还委托外部咨询公司帮助天融信构建了新的人力、行政和法务流程。

透过南洋案例来看成熟企业跨入陌生领域开展创业的行为，我们可以得到如下启示：具有足够的胆识、韬略和耐性，在现有业务维持与新增业务探索之间保持平衡；在家族内部培养"金色种子"，储备进入全新领域的核心人才；采取较为克制的战略整合策略，渐进构建彼此互信；利用股权激励方式，来激励和感化并购企业高管。

案例 2

海尔电器:"人单合一"引导传统家电企业变身创新孵化平台

2005年,海尔总裁张瑞敏提出"人单合一"理论。其中,"人"是指员工,"单"是指用户价值,"人单合一"就是员工和用户价值融为一体。2012年,"人单合一"模式升级为2.0版本,"人"从员工升级为利益有关各方,"单"从用户价值升级到用户资源。2015年,张瑞敏再次迭代了"人单合一"理论,海尔从制造工厂向创业平台转型,海尔员工转化为创客,平台还引入了创业团队。在"人单合一"思想指引下,海尔生态圈的"小微"企业快速发展。截至2018年年底,已有超过100个"小微"年营收过亿元,5个"小微"估值过5亿元,2个估值过20亿元。2019年4月2日,海尔"小微"企业——海尔生物医疗名列上交所科创板名单。

海尔的创客模式深刻地体现了"人单合一"的思想,具体体现在:①按单聚散,竞单上岗和"官兵互选"。"单"是用户价值,是"小微"存在的前提,来源于海尔搭建的开放平台,这些平台建立了与用户的连接,个性化的用户需求通过平台反映到海尔,就形成了"单",有了"单",就可以"抢单/竞单"了,抢到"单",再按照"单"的要求,去寻找相应的人、财、物,这就是所谓的"竞单上岗"和"官兵互选"。②"领投""跟投"和"对赌"机制。"小微"创业的资金除了从海尔的孵化基金申请外,"小微"主还需要领投,"小微"成员还需要跟投;在保护期满后,在"小微"没有形成收益的情况下,"小微"主还需要继续领投或自掏腰包给"小微"成员发工资;"对赌"机制的核心是"资源对赌、自挣自花",分别通过"小微整体按单预算、小微成员按单预酬"两个环节实现落地。③"战略损益表""日清表"和"人单酬表"等管理工具的应用。战略损益表更关心员工和用户的增值,海尔的日清包括五个层面,分别是"清果、清因、清体系、清战略、清观念"。

透过海尔"人单合一"思想来理解公司创业行为,我们可以得到如下启示:①构建"大平台+小前端(小微)"的平台型组织结构,快速激活全体员工的工作积极性。②搭建开放的网络化组织,持续提升母体企业的核心竞争力。③建立"领投""跟投"和"对赌"结合的激励机制,构建内部市场化机制。

案例 3

小米科技:数字生态链构建新兴公司创业模式

2010年4月,IT圈教父级人物、金山软件创始人雷军自己投资天使轮创立小米科技(简称"小米")。小米以即时通信软件"米聊"为切入口,和小米各类终端、MIUI系统共同打造"硬件+软件+互联网服务"的小米生态。经过8年的高速发展,小米已经成长为全球知名的新型科技消费品公司。2018年6月25日，小米正式登录港交所，股票定价17港元/股，募集资金370亿港元，对应市值约3 700亿港元，成为全球最年轻的500强企业。

小米强势崛起的秘密就潜藏在小米生态体系中。以天津华米公司为例，该公司是最早加入小米生态的企业。那么小米生态如何对天津华米进行赋能呢？一是小米旗下顺为资本以参股不控股的方式投资华米，通过资本纽带将华米送入小米生态圈；二是小米战略部基于生态大数据分析，结合圈内专业产品设计团队，为华米定制基于精准画像的产品设计；三是小米战略部将设计的产品直接下单给自身强大的代加工供应链体系，快速高效地生产和配送；四是依托小米自身的品牌和流量资源，采取线上线下结合的新零售模式，以最低成本将产品送到消费者手中。

通过剖析小米生态模式可以发现，小米是一家以流量经营和效率提升为核心，重构人（消费者）、货（产品）、厂（代工厂）和场（消费渠道）全产业链的重度孵化器。透过小米案例来看待公司创业行为，我们可以得到如下启示：①以高性价比产品引爆市场，汇聚涓涓细流（流量）成汪洋大海。②善用资本力量，高效链接优质的孵化企业。③基于大数据的精准画像分析，为生态企业提供需求分析、产品设计、代加工和代营销服务，ODM升级式重度孵化生态企业。④覆盖生态企业的全员股权激励，有力地激发全生态企业员工积极性。

5. 结语

公司创业已经成为众多成熟企业实现"基业长青"的必然选择，引发学界和实践界的高度关注。作为战略和创业思想融合的结晶，公司创业一直在探索掌握资源的CEO与掌握知识的一线团队之间的动态平衡，即"一致性"和"差异性"的平衡，并衍生出跨界并购式公司创业、内部孵化式公司创业以及数字生态式公司创业等不同的公司创业模式。结合上述三个因循不同路径成功开展公司创业的案例，本文得到如下初步的结论。

第一，公司创业是母体企业面向全新领域探索新创机会的重要机制。不论是遭遇电缆行业绩效危机的南洋，还是需要寻找新增长点的海尔，抑或力图将低频产品转变为高频服务的小米，公司创业都成为它们面向全新领域探索新创机会的重要机制。

第二，母体企业对极致品质的不懈追求是构建自身创业能力的不二法门。通过深度挖掘上述案例可知，南洋对细如发丝产品品质的追求、海尔对极致服务的推崇、小米对成本近乎痴狂的控制，给所有人都留下了深刻印象。正是这种对极致品质的不懈努力，构建起母体企业对市场的广泛感召力，这也成为其有效实施公司创业的资源和能力源泉。

第三，母体企业对孵化企业或被并购企业的赋能深度和广度，直接决定母体企业的价值。不论是南洋、海尔，还是小米，母体企业都具有非常强大的赋能能力。南洋为天融信提供低廉的融资平台和战略大客户，海尔为孵化项目提供品牌、资金、渠道和人员等要素支持，小米为孵化企业提供品牌、流量、资金、需求分析、产品设计、代加工和代营销的全流程支持。同时，母体企业对孵化企业或被并购企业的赋能深度和广度，也直接影响母体企业自身的品牌价值。

第四，针对孵化企业和员工的股权激励，是形成对母体企业认可的重要工具。 南洋针对 CEO 和核心团队的股权激励赢得了天融信创业团队的信任，海尔采取"领投"和"跟投"的策略极大地提升了员工积极性，小米针对生态企业员工的持股计划，使全生态企业员工的利益高度一致。借助这些激励工具，母体企业均赢得了孵化企业或被并购企业和员工的高度认可，从而有助于公司创业的成功开展。

本文是国家自然科学基金青年项目（71902047）资助成果。

短 论

公司社会创业：紧跟时代要求的现代组织战略
葛宝山 赵丽仪 / 吉林大学

早期的创业研究多从个体层面展开。到了 20 世纪 80 年代，学者开始关注企业层面的创业现象，即现有企业通过公司创业的方式实现进一步的成长与变革。但早期公司创业的主要动机在于获取更多的商业利益，这种忽视社会责任的公司创业存在一定的隐患，而社会创业正好弥补了这一缺陷。社会创业是由创业者的社会使命所驱动的，旨在通过市场的方式来解决当前社会现实问题，其所追求的不再是单一的经济价值，而是经济价值与社会价值的紧密结合。

近些年来，随着时代发展对企业家和企业提出新的要求，公司社会创业应运而生。公司社会创业是组织（非个人）层次与社会创业（非商业创业）的交叉产物，主要是指企业特别是大型企业需要时刻关注当前亟待解决的社会问题，同时平衡利益相关者诉求。公司社会创业不仅符合社会主流的价值观，同时为企业可持续发展与维护社会公平贡献力量。从某种意义上讲，社会创业应该成为现代公司的主要发展战略，即所谓的公司创业应该主要以公司社会创业战略呈现出来。

当下我国的社会创业需要关注三大社会问题：治贫（脱贫）、治愚（素质）和治弱（强国），这是现有大公司开展社会创业的机会所在。第一，以政府主导的公司社会创业可以通过参与基础设施建设，提供就业机会，采取基于技术创新和制度创新的社会机会导向战略等实现精准扶贫。第二，公司社会创业可以服务于构建完善的全民终身教育体系，从根本上提高国民的综合素质，缓冲社会就业压力，减少犯罪、预防疾病，从而有助于解决治愚问题。第三，通过公司创业，也有助于推动新型（私立）高水平研究型大学的建设，培养社会需要的大量高端人才，从而助力解决治弱的问题。当然，通过公司社会创业有效地解决重大社会问题，往往离不开政府主导或参与；近年来我国全面实施的精准扶贫工程就是典型的政府主导下的公司（组织）社会创业的案例。

总之，公司社会创业是当前企业顺应时代发展需要的必然选择。企业可以通过公司社会创业活动实现跨界创业：从当前行业走向跨行业发展、平台化发展，从国内走向国际。现代企业需要总结商业创业的经验和教训，坚持价值共享，实现多方共赢，从主要关注企业绩效增长转向重视其社会价值的实现，在实现社会价值的过程中实现其基业长青。

本文是国家自然科学基金面上项目（71972083）资助成果。

参考文献

[1] Burgers J H, Covin J G. The Contingent Effects of Differentiation and Integration on Corporate Entrepreneurship[J]. Strategic Management Journal, 2016, 37（3）: 521-540.

[2] Miller D. The Correlates of Entrepreneurship in Three Types of Firms[J]. Management Science 1983, 29（7）: 770-791.

[3] 蔡莉, 鲁喜凤, 单标安, 等. 发现型机会和创造型机会能够相互转化吗？——基于多主体视角的研究[J]. 管理世界, 2018, 34（12）: 81-94, 194.

[4] 戴维奇. "战略创业"与"公司创业"是同一个构念吗？——兼论中国背景下战略创业未来研究的三个方向[J]. 科学学与科学技术管理, 2015, 36（9）: 11-20.

[5] 董保宝. 公司创业模型回顾与比较[J]. 外国经济与管理, 2012, 34（2）: 1-9, 26.

[6] 葛宝山, 高洋, 杜小民. 公司创业下的机会开发与战略管理耦合研究[J]. 科学学与科学技术管理, 2013, 34（2）: 103-111.

[7] 项国鹏, 宁鹏, 罗兴武, 等. 公司创业研究知识结构与前沿演进——基于Citespace Ⅱ的知识图谱计量研究[J]. 科技进步与对策, 2016, 33（13）: 141-148.

[8] 周翔, 罗顺均, 吴能全, 等. 核心能力快速丧失企业的公司创业——基于海印商业运营的公司创业纵向案例研究[J]. 管理世界, 2018, 34（6）: 157-172, 181.

家族创业：家族烙印下的企业家精神

◎张敬伟 李琪琪 / 燕山大学

1. 家族创业因何重要

家族企业历来就是极为普遍的企业组织形式。霍华德·阿尔德里奇和珍妮弗·克利夫（Howard E. Aldrich 和 Jennifer E. Cliff，2003）指出，100多年前的企业本质上都是"家族企业"，因为那时候几乎所有的商业活动都会受到一个或多个家族的影响或控制。直至今天，世界上很多大企业仍旧由家族所控制。彭维刚教授团队（Peng等，2018）的最新研究指出，当前，市值超过10亿美元的大公司被家族控制的情况是：东南亚约85%，拉丁美洲75%，印度67%，中国40%。另据《中国家族企业发展报告（2011）》，中国85.4%的私营企业由家族所控制，在55.5%的家族企业中，控制家族直接经营管理企业（李新春，2019）。

家族企业往往是创造就业机会、贡献税收、创造GDP和社会财富的主体，并对全球经济产生极为重要的影响（Astrachan 和 Shanker，2003；李新春和朱沆，2010）。但家族企业也时常遭遇成长的烦恼，尤其是如何摆脱"富不过三代"的"魔咒"，实现家族企业基业长青，是家族企业最为关切的问题。家族创业研究专家李新春和朱沆（2010）指出，创业是破解上述难题，实现家族企业可持续经营的关键。资料表明，美国77%的新创企业在创建时有明显的家族涉入，另外3%则是在初创两年内，其家族成员积极地介入，只有20%的新创企业与家族缺乏重要的关联（Hoy 和 Sharma，2009）。李新春和朱沆（2010）进一步指出，家族企业不仅几乎是所有创业活动的直接或间接的贡献者，更是传承创业精神、培育和孵化下一代创业的重要社会载体；家族创业或家族企业的持续创业不仅仅是家族企业实现长盛不衰的关键，同时也是传承创业精神，并使社会持续保持创新创业精神而繁荣昌盛的根本所在。

长期以来，家族企业和创业作为彼此独立的研究领域少有交集，直到20世纪90年代中后期，这两个领域才出现一些交叉。比如，创业学者偶尔会将家族企业作为创业研究的对象，或者家族企业学者偶尔考察家族企业的某些创业现象。但这个时期的学者仍旧将创业和家族企业视为有交叉的独立研究领域，并未尝试采取整合性的理论对家族企业与创业的关系展开深入探究（Nordqvist 和 Melin，2010）。随着越来越多的学者尝试将创业理论应用于家族企业研究，或是考察家族情境对创业活动及创业过程的影响，一个新的交叉研究领域——家族（企业）创业（family entrepreneurship，或 entrepreneurship in family firms）逐渐诞生了。一个重要标志就是弗兰克·霍伊和普拉莫蒂塔·夏尔马（Frank Hoy 和 Pramodita Sharma，2009）编写了有关家族创业的教科书，并很快由中山大学李新春和朱沆两位教授引入国内，定名为《家族创业》。该书采取生命周期视角，非常细致地介绍了家族创业的基本理论以及中国家族企业创业的生动案例。如今，家族创业已经成为创业研究领域中重要的新兴分支。

2．家族创业做何理解

作为一个新兴的研究领域，家族创业的内涵尚未取得学者的共识。现有研究从不同角度对家族创业进行了界定（齐齐等，2017）。比如，考虑到家族企业与非家族企业的重要区别在于前者具有代际传承的目标，桑杰·戈尔和琼斯（Sanjay Goel 和 R. J. Jones，Ⅲ，2016）将家族创业视为家族企业实现传承和延续目标的手段。再如，有的学者从个体、家族和家族企业等不同层面可能发生的相互作用角度探讨创业行为（Bettinelli 等，2014），将家族创业定义为"关注家族、家族成员和家族企业的创业行为、目标及动机的研究领域"（齐齐等，2017）。

为了促进家族企业和创业两个领域的整合，知名家族创业学者马蒂亚斯·诺德奎斯特和利夫·梅林（Mattias Nordqvist 和 Leif Melin，2010）提出了创业与家族企业研究的"行动者–活动–态度框架"（actor-activity-attitude framework，简称3A框架），如图11-1所示。其中，行动者意味着将家族视为创业行动的主体，而不只是把家族作为创业研究的一种社会或组织情境。将家族作为创业研究的一个分析单位，有助于理解家族的巨大创业潜力及其作为

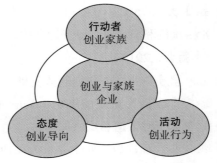

图 11-1　行动者–活动–态度框架

重要的创业资源池的角色。活动是指家族这一创业主体采取的特定创业行为，主要包括创业进入和创业退出。态度是指家族或家族个体所采取的创业心智和创业方法，即创业导

向。这一框架既有利于揭示家族在创业过程中的独特作用，也有利于考察家族企业中创业的重要意义。

在此基础上，克里斯蒂娜·贝蒂内利等（Cristina Bettinelli 等，2017）将家族（企业）创业定义为"家族深度涉入既有组织中时所发生的企业层面的创业态度和创业行为"。其中，创业态度、创业行为与诺德奎斯特和梅林（Nordqvist 和 Melin，2010）的理解基本一致，分别指创业导向以及创业进入与退出活动。在这个定义中，作者强调了家族（企业）创业的三个方面：第一，家族创业是企业层面的态度与行为；第二，家族创业发生于既有企业中；第三，家族创业存在深度的家族涉入。

随着研究的深入，近年来，越来越多的学者倾向于将家族创业视为家族（及家族个体）、家族企业和创业交叉的研究领域（Randerso 等，2015；Bettinelli 等，2017；齐齐等，2017；李新春，2019），如图 11-2 所示。其中，家族是创业行为主体，包括家族中的个体及其所嵌入的家族这一独特的社会结构；家族既会驱动又会限制创业行为。家族企业是家族的创业平台（李新春，2019），依托家族企业，

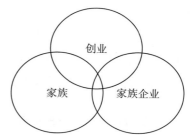

图 11-2 家族创业：家族、家族企业和创业的交叉领域

更容易产生和孵化创业行为。创业则既能为家族及家族企业注入企业家精神，同时又表现为持续的创业导向和各类创业行为。

3. 家族创业有哪些类型

国内家族创业研究的重要推动者李新春教授（2019）区分了家族创业的四种常见类型，包括家族企业衍生（裂变）创业、家族企业公司创业、家族企业跨代创业和家族企业国际创业。结合贝蒂内利等学者（2017）的研究成果，本文介绍如下六种类型的家族创业（见图 11-3）。

（1）家族企业公司创业，即家族企业围绕创新、公司风投和战略更新等三个维度开展创业活动。例如，美的电器股份有限公司（简称"美的"）收购全球工业机器人四强之一的德国库卡

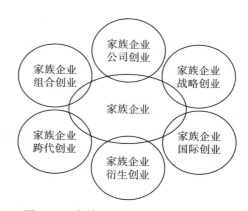

图 11-3 家族（企业）创业的六种类型

集团，这一重大的战略变革使美的从传统的家电制造向工业机器人制造领域迈进。

（2）家族企业战略创业，即家族企业同时寻求对未来业务领域的探索和对现有领域的开发以获得持续竞争优势。例如，李锦记集团通过制度创新和文化创新进行产业创新、家族企业资源动态管理，成功实施战略创业（李新春等，2008）。

（3）家族企业国际创业，这是家族企业跨越国家边界的创业活动。例如，李锦记以

"熊猫"牌蚝油进军美国市场开启国际创业之路,成功后顺势进入日本、欧洲、东南亚等多个国家和地区,开展多种业务(李新春等,2008)。

(4)家族企业衍生(裂变)创业,是指家族成员离开家族企业独立创业,此时他们拥有家族印记、资源支持和业务关联等(李新春,2019)。例如,美的创始人何享健独子何剑锋1994年自立门户,创建了顺德市现代实业公司,为美的贴牌生产,之后又创建了多家电器公司。尽管他离开美的独立创业,但他创建的公司与美的有很多业务关联。

(5)家族企业跨代创业,是指家族几代人利用和发展创业思维、资源和能力以创造新的企业、财富和社会价值的过程。例如,李锦记第三代掌门人李文达和第四代家族成员李惠森创办了南方李锦记,以捕捉中草药健康食品的发展机遇(李新春等,2008)。

(6)家族企业组合创业,是指家族企业同时发现、利用两个或两个以上的创业机会。例如,宁波夏厦齿轮有限公司创始人夏建敏通过创建宁波雅什得、宁波朗曼达等多家企业,开展组合创业,实现家族企业上下游产业链的布局(王扬眉和叶仕峰,2018)。

4. 现有家族创业研究如何开展

贝蒂内利等学者(2017)的最新文献研究梳理了109篇家族创业文献,发现近10年来文献数量增长迅猛。他们在文献梳理的基础上,总结了现有家族创业的前因、过程和结果。首先,在前因方面,作者区分了环境、个体、企业、家族等四个层面的因素,并考察了家族与企业层面交叉的因素;总体而言,家族创业的前因研究非常丰富(见表11-1)。其次,在过程研究方面,现有研究考察了家族企业如何开展创新创业,重点关注其创新过程、退出过程、决策过程、资源管理过程、跨代价值创造过程等议题;但总体而言,创业过程研究数量有限。最后,在结果方面,作者也从环境、个体、企业和家族四个层面展开,梳理创业可能产生的影响;但现有文献较为关注家族企业层面的结果(如财务绩效、生存、成长等),对其他层面的研究关注有限。

表11-1 家族创业的影响因素

研究层面	前因类别	具体前因
环境层面	积极因素	行业环境、技术机会和环境动态性
	消极因素	买方议价力、竞争对手的市场势力、供应商集中度、创新独占性
	其他因素	地理、宗教、法律和教育因素
个体层面	领导者特征	CEO的年龄、任期、是不是创始人
	个体态度	创业行为的责任感、战略意图、悖论思维、管理教育与经验
企业层面	公司战略	营销战略、国际化战略、多元化战略、研发投资战略、财务战略
	公司资源	人力资本、社会资本、声誉、动态能力
	组织特征	组织学习的深度和广度、企业生命周期阶段、组织结构
家族层面	家族发展阶段	家族发展阶段
	家族特定背景	家族成员的总体改变意愿、家族情感依赖、家族创业导向、家族创业遗产、家族期望、家族凝聚力、家族沟通等

(续)

研究层面	前因类别	具体前因
家族与企业的交叉	家族企业地位	家族性、家族企业身份契合等
	家族涉入程度	家族所有权、家族参与董事会、家族参与管理
	代际参与和传承	代际阶段、公司所涉及的代数、新一代的参与、代际传承

李新春教授（2019）提出了家族创业的几个基本研究问题。比如，家族如何作用于创业过程，即家族作为社会组织在企业组织中的嵌入对家族创业有何影响？家族对创业的影响，比如家族对家族新创企业或公司创业的影响等。结合李新春教授的观点，本文将贝蒂内利等（2017）提及的几个与家族、家族企业相关的独特影响因素阐述如下。

首先，家族企业地位。学者除了比较家族企业和非家族企业创业方式的区别，还非常关注家族性（familiness）对创业的影响。家族性指由家族系统和企业系统不断重叠而产生的一套由企业控制的资源（Habbershon等，2003）。有学者提出，家族性与创新创业的关系非常复杂，只有充分考察其资源捆绑过程（Carnes和Ireland，2013），才能理解家族性能否对家族创新创业发挥出积极作用。

其次，家族涉入程度，主要涉及家族所有权、家族参与董事会及家族参与管理等家族治理方面。①有学者认为，家族所有权与某些类型的创新创业有关，且与创业之间可能是曲线关系。例如，家族所有权与研发投资之间存在负相关关系，但家族所有权会带来更高的组织灵活性、更高水平的产品创新，并使之在流程创新方面超越非家族企业（Broekaert等，2016）。还有学者指出，家族所有权与国际创业之间呈倒U形关系（Sciascia等，2012）。②个别研究发现家族参与董事会与创业也可能存在曲线关系（Bauweraerts和Colot，2017）。③学者对于家族参与管理对创业的影响尚未达成共识，有些学者认为有限的家族参与管理可能是必要的（Cruz和Nordqvist，2012），但有的学者发现家族参与管理对创业没有影响（Schmid等，2014）。

最后，驱动创业的代际因素。家族企业一个最重要的目标就是传承家族事业。因此，学者考察了代际阶段（处于控制地位的一代）、公司所涉及的代数和新一代的参与等因素对创业的影响。基本结论是：这些因素会对家族的创业导向有影响，但实证结论仍存在影响方向（正向 vs. 倒U形）不一致的问题（Bettinelli等，2017）。

综上所述，近20年来，创业和家族企业领域的学者采取嵌入理论、资源基础理论、创业理论、代理理论等多种理论（李新春，2019；齐齐等，2017）对家族创业现象开展了大量研究，但总体而言，现有家族创业研究仍旧是碎片化的，有待进一步的理论和实证研究的开展（Bettinelli等，2017）。

5. 家族创业研究有何启示

日本学者后藤俊夫（2019）的最新调查显示，世界最古老的企业前10名中，家族企业占了9家。因此，他认为家族企业更有可能诞生出长寿企业。然而，要想实现长寿，家族企业需要坚持和延续企业家精神，持续地开展创业活动。作为培育创业的重要"社会摇篮"，家族对于支持家族企业创业，实现家族企业基业长青发挥着至关重要的作用。而如何发挥家族和家族企业的积极作用促进家族创业，则是学者和实践者共同面对的重大课题。

（1）研究启示。作为新兴的交叉研究领域，家族创业存在大量的研究机会。根据李新春教授（2019）、贝蒂内利教授团队（2017）的研究成果，兹列举如下研究机遇：第一，针对家族新创企业开展研究，应比较家族新创企业与非家族新创企业的差异，识别家族涉入、家族治理等家族因素在新创企业中发挥作用的机制。第二，家族创业嵌入特定的制度环境中，而制度环境可能会对家族创业产生重要影响；在中国情境下，正式制度、特殊信任、分殊偏待、制度根源、制度相关性及制度转型等制度因素如何影响家族创业，是家族创业的前沿议题（李新春，2019；Peng 等，2018）。第三，应关注中国家族创业的重要问题，例如，家族治理与家族企业家精神、家族创业的行为和决策模式、差序格局下的家族治理与创业、家族治理转型与持续创业、家族传承共治与二代创业，等等（李新春，2019）。第四，鉴于现有文献对家族创业过程关注不足，未来研究可以按照时间线和关键事件线纵向考察家族创业过程，厘清家族及其企业在家族创业过程中发挥作用的机制。第五，家族创业具有不同的行为模式，对不同类型的家族创业也需要开展更为深入的研究。

（2）实践启示。对家族企业而言，首先，需要控制家族涉入的程度。有研究表明，家族参与董事会与创业导向之间呈现倒 U 形关系（Bauweraerts 和 Colot，2017），只有适度的家族涉入才会对企业创业活动产生积极影响。第二，不应忽视身份在家族创业中的作用。一方面，从企业层面来看，需要在家族与企业身份之间寻求适度契合。家族企业是家族逻辑和企业逻辑的混合体，两种逻辑的契合是影响家族创业的重要因素。为此，家族企业还应学会管理身份冲突，避免其对家族创业的负面影响。另一方面，从个体层面来看，继任者的不同身份可能会对家族创新创业产生差异化影响（邹立凯等，2019），同样值得关注和有效管理。

对创业家族而言，首先，家族应该支持企业创业。创业能帮助企业获取新的竞争优势，是家族企业实现长盛不衰的关键。与非家族企业相比，家族企业具有独特的家族资源优势，家族可以通过参与创业活动、提供资源支持等帮助企业开展创业。其次，家族企业需要完成代际传承，因此培养家族下一代的创业精神与能力十分重要。李新春和朱沆（2010）建议，家族可以通过向家庭成员传递经验知识和道德价值观，培育下一代的创业精神和能力，从而为家族企业基业长青保驾护航。

短论

创业型家族企业：家族创业过程中的战略平衡
梁强 / 汕头大学

在家族创业研究领域，一个非常重要的议题就是家族企业在传承过程中的持续创业，以及家族因素（家族成员、家族传承和家族资源等）如何影响家族企业的持续创业过程（见图 11-4）。全球有不少家族企业，历经了社会局势的变幻、技术革命的更迭以及经济周期的起伏跌宕，在无数次危机和挑战中实现了持续经营和传承。

在这些企业中，有些发展成为企业集团（如法国的路易威登和德国的西门子），而有些却未跨出行业的边界（如英国的 R. J. Balson & Son 和日本的金刚组），它们通过不同的创业过程表现出各自的家族创业精神。

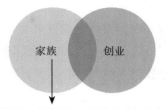

家族影响：家族资源、家族信念与价值观
持续创业：新流程、新产品/市场、新产业

图 11-4　家族创业是家族系统与创业的融合

正是多元的家族影响与多种形式的创业相互叠加的商业形态，使得要找出家族创业理论中的普适性解释显得极具难度。家族企业是独特的创业形态和组织形式，家族系统和企业系统的相互融合，使我们更难于界定家族持续创业的成功是由于家族因素还是企业因素，抑或两者兼而有之。

学术界将这种持续创业的家族企业称为创业型家族企业（entrepreneurial family firms），这些企业一般是以创新的战略和行动跨越了不同的企业领导者、产品和经济周期，这些企业无论其规模大小，都受到创业家族的影响，不断创造代际间传承的价值，维持并发展企业的竞争优势，保证了家族企业的持续经营。总体而言，家族创业历程中的战略特征表现出了一些"微妙"的平衡与决策。

首先，主业和跨业。单一主业和多行业经营面临着不同的风险。但从家族控制的角度来看，在要保证家族影响的前提下，跨业经营需要非常谨慎，特别是对于主业经营中有着"家族品牌"烙印的企业。从组织身份和信号理论的角度而言，家族品牌的烙印与创业初始的产品印记相呼应，跨业的转变意味着家族创业需要实现全新的跨越。大部分进行跨业经营的企业都有一个共同的特征：它们并没有在企业中彰显家族身份或家族品牌，从而成长为越来越公众化的家族控制企业。当然，也有不少家族企业在不断扩大的跨业经营中退出商业舞台。

其次，财富传承和价值观传承。家族企业的一个重要特征是家族传承与企业持续经营的相互叠加，而传承的表现形态通常是企业的所有权及其背后的商业财富，而且都通常表现为家族企业间断出现的重要事件，这是一种周期相对较长且不连续的传承。实际上，目前越来越多的人意识到，一种连续且潜移默化、无法察觉却影响深远的传承是家族价值观和信念的传承，而且对于企业的持续竞争优势和品牌发展至关重要。有研究发现，家族价值观与企业价值观的重合度越高，家族企业就具有越高的声誉、员工稳定性和业绩优势。因此，家族创业在关注家族财富创造和传承的同时，或许更应该优先重视家族价值观的传承及其与企业价值观的"合一"。

最后，家族女性与男性的创业差异。与非家族企业相比，女性管理者在家族企业中更加普遍，家族企业为女性提供了更多的参与机会。我国上市家族企业的数据显示，家族女性高管的数量呈现增长趋势，其中还有不少女性"二代"接班人。随着家族企业中女性参与程度的不断提高，家族女性成员对家族企业战略行为的影响特征及其机制成为一个重要的研究课题。女性职业权力的不断提升，给家族企业传统的"长子继承制"带来了影响，促进了更多传承方式和创业形态的出现。在家族创业过程中，女性独特的社会心理特征改变了家族创业模式中的很多前置因素，这会如何影响家族价值观和创业战略导向，也是个值得深入探讨的话题。

本文是国家自然科学基金面上项目（71972119）资助成果。

参考文献

[1] 李新春. 家族创业研究：意义与问题——第二届MBA培养院校创新创业教育发展论坛暨第八届全国创新创业教育研讨会主题报告[R]. 南京，2019.10.26.

[2] Bettinelli C, Sciascia S, Randerson K, et al. Researching Entrepreneurship in Family Firms[J]. Journal of Small Business Management, 2017, 55（4）：506-529.

[3] Nordqvist M, Melin L. Entrepreneurial Families and Family Firms[J]. Entrepreneurship and Regional Development, 2010, 22（3/4）：211-239.

[4] 霍伊，夏尔马，李新春，朱沆. 家族创业[M]. 北京：机械工业出版社，2010.

[5] 齐齐，赵树宽，胡玮璇. 家族创业研究现状述评和未来研究展望[J]. 外国经济与管理，2017, 39（10）：18-36.

[6] 邹立凯，王博，梁强. 继任CEO身份差异与家族企业创新投入研究——基于合法性的视角[J]. 外国经济与管理，2019, 41（3）：126-140.

[7] 李新春，何轩，陈文婷. 战略创业与家族企业创业精神的传承——基于百年老字号李锦记的案例研究[J]. 管理世界，2008（10）：127-140, 188.

[8] 王扬眉，叶仕峰. 家族性资源战略传承：从适应性到选择性组合创业——一个纵向案例研究[J]. 南方经济，2018（10）：49-68.

[9] Peng W, Sun W, Vlas C, et al. An Institution-based View of Large Family Firm: A Recap and Overview[J]. Entrepreneurship：Theory and Practice, 2018, 42：187-205.

[10] 后藤俊夫. 为何日本会有超过25 000家百年企业？原点学习社公众号，2019.11.29.

学术创业：护育知识之花以求硕果

◎张敬伟 张晓宏 王静怡 / 燕山大学

1. 学术创业研究的缘起

20 世纪 70 年代后期，随着日本制造业的崛起，美国产业的国际竞争力受到了威胁。在此背景下，美国政府开始重新思考公共研究体系的价值。受硅谷和 128 号公路成功经验的影响，美国政府意识到，研究型大学是应对日本竞争的有力武器，通过将大学开发的前沿科技引入产业，淘汰落后技术和设施，有利于提升美国产业的国际竞争力。1980 年，美国出台《贝赫－多尔法案》，统一专利政策，加强公私研究的互动，促进大学专利技术转让。之后美国又相继出台了《联邦政府技术转移法》《国家竞争力技术转让法》等一系列法案，加速了由美国联邦政府资助的科技成果的推广和转化（Grimaldi 等，2011）。由此，围绕大学生产的科技知识开展的技术转让、专利授权和新企业创建活动在美国掀起了一股热潮。

紧接着，一些欧洲和亚洲国家也采取了类似的立法或措施。特别是 20 世纪八九十年代以来，很多研究型大学纷纷设立技术转移办公室（TTO），以推动大学专利申请和授权工作的开展。创业型大学（entrepreneurial university）的概念也开始出现并引发关注（Phan 和 Siegel，2006）。政策制定者、大学和学者越来越意识到，将大学研究成果商业化存在着广泛的机会和重要的价值，由此，世界范围内大学和学者的专利申请、技术转让、衍生企业、高校孵化器、大学科技园等多样化的创业形式开始逐渐兴起。这种将大学或学者的研究成果商业化的行为被称为学术创业。如今，学术创业已成为创业研究领域的一个重要分支。

2. 学术创业的丰富内涵

如上所述，学术创业可以被宽泛地理解为科学研究成果的商业化过程。这一过程体现为：大学、学者以及其他利益相关者围绕学者开发的研究成果，通过专利申请、专利许可、创立衍生企业、校企合作等各种形式的技术创业活动（Grimaldi 等，2011），将研究成果转化为商业可行的产品或服务，实现价值创造并获得相应的回报。因此，所有围绕大学科技知识开展的商业化活动，均被称为学术创业。

上述宽泛的界定并未明确创业主体，而大学科技知识的商业化通常是一个多主体参与的复杂而动态的过程。从现有文献来看，学术创业至少包括两类主体：组织层面的大学和个体层面的学者。

以大学为主体的学术创业重点关注大学的使命、目标和关键活动（Skute，2019）。传统意义上的大学以教育和研究（通常是基础研究）为使命，但《贝赫-多尔法案》出台以来，大学的"第三使命"逐渐浮出水面，即除了教育和研究，大学还承担着将研究成果商业化的使命（Galan-Muros 和 Davey，2017）。创业型大学概念的提出，进一步引导大学通过探索和利用机会从而在助推区域经济和社会发展方面发挥更为积极的作用。大学（特别是创业型大学）使命与角色的变化，使其更为关注如下发展目标：通过创业教育培养创业能力，注重创新和技术转让，关注社会与地区发展等（Secundo 等，2016）。围绕这些重点目标开展的创业活动包括创建科技园、发展大学衍生企业、专利申请与许可、合同研究、行业培训、咨询、研究和教育等（Philpott 和 William，2011）。

以学者为主体的学术创业重点关注学者将其知识、技术成果进行商业化的过程（Shane，2004；李华晶，2008；姚飞，2013；郭峰等，2019），这是学术创业研究的新兴方向。学者潜在的创业能力、经验、态度等与创业意愿的关系，以及学者从科学家角色向企业家角色的转换是这一新兴研究方向的重要议题（Skute，2019）。作为创业主体的学者，由于身兼学者和创业者两种角色，需要解决身份悖论和身份认同等突出的问题（Zou 等，2019；郭峰等，2019；夏清华和宋慧，2011），这也是学者成功开展学术创业的必要条件。

3. 学术创业的独特之处

学术创业与一般的创业相比，在创业环境、创业主体和创业资源方面存在一些独特之处。

首先，创业环境特殊。学术创业活动是在传统的非商业性环境，即研究型大学中孕育和发展起来的。一方面，在非商业性环境中开展商业化性质的学术创业活动，可能面临着商业思维和技能匮乏、商业逻辑与科学逻辑冲突等窘境，影响学术创业的开展。例如，有研究表明，因为缺乏相关的资源或能力，很多大学的技术转移办公室并未发挥有效的作用（Siegel 和 Wright，2015）。另一方面，开展学术创业的学者就职于大学，不仅可以借力大学的相关机构（如 TTO）或衍生企业实施科研成果商业化，还能够得到大学相关政策乃至大学创业生态系统的有力支持，从而助推其创业活动的开展。

其次，创业主体特殊。学术创业是大学、学者及其他利益相关者互动的复杂过程。第一，学术创业主体与参与者复杂多样，例如，大学、TTO、学者等主要创业主体往往具有不同的且相互冲突的目标，由此会引发复杂的委托代理问题；当有风险投资、公司涉入时，潜在的代理冲突会更加复杂化（Siegel 和 Wright，2015）。第二，不同主体自身面临诸多重要挑战。例如，作为学术创业的摇篮，大学需要在传统角色和创业角色之间寻求平衡，使这两个角色既能相互补充又能彼此促进；再如，作为创业者的学者需要解决科学家和企业家双重身份的冲突，并在学术能力和创业能力中寻求最佳契合。

最后，创业资源特殊。学术创业往往是基于科技知识开展的技术创业活动。一方面，知识作为一种特殊的资源，往往具有价值性、稀缺性、难以模仿性和难以替代性（Barney，1991）的本质属性，同时在法律上又具备所有权的排他性等特点，这有助于创业主体凭借自身拥有的独特知识资源获取商业化的竞争优势。但从另一方面来看，新知识转化的时间过程较为漫长，商业化过程中需要相关的互补性技术、资源和企业家型管理（Druck，1985），而后者往往是学者并不擅长的。从这个角度看，基于新知识的商业化过程往往会面临更大的不确定性，使学术创业面临较大的失败概率。

4. 学术创业的3W1H框架

现有学术创业研究丰富而庞杂，但可以从动因（why）、利益相关者（who）、创业过程（how）和创业形式（what）四个方面梳理出一个3W1H框架（见图11-5），有助于理解学术创业研究的概况。

（1）学术创业的动因（why）。学术创业往往由多种动因共同驱动。首先，经济动因。科技知识的商业化可以为大学和学者带来经济效益，不仅能够改善其经济状况，还能丰富其研究的资金来源，进一步推动研究工作的开展（Siegel 和 Wright，2015）。其次，社会效益动因。通过科技知识的商业化以及创业教育教学，学术创业还能够产生更为广泛的社会效益，例如，形成创新创业精神、促进创新与区域发展等（Rippa 和 Secundo，2019）。学术创业推动了创业型大学角色的转变，有助于形成由个体、组织和制度要素组成的创业生态系统，从而对社会发展产生广泛和多样化的影响（Skute，2019）。

（2）学术创业的利益相关者（who）。利益相关者的参与对于学术创业以及通过改善社会经济环境来创造价值至关重要（Fayolle 和 Redford，2014）。不同的利益相关者，包括内部和外部利益相关者，在学术创业中扮演着不同的角色（Freeman，1984）。内部利益相关者包括大学、TTO、学者、学生等，外部利益相关者包括产业合作伙伴、政策制定者等（Fayolle 和 Redford，2014）。正是通过不同的内部和外部利益相关者的协作，不同来源的资源、能力和专业知识聚集在一起实施创新和价值创造，从而推动学术创业活动的开展。

（3）学术创业过程（how）。TTO是传统学术创业的主要机制，依托TTO，学术创业

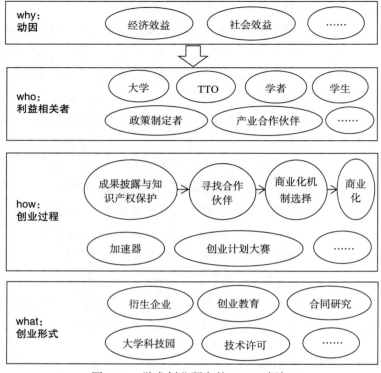

图 11-5　学术创业研究的 3W1H 框架

主要经历四个阶段（Wood，2011）。首先，学者取得科研成果后，TTO 或学者会为其有价值的知识申请知识产权保护。接下来，寻找合适的产业合作伙伴，以便将科研成果开发成商业上可行的产品或服务。之后，大学和产业合作伙伴根据科研成果的特性选择合适的方式（往往是技术许可和建立衍生企业）进行知识产权的转移。最后，投入资本和人力资源，进一步研发、试制和生产，开展市场探索和营销活动，寻求市场回报。当然，除了这种传统的创业机制，近年来，越来越多的创业加速器、创业计划大赛等新兴的机制都有助于推进学术创业的开展。

（4）学术创业形式（what）。传统的学术创业往往依靠 TTO，采取专利申请与授权等较为单一的形式。但随着创业型大学的发展，学术创业的形式日趋多样化，大体可区分为商业性与非商业性两类。首先，商业性学术创业包括专利许可、大学科技园、技术转让、衍生企业、合同研究、培训与咨询服务等。其中，大学衍生企业是一种非常重要的形式，得到了较多的研究关注（Skute，2019）。其次，非商业性学术创业包括创业教育、与产业界联合出版、教员访问交流和学生联合培养，以及公众演讲、组织展览等（Grimaldi 等，2011；姚飞，2013）。非商业性的学术创业多涉及知识交流与知识溢出，在某种意义上属于非正式的技术转移（Grimaldi 等，2011）。但类似创业教育这种非正式的创业形式，通过鼓励学生追随激情对创意进行试验和探索，可能会给大学的学术创业生态系统带来广泛而深远的影响。

一些学者围绕 3W1H 框架探讨了学术创业的一些新兴趋势（Siegel 和 Wright，2015），以及数字技术如何赋能学术创业的开展（Rippa 和 Secundo，2019）。这些学者指出：在新的时代背景下，学术创业需要关注大学创业生态系统更为广泛的社会和经济贡献；创业教育（特别是慕课、虚拟企业经营等基于数字技术的教育手段）将发挥比以往更为重要的作用；更多的学生和校友发起的社会创业和数字创业，有利于助推大学科技知识更为有效地解决广泛的社会问题；加速器、创业园、学生商业计划竞赛、产业和校友的协作网络以及大学孵化器等新的学术创业形式逐渐兴起；等等。基于上述文献对学术创业传统与新兴观点的讨论，本文将其观点总结如下（见表 11-2）。

表 11-2 学术创业的传统观点与新兴观点

主题	传统观点	新兴观点
why	获取直接的经济收益	为大学生态系统创造更为广泛的社会和经济效益
who	学者、博士后	还包括学生、校友、校企联合、代理创业者等
how	TTO、大学科技园	还包括加速器、创业车库、创业计划大赛、产业与校友合作网络、员工流动、孵化器等
what	大学衍生企业、技术许可、专利	还包括学生或校友创立的衍生企业，通过创业教育为学生提供创业思维与技能等

5. 学术创业研究与实践启示

亨利·埃茨科维茨（Henry Etzkowitz，2003）的"三螺旋"理论指出，现代大学作为社会中的主要机构，已然成为政府与产业之间、大学学者与产业之间互动的纽带。而学术创业是大学和学者的科研成果转化为生产力和社会经济效益的重要手段。成功的转化不仅可以提高科技知识的市场价值，还有助于促进"政–产–学–研–用"生态系统的良性发展。因此，开展学术创业研究具有重要的理论与实践意义。

（1）理论启示。伊戈尔斯·斯库特（Igors Skute，2019）的最新文献计量研究显示，学术创业研究聚焦于四个相互联系的方面：创业型大学、大学衍生企业、学者创业者以及创业环境，展示了学术创业是一个动态的，由个体、组织和制度要素构成的多层级生态系统。基于斯库特（2019）及相关学者的研究，可以发现很多值得研究的问题。首先，从个体层面看，哪些因素影响学者创业者的机会识别与利用？学者开展创业时如何解决身份冲突和身份认同问题？作为创业新手的学者如何构建创业能力？其次，从组织层面来看，创业型大学如何开发有效的支持机制以推动学术创业的开展？大学、学者以及 TTO 等不同创业主体之间如何有效地互动？如何评估和提升 TTO 的有效性？大学衍生企业如何克服新进入缺陷，提升成长概率？最后，从制度层面来看，政府和大学如何合作以建立有效的学术创业支持体系？其中存在哪些障碍？制度的不同维度（管制、规范和认知）对学术创业产生哪些差异化的影响？等等。

（2）实践启示。第一，如上所述，学术创业缘起于美国政府对大学参与国际产业竞争的重要角色的认知，对于提升国家竞争力具有重要意义。部分证据也表明，大学的学术创业也促进了人才培养和基础研究的开展（Siegel 和 Wright，2015）。因此，政府应该对学术创业予以高度重视，加强顶层制度设计，在统筹谋划的基础上重点推进，为学术创业提供良好的制度支撑。

第二，对大学而言，首先，学术创业不仅需要新知识，还需要互补资源才有可能成功，因此，大学应该评估自身是否适合开展学术创业（Siegel 和 Wright，2015）；开展学术创业的大学应根据自身特点和优势，开发适宜的学术创业机制和路径。其次，大学需要从创业生态系统培育的视角看待学术创业。学术创业多主体参与意味着创业生态系统的培育和发展需要相关政策与激励机制的设计，以促进不同主体参与协作的积极性。最后，大学通过大力推行创业教育，将教育使命与"第三使命"更紧密地结合，能够有效地推进学术创业的开展。

第三，对学者而言，首先，选择是否要开展学术创业，学者需要清晰的自我认知，以避免在创业过程中出现过于痛苦的身份挣扎。其次，选择开展学术创业的学者，应在不同的创业阶段，区别看待自身的学者身份和创业者身份，并积极促进身份悖论整合（郭峰等，2019），才能有助于学术创业绩效的提升。

第四，产业界也应积极加强与大学等研究机构的联系，深化校企之间的战略合作，建立并发展学术创业联合体，促进资源整合，最大化地发挥产学研一体化的资源协同优势。

短论

身份悖论与身份认同视角下的学术创业研究

邹波 / 哈尔滨工业大学　郭峰 / 天津大学　郭津毓 / 哈尔滨工业大学

从微观上来讲，学术创业是指高校或科研院所的研究人员所开展的将科研成果商业化的活动，如专利授权、技术转让、创办公司等。有别于其他创业类型，学术创业具有如下两个明显特征。

（1）学术创业者的身份悖论问题突出。学术创业者兼具学者和创业者双重身份，二者具有冲突性，如逻辑准则（普适性 vs. 独特性）、时间维度（长期科研投入 vs. 短期投资回报）、兴趣指向（论文发表 vs. 产品市场化）、内在动机（同行认可 vs. 企业利润）等（Jain 等，2009）。同时，二者又存在互补性——学者身份有助于发挥技术优势，将科研成果商业化，促进创业成功；创业者身份有助于学者在创业过程中及时捕捉市场需求，反哺学术研究和人才培养（Bartunek 和 Rynes，2014）。

（2）学术创业者的身份认同问题突出。身份认同是一个人对自己归属哪个群体的认知（Deaux，1993），回答"我是谁"这一基本问题。由于学术创业者同时兼具两种身份，在游离于二者之间的过程中，其会对自身的归属、价值、情感等方面产生怀疑、压力，进而影响学术创业者的幸福感及创业绩效。围绕学术创业者的上述两个明显特征，我们开展了一些研究。

在学术创业者身份悖论领域，我们首先关注的是学术创业者身份冲突的前因与后果。实证研究表明，学术创业者社会身份的连续性（social identity continuity）、学术创业者的多重身份经历（multiple identity experiences）与身份冲突之间呈倒 U 形关系，身份冲突负向影响学术创业绩效。我们进而研究了学术创业者如何实现身份悖论的整合，研究结果表明，创业者身份认同、社会身份连续性促进身份悖论整合；创业叙事正向调节创业者身份认同、社会身份连续性与身份悖论整合的关系。

在学术创业者的身份认同领域，我们揭示了学术创业者的创业者身份认同对创业绩效的影响，研究表明，创业者身份认同通过角色整合的中介机制正向影响学术创业绩效，社会资本惯性（social capital inertia）弱化了这种中介关系，任务适应性（adaptability of task approach）增强了这种中介关系。

从身份动态演化的视角来看，我们认为学术创业者需要经历学者与创业者两种身份的分割、融合以及元身份形成的动态过程（见图 11-6）。这一动态演化过程的机理是学术创业微观研究领域需要进一步回答的问题。

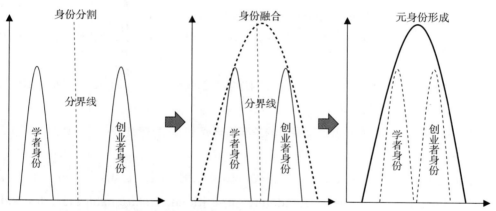

图 11-6　身份动态演化的视角下学者与创业者两种身份的动态演化过程

本文是国家自然科学基金面上项目（71672049）资助成果。

参考文献

[1] Siegel D S, Wright M. Academic Entrepreneurship: Time for a Rethink?[J]. British Journal of Management, 2015, 26 (4): 582-595.

[2] Skute I. Opening the Black Box of Academic Entrepreneurship: A Bibliometric Analysis[J]. Scientometrics, 2019, 120: 237-265.

[3] Grimaldi R, Kenney M, Siegel D S, et al. 30 years after Bayh-Dole: Reassessing Academic Entrepreneurship[J]. Research Policy, 2011, 40(8): 1045-1057.

[4] Zou B, Guo J, Guo F, et al. Who am I? The Influence of Social Identification on Academic Entrepreneurs'Role Conflict[J]. International Entrepreneurship and Management Journal, 2019, 15(2): 363-384.

[5] 郭峰, 邹波, 李艳霞, 等. 基于社会身份认同的学术创业者身份悖论整合研究[J]. 研究与发展管理, 2019, 31(2): 34-43.

[6] Rothaermel F T, Agung S D, Jiang L. University Entrepreneurship: A Taxonomy of the Literature[J]. Industrial and Corporate Change, 2017, 16(4): 691-791.

[7] Wood M S. A Process Model of Academic Entrepreneurship[J]. Business Horizons, 2011, 54(2): 153-161.

[8] Rippa P, Secundo G. Digital Academic Entrepreneurship: The Potential of Digital Technologies on Academic Entrepreneurship[J]. Technological Forecasting & Social Change, 2019, 146: 900-911.

[9] 李华晶, 邢晓东. 学术创业: 国外研究现状与分析[J]. 中国科技论坛, 2008(12): 124-128.

[10] 夏清华, 宋慧. 基于内容分析法的国内外学者创业动机研究[J]. 管理学报, 2011, 8(8): 1190-1194, 1200.

[11] 姚飞. 学者向创业者转型过程释意的多案例研究[J]. 南开管理评论, 2013, 16(1): 138-148.

[12] Bartunek J M, Rynes S L. Academics and Practitioners Are Alike and Unlike the Paradoxes of Academic-practitioner Relationships[J]. Journal of Management, 2014, 40(5): 1181-1201.

[13] Deaux K. Reconstructing Social Identity[J]. Personality and Social Psychology Bulletin, 1993, 19: 4-12.

[14] Guo F, Restubog S L D, Cui L, et al. What Determines the Entrepreneurial Success of Academics? Navigating Multiple Social Identities in the Hybrid Career of Academic Entrepreneurs[J]. Journal of Vocational Behavior, 2019, 112: 241-254.

[15] Guo F, Zou B, Guo J, et al. What Determines Academic Entrepreneurship Success? A Social Identity Perspective[J]. International Entrepreneurship and Management Journal, 2019, 15(3): 929-952.

[16] Jain S, George G, Maltarich M. Academics or Entrepreneurs? Investigating Role Identity Modification of University Scientists Involved in Commercialization Activity[J]. Research Policy, 2009, 38 (6): 922-935.

[17] Zou B, Li Y, Guo J, et al. Antecedents and Outcome of Entrepreneurial Identification: The Moderating Effect of Role Orientation[J]. Science and Public Policy, 2019, 46 (4): 541-551.

[18] Zou B, Shi Y, Santos R. Dr. Jekyll, et al. How did Academic Entrepreneur Deal with Identity Conflict? //Academy of Management Proceedings. Briarcliff Manor, NY 10510: Academy of Management, 2018 (1): 15819.

裂变创业：蒲公英式的新组织衍生

◎ 李志刚 杜鑫 / 中国海洋大学

1. 裂变创业研究的源起

20世纪五六十年代，麻省理工学院作为美国国防和航空领域的科研重镇，获得了联邦资金和军方采购的大力支持，加上其院长康普顿对教员创办企业的鼓励，该校实验室孵化出大批高技术公司。这些公司纷纷在128号公路附近落户、集聚，128号公路也因此迎来了第二次世界大战后的空前繁荣。几乎在同一时期，美国西海岸硅谷地区的半导体产业获得了迅速发展。1957年，八位年轻科学家辞职离开肖克利实验室并创办了著名的仙童半导体公司，并在20世纪60年代获得了巨大成功。然而，出于对投资人的不满，八位创始人陆续辞职创办了多家半导体公司，其中最负盛名的便是1968年创立的英特尔和AMD公司，由此，美国半导体产业迎来了高速发展。对此，苹果已故掌门人乔布斯曾经有一个贴切的比喻："仙童半导体公司就像一个成熟了的蒲公英，你一吹它，创业精神的种子就随风四处飘扬了。"

很快，学者注意到这些独特的创业现象（Roberts和Weiner，1968）并开展了相关研究。先驱性学者、美国普渡大学库博教授（1971）发表《裂变企业与技术创业》（*Spin-offs and Technical Entrepreneurship*）一文，将离职员工新创办的企业称为裂变企业（spin-off）；并以对硅谷地区250家裂变企业的访谈为基础，回答了"哪些组织更容易产生裂变企业"的问题，提出了一个有违传统认知的观点，即规模较小的企业更容易产生裂变企业。此外，库博（1971）还按照孵化组织的差异，将这类新企业分为源自既有企业的裂变和源自非营利组织（大学、国家科研机构等）的裂变。不过，当时的裂变创业研究主要关注技术员工的离职创业，与当时的创业实践保持了一致。

2. 裂变创业的内涵与类型

实际上，裂变创业现象早已有之。例如，成立于1903年的福特汽车公司就是亨利·福特被排挤出他创立的第二家公司之后再次创建的。近年来，随着互联网和信息技术的快速发展，裂变创业活动呈现出日益活跃之势。资料显示，腾讯员工创办了1 372家公司，阿里员工创办了857家公司，这两家企业裂变而生的企业数量几乎占据了中国互联网企业的半壁江山。

裂变意味着从既有组织中形成或诞生新企业的过程（Wallin，2012）。但迄今为止，裂变创业还没有出现一个被广泛接受的定义。在库博（1971）的论文中，并没有对裂变创业进行明确定义，仅以一个比喻的方式，将技术员工离开其工作单位而创办新企业比作"从既有组织中的裂变"，其结果是，新产生的企业与原有组织在技术、市场或两者方面均有联系。后来，大卫·加文（David A. Garvin，1983）将spin-off定义为一种市场进入方式，指新成立的企业是由一个或多个曾于该企业所进入产业工作过的个体所建立的，并且新企业建立的动机源自这些员工；加文还认为，spin-off也应包括大学和科研机构的工作者为将科研成果商业化而创建的新企业。除了spin-off，spin-out也被用于界定这类创业现象（Smilor，1986；Smilor等，1990；Agarwal等，2004，2016）。不过，spin-out与spin-off似乎差别不大。有学者在引用库博教授的经典文献时，直接将库博教授观察的现象称作spin-out（Smilor等，1990），或是也将spin-out定义为既有企业前雇员开展的创业（Agarwal等，2004）。国内学者也不再明确区分spin-off与spin-out（马力，2012；苏晓华和张书军，2013），而是将这类现象统称为裂变或衍生。

随着时代的发展，特别是大学衍生企业和公司创业的兴起，裂变创业的内涵与研究重点发生了细微的变化。20世纪80年代，美国颁布著名的《贝赫－多尔法案》，极大地激发了大学和学者科技成果转化的热情。作为科技成果转化的重要途径，大学衍生企业持续获得关注。本文作者曾在2019年11月24日用spin-off或spin-out对WOS核心数据库进行题名检索，发现在被引量排名前20位的文献中，仅有1篇文献专门针对源自既有企业的裂变创业，有18篇聚焦于大学衍生企业。裂变创业研究的重心转变可见一斑。如今，学者普遍地将裂变创业按照母体组织（即创业者曾经工作的组织）性质区分为企业型裂变创业和大学或科研机构衍生型裂变创业。近年来，还有学者认为企业型裂变创业应进一步区分为公司主动追求机会的孵化型创业和员工自发离职进行的裂变创业（Bruneel等，2013）。同时，日本公司有组织的业务剥离也给裂变创业研究带来新的启示（冈本久吉，2014）。综上，裂变创业可分为如下三种类型。

（1）员工离职创业。早期裂变创业研究关注技术人员离职创业，如今，市场、运营等非技术人员（特别是高管）同样可以依托于在既有组织中积累的知识、经验开展离职创业活动。特别是当雇员与既有企业存在巨大分歧时，离职创业的概率会大大提高（Klepper 和 Sleeper，2005）。因此，这类裂变产生的新企业被宽泛地定义为"创业者离开当前公司创办一家属于自己的企业，且这一过程必须包含某些权益从已有组织向新企业的转移"（Lindholm，1997）。

（2）大学和科研机构衍生企业。很多研究表明硅谷与斯坦福大学、剑桥现象和剑桥大学都与大学衍生企业息息相关；仅麻省理工学院就至少产生了 4 000 家衍生企业（Carayannis 等，1998），这类衍生企业被定义为商业化地使用大学培养的知识、技能或研究成果而创建的新企业（李志刚等，2012），该过程应包括技术的转移和人力资源的流动。大学衍生企业通常具有两个特征：创业者为大学学生、教师和研究人员，他们离开大学创建企业或创建时仍隶属于大学；技术或技术思想产生自大学内（Smilor 等，1990）。

（3）公司主动孵化型裂变创业。大公司为了寻求快速响应、避免僵化，会开展公司创业活动。一部分大企业以孵化新企业的方式追逐商业机会，还有一部分寻求多元化发展的大型集团会有计划地剥离部分关联程度较低的业务。其中，日本的企业集团正是将子公司不断分离，独立经营而形成的（冈本久吉，2014）。这种裂变方式被定义为"公司将部分业务单元剥离出去，被剥离的业务单元独立运营并与原公司保持一定的所有权关系"（Ito 和 Rose，2010）。一般认为，这种类型的裂变创业是公司创业的一个子类别，但相关研究主体会有细微差别。公司创业的研究主体一般为大型企业本身（即母体企业），而裂变型创业除了关注母体企业，还会关注其裂变产生的新企业的独特成长模式，在一定程度上有效地兼顾了大企业的资源优势和小企业的创新优势（李志刚，2016）。

3. 裂变创业的独特之处

鉴于前文已经对学术创业相关的大学衍生企业进行了介绍，本文主要围绕源自企业进行的员工离职创业和公司主动孵化型裂变创业阐述其特殊性。其实，无论是员工离职创业还是公司主动孵化，其本质内涵在于由既有企业（母体企业）产生新企业，因此，既有企业构成了创业的孵化器（Cooper，1984），这也是裂变创业区别于一般创业活动的显著特点。具体而言，母体企业带给裂变创业活动的独特影响体现在如下四个方面。

（1）机会与分歧共存的创业动机。追求机会的经济价值通常是创业者开展创业活动的重要动机。但对裂变创业者（尤其是离职创业者）而言，其创业往往伴随离职的机会成本问题，因此，其离职诱因是创业动机的另一个重要来源。史蒂文·克莱伯和彼得·汤普森（Steven Klepper 和 Peter Thompson，2010）提出了基于分歧与冲突的裂变创业理论，用以解释公司型裂变创业的创业动机。他们认为既有企业的良好绩效、员工与管理者分歧、高层领导变换、企业被并购、企业退出原产业等，都可能引发员工裂变创业行为。值得注意的是，机会诱因可能会与企业战略部署、高管认知及组织惯例存在不一致，这种分歧使得潜在创业者开始重新思考自身的职业规划。特别是在企业并购、重组、高层领导变更的条件下（Bruneel 等，2013），潜在创业者甚至面临"不得不创业"的局面，寻求可供开发的创业机会就成为事实上的必选项。

（2）跨组织的创业过程。作为市场进入的一种重要方式，裂变创业是从母体企业转移核心技术、员工或其他资源从而创建新企业的过程，是资源跨组织转移的有效机制（Roberts 和 Malone，1996）。裂变创业过程通常包括若干阶段；例如，圭多·宾施托夫（Guido Buenstorf，2009）提出了一个三阶段公司裂变创业过程模型；程丽和张骁（2019）将业务剥离的裂变过程划分为裂变的决策阶段、重组计划的制订阶段、重组计划的股东审批和商讨阶段、股份登记阶段以及裂变新创企业的形成阶段；李志刚等（2016；2017；2019）的系列研究围绕孵化、轻资产、商业模式传承等不同类型的裂变创业活动进行扎根分析，考察新企业的不同生成轨迹。虽然不同类型的裂变过程存在差异，但总体而言，都包括创业者在母体企业内的活动和独立后在新企业的活动两个阶段。这意味着，裂变创业的机会识别、评价与开发分别发生在两个组织中，体现为一种跨组织的创业活动，从而有别于纯粹发生在单一组织内的创业过程（如公司创业）。

（3）新创企业的存活率相对较高。相较于一般的新企业，裂变型新企业在初始资源、行业经验及合法性方面拥有独特优势，这被称为"银汤匙"（Chatteriji，2009；Sahaym，2013），也有学者称这类新企业是"衔玉而生"（苏晓华和张书军，2013）。这些优势也帮助裂变创业企业具有相对高的存活率。现有文献从资源基础理论和组织印记理论做出解释。

首先，资源基础理论。由于裂变新企业诞生于已有组织，因此会通过继承的方式获得母体资源支持（Klepper 和 Sleeper，2005），例如，凭借母体企业成熟的商业模式减少初始的试错与调整（李志刚等，2017），与母体企业建立合作关系（Uzunca，2018），获取母体企业的管理惯例等（Campbell，2012）。例如，牛根生创建蒙牛时带走了一批原伊利员工（牛一代），其大部分都成长为蒙牛的中坚力量。亚伦·查特吉（Aaron K. Chatterji，2009）就"银汤匙"来源研究显示，创业者在母体企业积累的经营管理知识（而非技术知识）为裂变新企业带来了初始的高绩效。

其次，组织印记理论。由于裂变创业诞生自母体组织，新生组织会带有鲜明的母体组织烙印，具有显著的遗传特性（Klepper 和 Sleeper，2005）。借助于母体企业的身份、声望以及影响力，新企业在初期更容易获得合法性（Sahaym，2013）。这种组织烙印帮助新企业获得最初的优势。但随着时间推移，这种来自母体组织的影响可能会产生惰性而难以改变，这就要求裂变产生的新企业寻找适宜自身的、有别于母体组织的身份与商业模式（Ferriani 等，2012；夏清华和黄剑，2019）。

（4）彼此互利的溢出效应。由于母体企业的存在，裂变创业活动的溢出效应得到学者的关注。很多研究希望探求裂变创业对母体组织而言，是利大于弊还是弊大于利。一般观点认为，员工是重要的人力资本和知识载体，他们的离职将为母体企业带来巨大损失，而且相较于员工流失进入竞争对手的企业，离职员工创建的企业会在更大程度上复制原有企业的模式和惯例，更彻底地运用原有企业的知识和技能，这可能会带来一个比现有企业更可怕的竞争对手（Campbell 等，2012）。但也有学者认为这种不利影响被过分夸大了，裂变型新企业同样会引发知识的回流，并且能够刺激母体企业对内部管理和资源配置进行优化，从而产生积极作用。尤其是主动孵化型裂变创业能够培植母体企业需要的业务与能力，有助于与母体企业形成互补而实现双赢。

4. 裂变创业的研究启示

裂变意味着"出新"，却并不见得一定"推陈"，正如既有企业良好的基因常常得到裂变新企业的传承而不断保留，却又在原有的基础上不断发展乃至超越，从进化论的观点来看，这正是既有组织独特的演进过程。现阶段的众多大企业面临组织变革、流程再造，希望进行多种形式的公司创业以实现在当今 VUCA 时代的"唯变所适"。裂变则在一定程度上成为众多大企业实现组织转型、平台化战略以及创新生态构建的有力工具。无论是海尔、小米、芬尼克兹等制造业大亨，还是腾讯、阿里等互联网巨擘，无不在多次裂变新企业的过程中逐步构建和完善了自身的商业生态系统。因此，裂变创业绝非单纯的产生新企业的过程，这一过程对于既有企业、产业集群乃至商业生态系统都会产生巨大影响。所以，我们必须重新审视裂变创业，并关注裂变创业的两类主体——既有企业及裂变而来的新企业。这将为公司创业、组织变革等研究领域带来新的贡献。

裂变创业的独特性集中体现在情境的独特性。裂变是母体企业和新企业之间互动的过程，是资源、知识、网络以及身份的传递与连接，是独特背景下多主体追求机会与建立关联的复杂现象。近年来的许多研究对象不再拘泥于母体企业或新企业本身，而是聚焦于这一独特情境下的主体关系以及由此引发的独特问题，例如身份的传递和重塑（Sahaym, 2013）、权利的交织（Sheep, 2017）、知识的流动（Howard 等, 2019）等。因此，如何更系统地理解这一独特情境，如何理论化解构裂变创业的过程，如何建立裂变创业与其他研究领域的联系，或许是未来裂变创业研究的关键所在。

当然，裂变创业不一定带来好的结果。一方面，裂变而生的新企业纷纷挤入同一市场时将显著加剧这一市场的竞争，特别是当产品同质化严重时将造成恶意竞价的局面。另一方面，传承自母体企业的知识与惯例等既是新企业初期的优势，也有可能是后续发展的阻碍。正如已有研究强调，裂变产生的新企业需要塑造自身独特的组织身份，避免陷入已有桎梏的挣扎（Sahaym, 2013）。裂变创业者面临着典型的二元悖论。是积极探索全新的知识形成新的能力和领域，还是持续开发母体企业积累的已有知识，这是每个裂变创业者都会面临的一个挑战，或许这是幸福的烦恼，但很多时候裂变型新企业往往被已有知识束缚而在后续创新活动中掉队。因此，裂变创业同样提供了一个探究"二元组织"的机会，新企业如何维持"传承与革新"的动态平衡或许也是一个有趣的问题。

本文是国家自然科学基金面上项目（71572186）资助成果。

> 短 论

对裂变式创业的思考

田莉 / 南开大学

传统关于衍生/裂变企业的研究通常将此类企业定义为既有企业的员工通过离职创业，创建的与之前供职的母公司共处同一个或相似产业的新企业（Klepper 和 Sleeper，2005；Franco 和 Filson，2006）。约翰·弗里曼（John Freeman，1986：50）最早提出既有组织是创业企业的源泉的论断，他认为由于人们在职场可能经历各种不满、政治斗争以及所剩不多的晋升机会，这促使个体通过创业来开发新创意以延续自己的职业生涯。最著名的例子就是硅谷的传奇企业仙童半导体公司，从著名的"八叛逆"开始，仅仅12年间，仙童半导体的联合创始人及前员工就衍生出了诸如英特尔、AMD 等 30 多家新公司，逐渐改变了湾区的风貌。

在我国，随着近年来商业环境的加速变化，除了员工离职创业而衍生/裂变出的大量创业企业，还有一种新的衍生/裂变式创业类型，那就是行业内的头部或大型平台企业对内赋能员工或对外赋能合作伙伴而形成的衍生/裂变式创业。这类裂变式创业的典型例子既包括传统企业的转型探索，如海尔的人单合一模式、制造热能泵的芬尼克兹公司的裂变模式，也包括一开始就利用互联网思维实施平台化、生态化发展的企业，例如韩都衣舍的品牌孵化赋能、小米打造米家生态链/圈的赋能模式等。

在研究层面，传统有关员工离职创建衍生企业的研究应用了生物进化理论中基因向下一代复制和转化的观点（Nelson，1995；Klepper 和 Sleeper，2005），最主流的理论就是知识传承的视角。学者提出知识从母公司通过员工流动转移到衍生企业中，就好比产业中的基因一样，以此来解释新创企业知识和能力的来源及其绩效表现（Klepper 和 Sleeper，2005；Agarwal 等，2004；Chatterji，2009）。

最新的研究开始关注衍生企业在新产品开发过程中是模仿了先前雇主，还是开创了新的技术轨道，中间的机理是怎样发生的。近期研究还关注离职创业的员工作为催化剂会带走原来母公司整个的创业团队，从而组建了新企业初始的人力团队这类现象，这是一个新兴的研究领域（Rocha 等，2018）。除了人才的竞争，衍生企业在产品、促销、渠道等层面还会与老东家产生哪些动态竞争，竞争发起和回应的前因、过程与结果是否区别于传统的动态竞争研究的发现（Chen，1996），这些都是值得进一步探讨的研究问题。

针对上述第二种平台企业的衍生/裂变式创业更是需要对现象进行理论化提炼，平台企业和衍生/裂变企业之间的关系是什么，用战略联盟、公司风险投资或孵化、授权相关的现有理论似乎都不能很好地解释这些衍生/裂变企业和母公司之间互动的关系；同时裂变企业对母公司持续成长的正面作用显而易见，例如解决了高管流失问题、内部创新和激励机制等问题，但是这种创业模式是否也会对母公司产生负面影响？例如，芬尼克兹创始人宗毅在《裂变式创业》一书中提到，这类创业模式在每次裂变中，富有创业精神和能力的高管人员都会独立出来，这使得原有公司的版图不断缩小，势必会影响母公司的经营；同时，裂变后的企业平台也会带来股权分散和文化传承等方面的管理挑战，这为未来研究通过质化方法挖掘、提炼理论构念，提供待检验的因果关系提供了研究契机。

综上，在互联网和新一代技术的推动下，无论是员工离职创建的衍生/裂变企业，还是平台/头部企业发起的赋能式衍生/裂变创业，在员工个体、企业、行业和社会四个层面都产生了广泛的影响，不仅有助于个体将从大公司累积的人力资本、社会资本和对机会的捕捉转移到创业劳动力市场，扩宽了职业生涯发展的轨道（当然也带来了职场转型后的适应性挑战），也有助于传统企业解决核心人才难以保留的困境，并使之通过赋能开辟出企业第二曲线，实现持续创新成长。因而，裂变/衍生创业是一个既有理论价值又有实践意义的研究领域。

本文是国家自然科学基金面上项目（71972106）资助成果。

参考文献

[1] Cooper A C. Spin-offs and Technical Entrepreneurship[J]. IEEE Transactions on Engineering Management, 1971, EM-18（1）: 2-6.

[2] Garvin D A. Spin-offs and the New Firm Formation Process[J]. California Management Review, 1983, 25（2）: 3-20.

[3] 程丽, 张骁. 组织裂变研究进展探析与未来研究展望[J]. 外国经济与管理, 2019, 41（8）: 140-152.

[4] 李志刚, 韩炜, 何诗宁, 等. 轻资产型裂变新创企业生成模式研究——基于扎根理论方法的探索[J]. 南开管理评论, 2019, 22（5）: 117-129.

[5] Chatterji A K. Spawned with a Silver Spoon? Entrepreneurial Performance and Innovation in the Medical Device Industry[J]. Strategic Management Journal, 2009, 30（2）: 185-206.

[6] Rocha V, Carneiro A, Varum C. Leaving Employment to Entrepreneurship: The Value of Co-worker Mobility in Pushed and Pulled-driven Start-ups[J]. Journal of Management Studies, 2018, 55（1）: 60-85.

女性创业:"她"视角的企业家精神

◎潘燕萍 王青 / 深圳大学

2019年8月28日,由阿里巴巴集团主办的全球女性创业者大会在杭州举办。活动正式开始前,大屏幕上播放了一段奋斗在不同领域的多位女性的视频。视频中提到,每当女性试图站出来改变些什么的时候,总会出现一个声音:"watch out for this woman"(小心这个女人),似乎把女性的力量视为一种威胁。但随着女性的表现越来越突出,从女性嘴里说出的"watch out"反而有一股坚定且自信的力量。

阿里既是"她经济"的受益者,同时也是"她创业"的助力者。据统计,阿里平台的女性创业者占比49.25%,与男性创业者几乎平分秋色。马云更是为女性创业者代言:"未来30年,人类比拼的已经不是肌肉和力量,我们比拼的是智慧和体验,在'体验时代',女人会越来越厉害,因为她懂得别人、她理解别人、她懂得支持和帮助别人。"女性创业者正在崛起,已经成为一个不容争辩的事实。因此,社会给予她们的不应该是watch out(提防),而是更多的watch out(关注)。

1. 女性创业研究的兴起

自20世纪80年代以来,越来越多的女性进入了昔日男性的传统就业领域,选择了对她们而言曾是禁区的择业方式——自主创业、掌管企业(费涓洪,1999)。如今,女性创业者已经成为世界各国经济社会发展中不可或缺的力量。女性创业者迅速增加有其独特的原因,包括女性社会地位的上升、对职场性别歧视的不满(如"晋升天花板")、女性失业率增加、扶持女性创业脱贫致富的方法创新(如小额贷款)、全球经济结构的变革以及近年来数字技术的飞速发展等内外部因素。

1976年，施瓦茨（E. B. Schwartz）发表 Entrepreneurship-new Female Frontier 一文，试图找出女性创业者在个性、动机、态度等方面的共性，这是最早关注女性创业者的文章，但没有得到学术界的快速响应。在随后的5年内，几乎没有再出现关于女性创业的研究成果。直到20世纪80年代，关于女性创业的研究成果才开始逐渐增加，其标志性的事件有两个：一是海斯里奇和奥布莱恩（Hisrich 和 O'Brien）在1981年百森商学院创业研讨会上做了第一个关于女性创业者的学术讲演；二是1985年出版了第一部关于女性创业者的学术书籍（Goffee 和 Scase，1985）。

早期关于女性创业的研究认为男性和女性创业者没有差别，因而不需要单独研究女性创业者。这导致女性创业未能成为早期创业研究的重要课题。但到了20世纪90年代末和21世纪初期，1998年OECD会议聚焦于中小型企业中的女性企业家，2003年百森商学院戴安娜国际研讨会召开，2006年GEM开始对女性创业者展开调查，2006年创业学的顶级期刊《创业理论与实践》（Entrepreneurship Theory and Practice，ETP）举办了一期关于女性创业者的专刊等，逐渐提高了女性创业研究的关注度。学者也逐渐发现在创业领域里存在明显的性别差异，呼吁用更多样的理论视角来探讨女性创业。

我国关于女性创业的研究起步较晚，直到20世纪90年代才开始有研究关注女性创业者。早期文章多介绍域外经验，包括日本、韩国等国家的女性创业情况；21世纪以来相关研究才日益增多，而且研究主题和视角也逐渐趋于多元化。

2. 何为女性创业者

学者基于不同视角对"创业者"提出不同的看法。综合来看，创业者是指识别和开发机会的人。他们识别新产品或服务、组织现有技术的新方法、新市场、新生产过程或原材料等机会，并在开发机会过程中创造价值。创业者具有创新、成就导向、独立、掌握命运的意识、低风险厌恶和对不确定性的包容等特征（张玉利等，2017）。

女性创业者则是开创新事业的女性，她们承担着伴随而来的风险及财务、行政、社会的责任，并且有效地处理每一天的管理工作（Lavoie，1988）。

女性创业者不同于女性企业家的概念。女性企业家是一个宽泛的表达，指从事企业经营活动且有一定成就的女性，包括女性CEO、企业的女性管理人员等。女性创业者自己创办企业，是独立运营的企业所有者或经营者，需要承担公司成败的风险，是女性企业家群体中的重要组成部分（钱永红，2007）。

此外，女性创业者与职业女性也不可画等号。一般来说，职业女性主要是指被雇用来维持公司正常运作的人，其职业技能可通过正规的教育和训练获得，并且无须直接承担公司经营的风险。而女性创业者具有非凡的创新精神，敢于冒险、敢于承担风险，其创业行为与其个人特质及认知有较大的关系。

3. 女性创业研究的主要视角

从宏观来看，女性创业是在政治、法律、社会、历史和文化等各种要素交互作用下崛起的（Ahl，2006）。女性创业是创业研究领域的一个重要分支，学者围绕"谁""为什么""在哪里"和"如何"的问题，从个体、组织、环境等多个层面对女性创业过程展开了全面的研究（李朋波等，2017）。

（1）"不利性"视角下的女性创业研究。女性创业者是在多重"不利性"（liabilities）的大环境中崛起的。首先，女性创业者受到性别刻板印象的影响。创业被认为是男性主导的领域，尤其是在获取资源时，女性常常遭遇不平等的对待。例如，有学者研究（Kanze等，2017，2018）指出，在美国，女性创立了39%的企业，但女性创业者仅获得2%的风险投资。她们发现这是投资者的性别刻板印象使然。通过对 TechCrunch 路演视频等资料的分析，她们发现投资人常问男性创业者"如何获得新用户""目标市场是否成长"等"促进性焦点问题"，而问女性创业者"有多少活跃用户""这是不是一个其他人难以进入的防御性业务"等"防御性焦点问题"。这些不同性质的问题会导致女性创业者难以充分展示能力来获取资金。古普塔等（Gupta 等，2019）通过实验研究也发现，在人们的刻板印象中，高成长的创业者一般被认为是男性，而低成长的创业者更容易被认为是女性。可见，无论是投资者还是一般人群，他们对于创业领域的性别刻板印象是普遍存在的。

其次，女性创业普遍缺乏合法性，存在"合法性困境"（李纪珍等，2019）。合法性是指在一个由社会构建的规范、价值、信念和定义的体系中，一个组织的行为被认可和接受的程度，是相关利益群体对组织行为的一种普遍性感知（Suchman，1995）。女性创业不是单纯的经济现象，而是嵌入于社会、文化、家庭结构的过程。根据李纪珍等（2019）的研究，女性创业者的合法性包括社会认同和女性个体的自我认同两个层面。在创业领域中，男性化创业规范对女性创业者的要求、文化上"男主外，女主内"的传统性别预期会产生矛盾与冲突。这导致女性创业者角色与家庭角色之间出现冲突。工作-家庭角色冲突会加剧女性创业者自身以及社会对其创业合法性的质疑，从而使女性创业者陷入合法性困境。作者提出女性创业者可以在"遵从男性规范"和"发掘女性优势"之间保持精妙平衡，也可以采取动态匹配工作-家庭角色等策略来重塑其合法性。

最后，创业领域存在性别差异性（李新春等，2017），主要认为女性创业者比男性创业者更难获得创业资源，存在"性别鸿沟"。例如，女性创业者经常受到缺乏商业信息、咨询、获得网络和商业支持系统的阻碍（Murphy 等，2007）。女性在风险偏好、融资、工作经验（刘鹏程等，2013）、管理能力（Bamiatzi，2015）、社会资本（Langevang 等，2015）等方面弱于男性。尽管如此，也有部分调查研究发现，女性创业者的创业绩效与男性创业者没有太大的差别，甚至表现得更加出色。例如，李兰等（2017）调查发现，尽管女性经营的企业规模较小，但是从调查的数据来看，参与调查的企业都表现较好，2016年上半年女性经营的企业的销售利润率约为男性的两倍，呈现经营稳定、小而美的特征。根据 GEM（2018/2019）报告，在全球平均的停业比率中女性比男性要低约 10%。

（2）鱼和熊掌不可兼得？——工作 – 家庭角色视角下的女性创业研究。不少研究关注家庭对女性创业的影响（Aldrich 和 Cliff，2003；Greehaus 和 Powell，2006）并提出"家庭嵌入视角"，认为创业活动嵌入在家庭网络中。对女性创业者来说，家庭角色是累赘还是优势？目前学界存在着"冲突"与"增益"两种主要观点。

第一种主要立足于"角色冲突"观，认为工作与家庭角色之间的冲突是客观存在的，无论"工作干扰家庭"还是"家庭干扰工作"都会带来负面影响。例如，工作时间越长，尤其是女性，工作 – 家庭角色的冲突将会更加显著（Greenhaus 等，1987）。从男女创业动机来看，女性创业是为了获得更多的自由时间，从而更好地平衡工作与家庭（蔡莉等，2005）。从创业绩效来看，保持初创企业的生存与发展需要消耗创业者大量的时间和精力，这必然与家庭活动所需要付出的时间和精力产生竞争（田莉和秦剑，2013）。如果女性创业者的职业发展不顺利，创业绩效较差，就会承受比男性更多的压力，工作 – 家庭冲突会更加尖锐（田莉和朱雨晴，2017）。因此，女性创业者面临家庭和工作的双重压力，这也意味着难以与同一行业的男性在平等的条件下竞争（Ahl，2006），从而影响其创业绩效。这在一定程度上也揭示了女性创办的企业多呈现规模小、发展慢等现象的家庭要因。

尽管目前众多研究都支持第一种观点，但越来越多的研究从"角色整合"视角，提出各种角色之间可以相互增益（enrichment）（Ashforth，2000）。增益效应是指个体参与某一角色活动（工作或家庭生活）获得的资源（如知识技能、积极情感、自我效能感等）能够提升其参与其他角色活动的整体效能（Greenhuas 和 Powell，2006）。潘燕萍等（2019）指出，女性通过对工作 – 家庭角色的内容共情与期待满足能更好地洞察到男性难以识别的创业机会。例如，一个在母婴行业创业的女性能深切体会到中国妈妈对儿童食品的"焦虑"，以及她们"对产品质量的关注点"，因为她们同时也是"妈妈"的角色。这会有助于她们对产品挑选和产品质量的把控，从而使她们可以扮演好创业者角色。同理，女性在家庭角色中被赋予培育下一代的期待。当一个身处教育行业的女性在创业过程中培养的能力有助于改善育儿行为时，"创业者角色"就会更容易被接受，这有助于满足家庭角色期待。对孩子教育情况的了解实际上是对客户需求的精准把握，这也有助于满足创业者角色期待。

可见，通过充分发挥角色增益作用，角色冲突也可能对创业产生积极作用，即鱼和熊掌可兼得！

（3）女性主义视角下的女性创业研究。女性主义（feminism）最初是指为女性争取平等的社会地位而发起的政治运动，之后越来越发展成为一种文化批判。随着 20 世纪 80 年代以来新自由个人主义价值观（neoliberal individualism）在全球的蔓延，能使人摆脱既有僵化组织制度约束的"创业"获得了人们的极大关注。与此同时，个人可以通过自身努力取得创业成功，其中蕴含的"个人主义"（individualism）和"包容性"（inclusiveness）价值观与女性主义所提倡的用女性视角重新审视父权制社会的现象不谋而合，因此，创业也获得了女性主义学者的高度关注。

在"社会性别"的视角下,性别是由社会建构出来的,个体会反复做出有意识或无意识的行为,来把自己放入"准确"的性别范畴,即开展"性别实践"(do gender)(West 和 Zimmerman,1987)。在创业中,有女性创业者认为创业是性别中立的,并掩盖其中性别不平等的事实;也不乏女性创业者为了迎合创业中的"男性气质"而改变自身的行为(Lewis 和 Simpson,2010)。然而,诸如"男主外,女主内"等观念、情绪敏感等特质也会使得女性产生对于自身"创业者"等身份认同的焦虑(Ladge 等,2019)。

纵观对女性创业者的研究,每一个阶段的主题都伴随一定的社会背景和制度变迁。近现代以来,中国女性的社会角色发生了巨大的变化,其主体意识由"贤妻良母"型(传统型)向"独立新女性"型(新中国成立后)再到"自我"型(改革开放后)转变(童路明,2010)。中国女企业家协会的调查报告(李兰等,2017)指出,我国女企业家中自主创业的比例较高;根据GEM(2017/2018)报告,我国女性创业者机会驱动型创业占女性创业的69.2%,高于全球平均水平。这也从侧面说明了女性主体意识增强有利于提升女性创业的比例。在女性主义视角下,可以说女性创业的兴起是对传统"男主外,女主内"制度安排的一种突破。

4. 研究启示

(1)理论启示。一直以来,创业被认为是男性主导的领域。如今的现实却是,越来越多的女性开始创业,并创造出非凡的经济和社会价值。在这样的背景下,我们若能以女性视角来重新定义企业家精神,将"创业作为积极的经济活动"重新定义为"创业作为经济社会的变革力量",会有助于拓展创业理论和研究的边界。我们认为,融合女性主义、社会学、人类文化学、心理学等多学科的观点,发掘女性创业在创业认知与决策、创业学习、机会识别、资源整合、商业模式构建等方面的独特性,将会为"男性化规范"的创业研究带来新的视角。在诸多可能的研究方向中,本文认为有两个议题尤其值得重视。

首先,基于中国情境的女性创业研究。中国女性既为创新经济注入新力量,又推动着社会秩序的变革(潘燕萍等,2019)。各种数据均显示,中国女性创业已日趋成为一种"新常态",但是,目前很少有研究立足于中国社会文化情境对女性创业者的困境乃至独特性开展深入探讨。一边是现代社会"巾帼不让须眉"的角色期待,一边是传统社会"女主内"的文化认知,我国女性受制于多重角色期待的约束。因此,我们认为随着女性创业者的崛起,需要立足于传统性与现代性交融的中国情境,深入挖掘中国女性创业的特征及其对推动中国社会转型的作用。

其次,数字经济下的女性创业研究。数字经济时代被认为是女性创业的黄金时代(阿里研究院和中华女子学院,2019)。随着数字时代的来临,有学者开始关注数字技术与女性创业相结合的问题。数字技术通过加速信息流动、降低成本、促进企业与顾客连接等方式,帮助传统意义上缺乏创业资源的女性创业。根据阿里的数据,在基于阿里平台的互联网创业中,女性创业者真正地撑起了半边天。进一步从全国数据来看,进入IT软件、智能硬件、新能源等行业的女性占比超过 30%（阿里研究院和中华女子学院，2019）。研究指出，女性创业者可以通过微信群、QQ 群和在线社区等网络社群的嵌入方式，提升自身的创业能力（肖薇等，2019）。也有研究发现，与男性相比，女性通过数字技术了解世界市场资讯后，会有更大概率去开拓国际市场（Pergelova 等，2019）。阿里的全球出海数据也显示女性创业者比例高达 53.67%，真正做到了"巾帼不让须眉"！

数字平台的开放性与自生长性有利于降低女性创业者获取资源的门槛，并为女性创业提供了更多的机遇。在数字技术赋能下，女性将会遇到什么样的机遇和挑战？"女性作为弱势群体"的假设是否依然成立？女性将会为数字经济的发展创造哪些价值？这些都是有待探讨的重要课题。

（2）实践启示。在女性创业仍会遭遇"不利性"制约的现实条件下，女性创业研究成果有助于她们更有针对性地开展创业学习并创造价值。比如，从合法性的角度来看，女性可以重新定位家庭角色与创业者角色，通过坦诚的沟通，获得家庭支持和利益相关者的认同。从能力的角度来看，女性创业者可以通过积累丰富的企业工作经验、组建合理的团队等方式来克服社会资本、能力不足等问题。在数字技术推动下，一些女性创业者已成为数字创业热潮的弄潮儿。我们认为女性可以发挥自身的专长，善用抖音、小红书、哔哩哔哩（B 站）、微淘等新型数字平台，尝试创新业务运营模式。从角色冲突-增益视角来看，女性创业者可以充分发挥角色增益效应，灵活地管理多重角色。角色冲突可能会带来消极情绪，但是女性创业者可通过对角色内容共情，尤其是对消极情绪的感知与理解，识别独特的机会，还可以从同时满足工作与家庭角色期待等角度构建有利于平衡工作与家庭角色冲突的产品或服务。

（3）政策启示。2018 年 9 月 26 日，国务院印发《关于推动创新创业高质量发展打造"双创"升级版的意见》，提出"深入推进创新创业巾帼行动，鼓励支持更多女性投身创新创业实践"。在本文作者对数十位女性创业者的访谈过程中，我们发现女性创业者并没有得到太多政府政策上的倾斜。地方政府可以充分发挥妇联组织的功能，针对女性创业面临的共性挑战，提供针对性的支持措施，例如，构建工作-家庭平衡策略的交流平台，利用数字化工具的学习平台等，帮助女性创业者提升创业质量和幸福感。

另外，我国社会转型正面临着低生育率、高离婚率等问题，有必要关注女性生育与创业选择问题。在部分国家，为了解决生存问题，拥有子女会促进女性选择创业，生育率与女性创业之间呈现一定的正向关系（Macpherson，1988）。反之，年轻女性创业者会负向影响生育选择（Noseleit，2014）。归根到底，这反映了配偶、家庭成员的支持程度与政府公共服务等因素对女性生育选择、婚姻乃至创业绩效的影响（Aldrich 和 Cliff，2003；李朋波等，2017）。随着越来越多的女性选择创业，政府应高度重视。政府不仅需要在创业资金、咨询服务等方面提供支持，还应该在家庭、育儿等方面给予实际的支持，为这些勇于拼搏和开拓创新的巾帼英雄缓解后顾之忧，为其新事业的发展提供有效的助力。

本文是国家自然科学基金青年项目（71502114）资助成果。

参考文献

[1] 蔡莉,赵镝,朱秀梅. 女性创业特性研究 [J]. 科学学与科学技术管理,2005,26(9):45-49.

[2] 李纪珍,周江华,谷海洁. 女性创业者合法性的构建与重塑过程研究 [J]. 管理世界,2019,35(6):142-160,195.

[3] 李兰,仲为国,王云峰. 中国女企业家发展:现状、问题与期望——2 505位女企业家问卷调查报告 [J]. 管理世界,2017(11):50-64.

[4] 李朋波,王云静,谷慧敏. 女性创业的研究现状与展望——基于典型文献的系统梳理 [J]. 东岳论丛,2017(4):105-115.

[5] 李新春,叶文平,朱沆. 社会资本与女性创业——基于GEM数据的跨国(地区)比较研究 [J]. 管理科学学报,2017,20(8):112-126.

[6] 潘燕萍,何孟臻,乔灵灵. 鱼和熊掌不可兼得?角色冲突-增益视角下女性创业者的机会识别过程 [J]. 南方经济,2019,(10):102-112.

[7] 田莉,朱雨晴. 创业情境下绩效反馈对工作家庭冲突的影响——对男性和女性创业者的比较研究 [J]. 管理学季刊,2017,2(4):85-109,160.

[8] 阿里研究院,中华女子学院. 2019阿里巴巴全球女性创业就业研究报告 [EB/OL]. http://www.aliresearch.com/,2019.8.28.

[9] Byrne J, Fattoum S, Garcia M C D. Role Models and Women Entrepreneurs: Entrepreneurial Superwoman Has Her Say[J]. Journal of Small Business Management, 2019, 57(1): 154-184.

[10] Kanze D, Huang L, Conley M A, et al. We Ask Men to Win and Women not to Lose: Closing the Gender Gap in Startup Funding[J]. Academy of Management Journal, 2018, 61(2): 586-614.

学生创业：青春创富的逐梦之旅

◎张敬伟 杜雪晴 马金月 / 燕山大学

1. 学生创业研究的缘起

如果把学生创业简单地理解为处于学生时代的年轻人的创业，那么我们很容易就会想到比尔·盖茨、史蒂夫·乔布斯、迈克尔·戴尔和马克·扎克伯格这些耳熟能详、鼎鼎大名的成功企业家。这些人都是为创业而辍学的大学生，而且创办的企业都非常成功。此外，很多人对于麻省理工学院研究生佩奇和布林创办谷歌，斯坦福研究生杨志远创办雅虎，上海交大研究生张旭豪创办饿了么也并不陌生。当然，以上知名企业家只是学生创业者中最为耀眼的榜样和标杆。近些年来，世界范围内如雨后春笋般涌现的学生创业者，已经发展成为一个不容忽视的独特创业群体，并产生了巨大的社会经济影响。麻省理工学院校长拉斐尔·赖夫（Rafael Reif, 2015）指出："MIT 研究生推动社会进步的一种强有力的方式就是创办企业，把新思想传播给全世界……MIT 校友已经创办了超过 3 000 家有活力的公司，创造了 460 万个工作岗位，产生了 1.9 万亿美元的年收入。"

从国内外学生创业实践的发展来看，学生创业的兴起至少有三个原因。首先，政府鼓励，并出台相应的支持政策。联合国教科文组织明确指出：大学生不仅是求职者，更应是工作岗位的创造者。因此，鼓励大学生创业成为包括我国在内的很多国家的政策取向（肖潇和汪涛，2015）。例如，我国国务院办公厅 2015 年印发《关于深化高等学校创新创业教育改革的实施意见》，教育部 2017 年修订《普通高等学校学生管理规定》，为我国学生创业提供了政策指引和制度保障。政府鼓励和支持学生创业，助推了学生创业的热潮。

其次，高校积极开展创业教育，激发了更多的学生创业。创业教育日益成为高等教育的一个主流方向（Marchand 和 Hermens，2015）。全球范围内开设创业相关课程的高校已经超过3 000所（Kuratko，2017），各类创业相关课程多达5 000门（Kauffman Foundation，2008）。这些课程旨在增进学生对于创业的了解，帮助学生掌握创业知识，提高创业技能。尹苗苗和张笑妍（2019）的研究显示，积极开展创业教育对于培育大学生创业能力具有显著的推动作用。

最后，学生也乐于参与创业活动。一方面，学生，特别是大学生、研究生，是创新创业工作中最具活力的参与者，他们受到良好的高等教育，掌握丰富的新知识、新技术，是大众创业、万众创新的重要力量（孙兰英和郭赓，2016）。另一方面，大学生面临日益严峻的就业和择业压力，创业也不失为一种颇具吸引力的职业选择（Hill 和 Leitch，2005）。

然而，与学生创业实践热潮形成鲜明反差的是，一方面，学生创业成功率较低，麦可思研究院发布的《2017年中国大学生就业报告》显示，即使是在创业环境较好的浙江省，大学生创业成功率也仅为5%；另一方面，学生创业的相关研究明显滞后，属于新兴的研究领域（Gupta 和 Gupta，2017）。从现有文献来看，学生创业方面的研究主题比较零散，大多关注学生创业意图及其影响因素，以及创业教育对学生创业态度和技能的影响，但对于微观层面的学生创业行为及创业过程研究不足，尤其是对其面临的独特挑战缺乏探究，这需要引起学者的关注。

2. 学生创业的内涵

学生创业可以宽泛地理解为以学生为主体开展的创业行为。早期学者认为，只要学生参与创业课程或项目，为新企业或现有以增长为导向的企业制订商业计划就算是学生创业（Fiet，2001；Katz 等，2000），但这种理解显得有些过于宽泛。近年来，学者开始将学生与企业创建、创业机会等概念相结合，提出学生创业是由一名或多名学生发起的任何开办新企业的尝试（Reynolds，2005），或是"学生以创新的方式利用和整合资源，通过创建一家营利性的企业来探索和寻求机会的过程"（Gupta 和 Gupta，2017）。此外，鉴于学生创业者拥有学生和创业者的双重身份，还有一些学者强调学生创业的身份因素，将学生创业定义为"个体积极从事学业课程工作，同时（单独或与他人合作）经营公司的行为"（Ridder 和 Sijde，2006），或是"在大学学习的同时，通过创立和发展新企业探索可能的创业者身份"的过程（Nielsen 和 Gartner，2017）。

虽然学者们对于学生创业的概念探讨仍存在不一致，但毫无疑问，拥有学生和创业者的双重身份，是学生创业者的重要特征（Gupta 和 Gupta，2017）。学生创业者（studentpreneur）是在大学参加课程学习的同时开展创业活动的学生。陈建安等（2019）指出，广义的学生创业者包括了休学创业者和毕业3~5年内的毕业生创业者，而狭义的学生创业者仅仅包括边学习边创业的在校生。从现实情况来看，学生创业者包含多种类别，如一般意义上的大学生、高职高专等以职业为导向的大学生，以及博硕士生等。现有文献中还专门研究了博硕士生的创业问题，这些研究往往与学术创业存在交叉，因为博硕士生也是学术创业的重要创业主体（Boh，2016）。

鉴于学生创业者群体的异质性，现有研究对学生创业者进行了理论分类。例如，菲利普·西格尔等（Philipp Sieger 等，2016）根据内在动机将学生创业者划分为三个类型：以竞争和利润为导向的达尔文主义者，以互利为导向的寻求特定群体认同的社群主义者，以社会责任为导向、致力于让社会更美好的使命主义者。此外，萨和霍尔特（Sa 和 Holt，2019）以及吴拉姆·纳比等（Ghulam Nabi 等，2010）也探讨了学生创业者的理论分类（陈建安等，2019）。总之，现有文献基于学生创业者群体的异质性，开展了理论分类研究，进一步的理论与实证研究将有助于更好地理解不同类型学生创业者的创业动机、行为及绩效。

3. 学生创业的独特性

学生创业在创业主体、创业资源以及企业创新性方面具有一定的独特性。首先，创业主体具有独特性。在校期间进行创业的学生拥有"学生"和"创业者"两种身份（Gupta 和 Gupta，2017）。学生身份要求其以追求学业目标为己任，而创业者身份则要求其追逐商业利益，这两种身份在目标与价值追求方面存在较大差异，给学生创业者带来独特的挑战。

其次，创业资源的独特性。一方面，学生创业者存在先前经验、人力资本、财务资本不足等资源劣势（Bailetti，2011；Hayter，2016），这为学生创业带来严峻的挑战。但另一方面，学生创业者可以充分利用大学提供的各种独特资源，以弥补其资源劣势。例如，大学为学生创业者提供了其他创业群体难以获得的师资、孵化器和知识产权保护措施等资源（Mars 和 Slaughter，2006），有助于学生创业活动的开展。

最后，企业创新性。研究表明，学生创业企业通常更具竞争力和创新性（Bailetti，2011），而不是对传统商业模式的复制（Marchand 和 Hermens，2015），这在博硕士生创办的企业中更为突出。例如，斯坦福研究生杨致远在撰写博士论文的过程中，为了在互联网上更便利地搜集资料而开发了搜索引擎技术，并创办了雅虎公司。

4. 学生创业研究的若干议题

学生创业研究兴起时间不长，存在广阔的探讨空间。本文从如下两个议题展开阐述。

（1）学生创业意图研究。现有文献探讨较多的议题是学生创业意图及其影响因素（Shirokova 等，2016；王心焕等，2016；Gupta 和 Gupta，2017）。学生创业意图研究之所以得到较多关注，是因为评估意图能够最有效地预测行为（Ajzen，1991）。然而，存在创业意图并不意味着创业行为的发生，因为意图与行为的关系受到很多因素的调节作用（Shirokova 等，2016）。国外研究表明，尽管很多学生打算毕业后创业，但实际创业率不足 10%（Kwong 和 Thompson，2016）。我国也存在类似情况：尽管 26% 的在校大学生有强烈或较强的创业意愿，但 2018 届大学毕业生自主创业的比例仅为 2.7%（参见《2017 年中国大学生创业报告》和《2019 年中国大学生就业报告》）。

值得注意的是，学生创业意图研究往往采用尚未创业的大学生样本，这些样本并不属于严格意义上的学生创业者，而且，这些研究的一个突出的问题在于，探究学生创业者的创业意图而不去考察其创业实践，无法探究意图转化为行为的过程机制，也无法揭示学生创业行为规律及其绩效影响。因此，从整体上考察学生创业过程，开发新的概念和理论观点尤为重要（Hannon，2005）。在此背景下，近年来，一些学者开始关注学生创业如何开展，涉及内外部因素在学生创业过程中的作用机制（Ahsan等，2018），以及学生创业者的身份构建与身份管理等问题。特别是从身份角度（Nielsen 和 Gartner，2017；陈建安等，2019）研究学生如何转化为创业者，引发了学者的关注。

（2）身份视角下的学生创业研究。用身份视角研究学生创业问题尤其必要，因为（大）学生所处的年龄段正是个体在身份塑造方面最活跃的时期。研究表明，学生的大学经历与其身份变化具有很高的相关性（Soenens等，2005），学生的自我认知（"我是谁"）也随着其接受的大学教育而得到高度开发（Moshman，2005）。目前，身份视角下的学生创业研究关注两类问题：一是学生创业者的身份建构问题，二是学生创业者双重身份管理问题（Nielsen 和 Gartner，2017；陈建安等，2019）。

首先，身份建构研究主要关注学生如何建构自己的创业者身份。陈建安等（2019）在现有文献基础上，根据身份探索和承诺（投入）的差异提出学生在建构学生创业者身份过程中会产生的四种不同结果（见图11-7）。一是创业身份获得。学生不断进行自我认知并开展积极尝试，最后实现了对创业者身份的自我认同。二是创业身份延缓。学生进行一定的探索后，没有获得对创业者身份的自我认同，但仍会努力尝试，直至获取身份认同。三是创业身份扩散。学生缺乏清楚的自我认知及对未来的规划，长期处于摇摆不定的状态。四是创业身份早闭。学生在进行身份探索和自我认知之前就被迫接受他人或社会对其创业者身份的设定，形成对于该身份的过早认同（如"富二代"学生的接班式创业）。

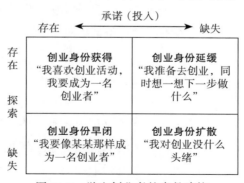

图 11-7 学生创业者的身份建构

其次，学生创业者身份管理问题。由于学生创业者拥有学生和创业者的双重身份，势必会产生身份冲突，平衡两种身份对学生创业者而言是个艰巨的挑战。为了理解学生创业过程中的身份动态，苏娜·洛韦·尼尔森（Suna Løwe Nielsen）和加特纳（2017）构建了学生创业者多重身份管理的理论框架。在个体维度方面涉及身份多元化程度，从个体的某一种身份较为突出（要么是学生，要么是创业者），到个体拥抱两种身份（既是学生也是创业者）；在大学维度方面涉及大学对两种身份的整合接纳程度，从两种身份的对立，到两种身份的共生。根据这两个维度，作者区分了四种情况：身份追随、身份分化、身份吞噬以及身份扩展（见图11-8）。

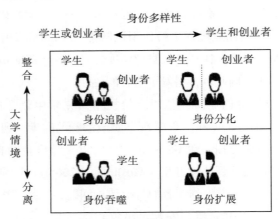

图 11-8 学生创业者的双重身份管理

身份跟随和身份分化侧重于学生如何将新的创业者身份与大学环境相融合。身份跟随是将创业者身份压缩到学生身份中，从而融入大学环境，在表现出创业者身份的同时更主要地表现为学生身份；身份分化是学生创业者能够平衡两种身份，在学习时表现为学生身份，在业余时间表现为创业者身份。身份吞噬和身份扩展反映了学生个体内部具有高度的创业精神。身份吞噬是当身份冲突时，学生创业者往往以牺牲学生身份为代价，最终表现为创业者身份。身份扩展是学生创业者灵活地根据情境需要选择合适的身份，实现两种身份的相互促进。根据这个框架可知，身份跟随、身份分化和身份扩展兼顾学生与创业者两类身份，学生能够在创业的同时"不误正业"；身份吞噬却将学生在学期间的工作本末倒置，导致"不务正业"。当然，这些不同的身份策略对于学生学业和创业绩效会产生怎样的具体影响，还有待研究的开展。

5. 学生创业研究的启示

（1）理论启示。已有调查研究显示，无论是国内还是国外，学生创业意愿和创业水平均处于较高水平（Seymour，2001；《2017年中国大学生创业报告》），但学生创业热潮也需冷静看待，学生创业存在成功率低、创业与学业冲突、创业者面临着身份转换与身份管理等问题，学生创业面临着一些特殊的挑战，因此，加强对学生创业及学生创业者群体的研究，是必要之举。

值得研究的问题很多，例如，进一步探究学生创业意图转化为行动的驱动机制与调节因素（Shirokova 等，2016），影响学生创业的情感因素及其作用机制（Ahsan 等，2018）；再如，虽然身份视角下的学生创业研究得到关注，但现有研究并未考察学生创业者微观身份的多样性，例如，学生创业者除了学生身份和创业者身份，同时具有投资人、管理者等其他身份，从社会认同和角色认同的综合视角来理解学生创业者群体及其创业思维与行为，可能是未来探究的方向（陈建安等，2019）。

（2）实践启示。第一，学生创业与创业教育紧密相关，因此，对创业教育者而言，首先，需要明确创业教育的目标定位。鼓励和支持学生创业的政策措施固然有利于激发青年学生的创业热情、挖掘创业潜力，但也有可能鼓动一些学生盲目创业。创业教育的目标不应该是培养创业者，而是培养学生的创业心智（entrepreneurial mindset）（Kuratko 和 Morris，2018），让学生掌握创业思维与行动的方法，使之能够像创业者那样在不确定的条件下快速感知机会并聚集资源抓住机会。张玉利教授在2019年MBA培养院校创新创业教育发展论坛上也呼吁，强化企业家精神应该是高校创业教育深化和升级的重点，值得关注。其次，围绕培养学生的创业心智和企业家精神的目标定位，创业教育者需要持续探索有效的教育教学手段，比如，在构建学生创业生态系统方面开展更多工作（Wright 等，2017），将创业教育活动与学生的自我认知紧密结合（Nielsen 和 Gartner，2017），针对学生创业者群体进行分类探索，开发适用于不同群体的创业教育手段等，为学生创业思维开发与能力发展提供有效的支撑。

第二，已经和准备创业的学生也需要认识到，创业既是一个变革和创造新价值的过程，同时也是一个变革和重塑自我的过程，因此，学生开展创业活动既有机遇也有挑战。一方面，学生可以将创业作为职业选择以及个人事业发展的备选路径，在校期间注重创新创业思维与技能的培养，为可能的创业做好准备。另一方面，学生创业者也应该意识到自身的多重身份，由于边学习边创业往往会影响学业发展（Ndirangu 和 Bosire，2004），因此，选择合适的策略平衡两种身份的内在要求是学生创业者需要注意的问题。

参考文献

[1] 陈建安，邢毅闻，陈武. 身份视角下学生创业者研究：述评与展望[J]. 外国经济与管理，2019，41（9）：122-138.

[2] Gupta A, Gupta V. Just a Lemonade Stand an Introduction to Student Entrepreneurship[J]. New England Journal of Entrepreneurship, 2017, 20（1）：34-45.

[3] Marchand J, Hermens A. Student Entrepreneurship: A Research Agenda[J]. The International Journal of Organizational Innovation, 2015, 8（2）：266-281.

[4] Kwong C, Thompson P. The When and Why: Student Entrepreneurial Aspirations[J]. Journal of Small Business Management, 2016, 54（1）：299-318.

[5] Morris M H, Shirokova G, Tsukanova T. Student Entrepreneurship and the

University Ecosystem: A Multi-country Empirical Exploration[J]. European Journal of International Management, 2017, 11（1）: 65-85.

[6] Shirokova G, Osiyevskyy O, Bogatyreva K. Exploring the Intention-behavior Link in Student Entrepreneurship: Moderating Effects of Individual and Environmental Characteristics[J]. European Management Journal, 2016, 34（4）: 386-399.

第 12 章

在哪里创业？透视不同地域中的创业

创业活动发生和发展于一定的地理空间，
附着于该地理空间的社会与自然环境因素，
都将对创业行为产生影响。
国际创业融合创业和国际商务，
考察跨越国家边界的创业行动；
农村创业聚焦于农村这一独特情境，
面临着独特的机遇与挑战。
如何理解这些创业行动，
并分析其意义？
本章将对此做出探讨。

国际创业：跨越国界的新价值创造

◎张敬伟 田志凯 / 燕山大学

1. 国际创业研究的缘起

一提起国际化经营，人们首先会想到华为、海尔这样的大型跨国公司。因为在很多人的意识中，大公司往往拥有开展国际化经营的资源和能力。不少人也会认为，国际化经营是一个渐进的过程，很多公司往往是在国内建立强大的竞争地位后再开发国际市场，或是因为国内市场饱和，出于竞争压力才开始拓展海外市场。佐证上述论断的案例不胜枚举，例如，像飞利浦这样的老牌跨国公司花了近 20 年时间才走出国门，新兴跨国公司华为走向海外也历经了 10 年左右的时间。

其实，上述有关企业国际化经营的理解已经过于陈旧了。自 20 世纪 80 年代以来，随着全球化浪潮以及互联网等现代通信技术的快速发展，开展国际商务的成本显著降低，这使得很多规模较小、资源匮乏的新创企业在创立之初或经营早期就能参与国际市场竞争（McDougall，1989；Cavusgil 和 Knight，2015）。例如，我国移动互联网企业汉迪和赤子城等成立之初就面向国际市场，众所周知的小米科技从 2010 年创立到 2014 年走出国门也仅用了不到四年的时间。

新创企业在创立早期就快速开展国际化的现象引发了学者的关注，但传统的国际商务理论和创业理论不足以解释这些现象。一方面，传统国际商务理论关注成熟跨国公司，运用垄断优势理论、内部化理论、产品生命周期理论等解释企业跨国经营的动因和渐进国际化的过程，难以解释企业创立初期在资源匮乏的情况下就开展国际化的行为；另一方面，传统的创业理论关注新企业的创建及其在国内市场的经营，很少探究其国际化现象（Oviatt 和 McDougall，1994）。

在此背景下，帕特里夏·麦克杜格尔（Patricia P. McDougall，1989）首次比较了国内新创企业和国际新创企业之间的战略差异，在国际创业研究领域做出了较早的实证探索。之后，学者提出"天生国际化企业"（born global firm）（Rennie，1993）、国际新创企业（international new venture）（Oviatt 和 McDougall，1994）等概念，用以描述和解释这种兼具创业与国际化两种属性的新企业的创业和早期成长现象，并开展了持续的探索性研究工作。随着先驱性学者本杰明·奥维亚特和麦克杜格尔（Benjamin M. Oviatt 和 Patricia P. McDougall，1994）在研究中尝试融合国际商务和创业两个领域的思想，针对新创企业早期和快速国际化现象的研究才得以真正开展起来。随着研究的推进，国际创业研究也从对天生国际化企业或国际新创企业的单一关注，逐渐拓展至任何组织或个体寻求和利用国际市场机会的广泛的创业行为。目前，国际创业已经发展成为一个新兴的创业研究领域。

2. 国际创业的内涵演进

虽然学者们都认同国际创业是国际商务和创业两个研究领域的交叉和融合，但学者们对于国际创业到底是什么存在 10 多年的探讨和演进过程。早期学者高度关注天生国际化企业或国际新创企业，尝试回答为何这些新创企业能够更创新、更快速和更有目的地进行国际化经营（McDougall，1989）。后来，学者们提出，国际创业应该采取更为广泛的研究视角，不应该将已有企业排除在研究范畴之外（Zahra，1993；Giamartino、McDougall 和 Bird，1993）。在此基础上，学者们尝试将创业的内核思想，包括创业导向、创业机会等概念纳入对国际创业的理解，例如，麦克杜格尔和奥维亚特（2000）将国际创业定义为"跨越国界的创新性、先动性和风险承担行为"，沙克尔和杰拉德·乔治（2002）认为国际创业是"创造性地发现和利用国外市场中的（创业）机会的过程"。这些概念界定体现了国际创业学者在融合国际商务和创业两个领域方面做出的努力。

2005 年，奥维亚特和麦克杜格尔在长期研究的基础上，提出了一个被广为接受的定义（Zander 等，2015）。他们认为，国际创业是"为创造未来商品和服务而跨越国界的机会发现、创造、评估与利用的过程"，较好地融合了创业与国际商务的思想。在这个概念界定中，创业维度通过引入机会概念得以强调，国际商务维度则体现在机会的跨国本质上。奥维亚特和麦克杜格尔还进一步阐明，国际创业的行动主体可以是个体、群体或是组织。综上，可以将国际创业理解为创业行动主体开展的与机会识别、评估和利用相关的国际化过程（Zahra，2019）。

综上所述，从内涵演进来看，国际创业研究从最初单纯关注天生国际化企业的国际化发展，到使用创业导向维度解读国际创业，直至以创业机会的识别和利用为主线对国际创业加以界定，反映了学术界融合创业与国际商务思想的持续努力。在此过程中，国际创业的研究对象和研究议题等也在不断丰富和拓展，例如，早期突出了天生国际化企业这一研究对象，后来发现还有其他类型的组织，例如，跨国公司、家族企业、中小企业乃至非营利性组织等也开展国际创业；此外，也有必要开展国际创业的跨文化比较（戴可乔和曹德骏，2013），由此，国际创业研究的范畴日益扩大化。国内学者戴可乔和曹德骏（2013）对国际创业内涵的演进以及研究范畴的变化进行了总结（见图12-1和图12-2）。

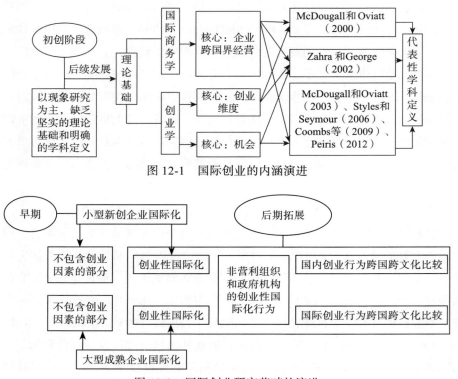

图 12-1 国际创业的内涵演进

图 12-2 国际创业研究范畴的演进

如今，已经有越来越多的学者认识到，国际创业需要从国际商务和创业两个领域汲取营养。首先，国际创业关注的研究情境是国际市场，国际商务研究是国际创业研究的支柱。一方面，国际商务研究强调了母国制度和国际制度对国际创业活动产生的重要影响，无论是正式制度还是非正式制度，都将通过影响资源与基础设施供给、产权保护、业务经营风险等对国际创业动机及行为产生重要影响（Zahra，2019）。另一方面，国际商务研究强调创始人和决策者对于理解国际市场、开展学习、实施国际创业战略方面的重要作用，通过强调并应对与国际创业有关的管理挑战（如外来者劣势），国际商务研究有助于推动国际创业研究的开展（Zahra，2019）。

其次，开展国际化也需要创业活动的推动，创业是国际化潜在优势的关键来源（Zahra，2019）。国际创业需要识别、评估和利用国际市场的机会，还需要克服资源限制，解决"外来者劣势"问题，而创业研究能够为上述问题提供理论思路。一方面，创业研究强调创业者的先前经验、社会网络、创业认知与能力在新企业创建和成长中的重要作用，因此，创业研究能够从微观视角为国际创业研究提供启发。另一方面，创业研究关注不确定性,而进入国际市场也往往会面临更高的不确定性,因此,创业理论也能够为国际创业开展过程中所遭遇的各种技术、市场、制度的不确定性提供理论指引。总之,通过将资源匮乏、高度不确定性情境下的创业思维和推理逻辑应用于国际创业,创业研究能够促进国际创业研究的开展(Zahra,2019;Zander等,2015)。

综上所述,国际创业研究有必要从国际商务和创业两个领域汲取学术营养。同时,这一新兴的交叉研究领域也会通过吸引国际商务学者更多地采取创业视角研究国际商务现象、吸引创业学者关注企业的国际化过程,从而促进两个母领域研究疆域的扩展,为母领域的发展做出新的贡献。

3. 国际创业研究的若干重要议题

国际创业是新兴的研究领域,虽然已经历20余年的发展历程,却仍旧处于发展初期,缺乏坚实的理论框架,导致研究碎片化,缺乏聚焦点(Ahmad和Dimitratos,2017:453)。本文综合知名国际创业学者的最新探讨(Zahra,2019;蒙双和李卅立,2019;Bruton,2019;Cavusgil和Knight,2015;Zander等,2015;Coviello等,2017),尝试对如下重要和前沿议题展开阐述与讨论。

(1)天生国际化企业和国际新创企业研究。国际创业研究发端于学者对天生国际化企业或国际新创企业早期和快速国际化现象的关注。天生国际化企业与国际新创企业这两个概念都是在20世纪90年代初提出的,描述的都是在创立时或创业早期就快速开展国际化经营的新创企业,这些企业在推动国家和地区经济发展、促进国际知识转移、发展新的全球产业等方面发挥重要作用(Cavusgil和Knight,2015)。如今,天生国际化企业已经非常普遍,例如,欧洲1/5的新创企业是天生国际化企业,在罗马尼亚、比利时和丹麦,这个数据达到1/2(Cavusgil和Knight,2015)。虽然国际创业的研究对象已经拓展到识别和利用国际创业机会的各类组织,但毋庸置疑的是,天生国际化企业和国际新创企业是其极为重要和典型的研究对象。因此,对这两类新创企业开展研究是国际创业研究的重要组成部分。

学者们指出,这些新创企业早期国际化往往会面临新进入缺陷、规模劣势(liability of smallness)和外来者劣势(liability of foreignness),如何克服这些劣势是它们早期快速国际化过程中面临的突出问题。学者们从网络和网络能力、资源、机会、动态能力、创业导向和创业者等角度开展了大量研究,并取得了一系列共识(Cavusgil和Knight,2015)。学者们也提出了很多值得研究的问题(Zhou和Wu,2014;Cavusgil和Knight,2015;Zander等,2015),比如,随着天生国际化企业与国际新创企业逐渐走向成熟,其早期国际化绩效对后续国际化会产生怎样的影响?其国际化模式又将发生怎样的变化?创业者个体特征与动机、环境条件以及国际创业机会的性质等因素是如何系统地影响这些企业的国际化扩张的?此外,现有研究较为关注发达国家的天生国际化企业和国际新创企业,它们与源自发展中国家的同类企业在国际创业的动机、行为模式和绩效结果方面存在哪些差异？等等。

值得注意的是，天生国际化企业和国际新创企业是不同的概念，前者主要通过出口实现国际化经营，而后者则在一系列价值链活动上，采取多种市场进入战略开展国际化经营（Cavusgil 和 Knight，2015；Zander 等，2015）。因此，对这两类企业的国际创业动因、过程、创业模式开展比较，并将其与采取渐进式国际扩张的企业以及非国际化的企业开展比较研究，也是该领域比较重要的研究议题（Cavusgil 和 Knight，2015）。

（2）网络视角下的国际创业研究。网络（network）是研究国际创业的一个重要视角，得到了学者们的广泛关注（Ahmad 和 Dimitratos，2017）。学者们认为，国际创业活动嵌入于创业者所构建的网络关系中，网络能够为国际企业带来诸多优势，例如，获取资源和合法性，克服"外来者劣势"；积累和获取新知识，促进创新活动开展；建立国际战略联盟，提升国际化速度等（Ahmad 和 Dimitratos，2017；周劲波和黄胜，2013）。学者们强调，网络有助于创业者识别和利用初始的国际创业机会，特别是选择进入国家和进入模式时，网络关系是决定性因素（Sedziniauskiene 等，2019）。

目前，网络视角下的国际创业研究主要围绕五个主题展开（Ahmad 和 Dimitratos，2017）：第一，网络创建（包括背后的动机与构建的过程）如何影响国际创业活动；第二，不同类型的网络（社会网络与商业网络等）如何影响国际创业；第三，网络结构（包括网络中心性、关系强度、关系特征以及网络成员的地理来源等）对国际创业的影响；第四，网络演化与国际创业的关系；第五，网络给国际创业带来的影响。目前，交易成本理论（TCE）、组织学习理论、资源基础论、社会资本以及知识基础论是学者们开展上述议题研究的主要理论基础（Ahmad 和 Dimitratos，2017）。

虽然网络视角得到了学者们的广泛关注，但这一视角下的研究仍旧很不成熟，针对上述五个主题都有很多问题值得关注和探讨（Ahmad 和 Dimitratos，2017；Sedziniauskiene 等，2019），例如，网络关系对进入模式选择的影响机制，网络关系对于国际创业的潜在负面影响，不同网络管理模式对于国际创业的可能影响等。

（3）国际创业研究的微观基础。个体层面的行动者（无论是创业者还是大公司的决策者）是国际创业的主导者，在国际创业过程中发挥关键作用。通过考察个体层面行动者的认知、价值观、需求、情感、偏好和行动等因素如何影响组织及其国际化的相关决策，能够很好地将创业与国际化活动相互融合，揭示行动者的能动性（agency）在国际创业过程中发挥作用的机制（Coviello 等，2017；Zahra，2019；蒙双和李卅立，2019）。

与此同时，研究国际创业的微观基础，也有利于理解国际创业过程中学习是如何发生的。因为获取新知识是企业开展国际创业的一个重要动因，通过学习新知识升级自身的知识库，有助于开发新产品或新服务以实现进一步的国际化扩张（Zahra，2019）。考察新机会如何在学习中得以识别、评估和利用，以及新知识和其他资源是如何在学习中得以获取的，学习视角能够为深化理解国际创业的机理提供有益的启发（Zahra，2019）。比如，在不同文化的市场中，国际创业企业如何学习？是否采取不同的学习方式？已有研究提及的

"新生学习优势"能否持续？实现这些优势需要具备哪些条件？如何将来自不同国家背景的知识整合起来以实现新的国际化应用？等等，这些都是值得探讨的问题。

（4）数字化背景下的国际创业研究。技术环境能够显著影响国际创业活动的时空特征，是备受关注的环境因素。特别是现代数字技术极大地改变了企业组织国际经营活动的方式，包括价值链的地理分布、与顾客沟通的方式、提供物的性质、定价战略等（Coviello等，2017）。通过减少交易成本、重塑组织边界、衍生新机会、提升组织柔性等，数字技术能够对国际化的时机、节奏、选址与进入模式选择、学习与知识重组、获取资源与能力以及应对外来者劣势等产生重要影响（Coviello等，2017）。例如，数字技术助力国际新创企业更快和更直接地开展国际化经营的一个典型例子就是，知名网上银行ING Direct在创立五年内，就通过商业模式的试验和复制，将业务迅速扩展到九个国家。

数字技术还能够帮助新创企业更快地建立声誉和知名度，从而减弱新进入缺陷所产生的负面影响。数字技术能够推动低成本的规模扩张，实现更多、更便利和成本更低的顾客互动与顾客定制，从而有效助力国际创业的开展（Coviello等，2017）。因此，数字技术如何影响国际创业机会的识别、创造和利用，如何影响创业主体与利益相关者的互动，如何影响新型国际创业商业模式的构建和演化，都是学者们需要探究的问题。

4. 国际创业研究启示

《全球创业观察2017/2018中国报告》调查显示，2009年仅有1.4%的中国创业者拥有海外客户，但到了2018年，这一比例已经超过了30%，足见中国企业在国际创业方面发展迅猛（蒙双和李卅立，2019）。然而，当前全球政治经济面临着一系列重大的变化，例如，科技的飞速发展、数字经济的全面渗透以及反全球化势头的抬头，均给国际创业实践者和研究者带来了新的机遇与挑战。

首先，对创业者而言，变化未必是坏事，因为机会往往产生于变化中。创业者需要在全球化和反全球化两股力量的交汇中，在全球科技、经济、社会发展的不均衡中，敏锐地识别到国际市场中的创业机会，并在探索和利用机会的过程中，谨慎地规避国际政治和经济风险。创业者还应该努力提升国际化学习能力，充分利用科技力量和知识产权，持续迭代和提升产品、服务和商业模式的竞争力。特别是创业者可以借力数字技术打破时空限制，在网络外部性明显的产业利用时机优势，实施快速的国际化。

其次，对学者而言，国际创业是新兴的创业研究领域，有相当多的研究机会值得探索，这在前一部分中已有不少讨论，此处不再赘述。特别值得一提的是，2019年年初《管理学季刊》邀请知名国际创业研究学者沙克尔撰写专题文章，并刊出了两篇评论文章（蒙双和李卅立，2019；Bruton，2019），这组文章为中国学者开展国际创业研究提供了有益的指引，非常值得学习和参考。

> 短论

国际创业：一个有待更多关注的创业研究领域

邬爱其 / 浙江大学

国际创业现象由国际著名咨询公司在研发报告时发现，并开始引起学界的关注。1989年，国际知名学者麦克杜格尔在《创业学报》上发表了 International Versus Domestic Entrepreneurship: New Venture Strategic Behavior and Industry Structure 一文，对国际创业与国内创业的异同之处及其诱因等进行了深入分析。但随后几年的研究进展并不突出，直到1994年，奥维亚特和麦克杜格尔的 Toward a Theory of International New Ventures 一文在《国际商业研究杂志》（Journal of International Business Studies，JIBS）上发表，国际创业或国际新创企业被认为是一个相对独立的理论。所以，该文也成为国际创业领域的开创性研究，2004年该文也荣获《国际商业研究杂志》10周年优秀论文，国际创业研究得到了更多的肯定。

国际创业作为一个相对独立的研究领域，需要拥有自己的理论基础和视角，奥蒂欧等学者（Autio 等）于2000年在《美国管理学会学报》（Academy of Management Journal，AMJ）上发表的 Effects of Age at Entry, Knowledge Intensity, and Imitability on International Growth 贡献卓著，该文开创性地提出了"新生学习优势理论"（learning advantage of newness），此后相当多的国际创业研究以此理论为基础。2004年，又有一篇在国际创业研究领域具有里程碑意义的文章在《国际商业研究杂志》上发表了，即奈特和塔马·卡武斯吉尔（Knight 和 S. Tamar Cavusgil）合著的 Innovation, Organizational Capabilities, and the Born-Global Firm，对"天生国际化"的属性特征与成长动力等问题进行了理论阐述和实证检验。10年后，该文也荣获《国际商业研究杂志》10周年优秀论文，国际创业研究的合法性和重要性再次得到强化。

在国际创业理论演进中，2006年发表在《美国管理学会评论》上的 A Capabilities Perspective on the Effects of Early Internationalization on Firm Survival and Growth 颇具理论新意和深度，萨皮恩泽尔（Sapienza）等四位著名创业研究学者从动态能力角度对新创企业早期国际化的两大后果——"存亡和成长"的机理进行了深入剖析，此后不少研究从能力理论角度探讨国际创业问题。当然，社会网络、制度理论等也被广泛地引入到国际创业研究之中。《国际商业研究杂志》也于2014年开辟了国际创业专栏（International Entrepreneurship Section），《创业学报》《创业理论与实践》《世界商业杂志》（Journal of World Business，JWB）等高水平期刊上的国际创业研究成果不断涌现。近年来，国际商务学会年会上国际创业主题也较为活跃，来自战略管理、创业管理、国际商务、市场营销、技术创新等多个领域的学者积极参与。

在国内，路江涌、邓子梁等一批学者在国际创业领域中取得了丰硕的研究成果，对国际创业理论发展做出了积极贡献。我在多年研究中小企业本土化成长过程中，发现不少浙江企业是典型的国际新创企业,无论是在传统制造业还是高新技术行业,随后转向国际创业研究。近年来,我先后承担三项关于国际创业的国家自然科学基金项目,对国际创业的驱动因素、成长模式、平台生态等议题开展了一些研究,先后在《世界商业杂志》《国际营销杂志》(Journal of International Marketing,JIM)和《国际商业评论》(International Business Review,JBR)等期刊上发表了几篇学术论文。但相对于国际创业研究的国际进展,国内学者对国际创业研究的关注还不算多,尤其是制度演进、大国情境、数字经济等背景下新创企业国际化的新模式和新机制等问题还有待进一步深入研究。

从中国实践看,小米、抖音、摩拜、传音等一大批新兴企业都在国际化方面进行了诸多探索,有经验也有教训,非常值得关注和研究。当前,越来越多的中国新创企业借助数字平台快速实现国际化成长,为中国学者洞察前沿实践和丰富相关理论提供了绝好的机会。

参考文献

[1] Zahra S A. 动荡时代下的国际创业 [J]. 管理学季刊,2019(1):1-15.

[2] 蒙双,李卅立. 中国学者如何进行国际创业研究——读《动荡时代下的国际创业》的体会 [J]. 管理学季刊,2019(1):20-27.

[3] Zhou L, Wu A. Earliness of Internationalization and Performance Outcomes: Exploring the Moderating Effects of Venture Age and International Commitment[J]. Journal of World Business, 2014, 49(1): 132-142.

[4] Oviatt B M, Mcdougall P P. Defining International Entrepreneurship and Modeling the Speed of Internationalization[J]. Entrepreneurship: Theory and Practice, 2005, 29(5): 537-554.

[5] Cavusgil S T, Knight G. The Born Global Firm: An Entrepreneurial and Capabilities Perspective on Early and Rapid Internationalization[J]. Journal of International Business Studies, 2015, 46(1): 3-16.

[6] Zander I, Mcdougall-Covin P, L Rose E. Born Globals and International Business: Evolution of a Field of Research[J]. Journal of International Business Studies, 2015, 46(1): 27-35.

[7] Coviello N, Kano L, Liesch P W. Adapting the Uppsala Model to a Modern World: Macro-context and Microfoundations[J]. Journal of International Business Studies, 2017, 48(9): 1151-1164.

[8] Ahmad S, Dimitratos P. International Entrepreneurship and Networks.

Ahmetoglu G, Chamorro-Premuzic T, Klinger B, Karcisky T. The Wiley Handbook of Entrepreneurship. New Jersey: John Wiley & Sons Ltd, 2017.

[9] Sedziniauskiene R, Sekliuckiene J, Zucchella A. Networks'Impact on the Entrepreneurial Internationalization: A Literature Review and Research Agenda[J]. Management International Review, 2019, 59（5）: 779-823.

[10] 戴可乔，曹德骏. 国际创业学发展历程探析与未来研究展望[J]. 外国经济与管理, 2013, 35（11）: 2-10.

[11] 周劲波，黄胜. 关系网络视角下的国际创业研究述评[J]. 外国经济与管理, 2013(2): 24-35.

农村创业：聚焦"三农"的致富经

◎张敬伟 常晓兰/燕山大学

1. 农村创业研究的缘起

从世界范围来看，农村地区发展是一个不容忽视的重要问题。据统计，在OECD成员国，农村覆盖了75%的陆地面积，农村人口占比25%（OECD，2006）；在欧盟，农村覆盖了57%的疆土，农村人口占比24%（European Commission，2012）。在我国，这两个数据更为可观，农村占国土面积94%以上，农村人口占比40.42%，多达5.64亿（国家统计局，2019）。虽然农村地区在自然资源、开放空间和天然景观方面具有独特优势，但相比于城市，农村地区的发展往往面临一些独特而严峻的挑战。近些年来，社会各界人士开始更多地意识到，创业是解决农村发展问题的重要抓手。

在国外，20世纪80年代之前，就有学者探讨农村创业的有关议题。随着80年代以来农村社会的变革和农村发展的危机逐渐显现，农村就业率低、基础设施不完善、缺乏高质量的教育与医疗体系、社会经济发展水平低下等各种问题引发了学者的关注。学者和农村地区的利益相关者都发现，创办新企业是促进就业，增进农村地区福利的重要手段（Pato和Teixeira，2016）。例如，农民认为创业是增加收入的一种方式，女性发现创业可以发挥个人能力，并实现以特殊的方式就业，政府也普遍认为创业是促进地区发展的一项关键战略（Pato和Teixeira，2016；OECD，2006）。与此同时，随着消费者对高质量农产品以及乡村休闲娱乐方面的需求日益增长，农村创业活动也逐渐活跃起来。在此背景下，农村创业开始得到创业学者越来越多的关注（Wortman，1990）。

在我国，农村创业（或"乡村创业"）出现在改革开放之初，历经40年的发展历程，我国农村创业走过了"脱农""离村"和"回乡"三个历史阶段（庄晋财等，2019）。自2005年十六届五中全会正式提出"三农"问题，国家开始大力鼓励和支持农民创业。近几年，国家出台一系列重要政策措施，鼓励和支持返乡下乡人员创业创新，促进农村一二三产业融合发展，我国"三农"也随之跨入"促进农业全面升级、农村全面进步、农民全面发展"的全新历史阶段。加之整个社会向信息化的转型，互联网等新兴技术的广泛应用，以及乡村振兴、精准扶贫等政策措施的践行，以创业创新为手段撬动广大农村地区的发展，已经成为民族复兴时代背景下不可逆转的一股洪流。农村创业，或是更广泛意义上的"三农"创业（张玉利和冯潇，2019），注定成为我国创业研究领域一个重要而意义深远的研究课题。

2. 农村创业的内涵

（1）农村创业是什么。最早对农村创业概念进行界定的学者是小麦克斯·沃特曼（Max S. Wortman Jr.），他将农村创业界定为"农村环境中的新组织创建，以引入新产品、服务或创建新市场，或利用新技术"（Wortman，1990）。后续不少学者沿用其思路，认为在农村地区创建企业和发展小企业都属于农村创业的范畴（Pato 和 Teixeira，2016：7）。

但是，简单地使用创业活动发生的空间（农村地区）标准来界定农村创业，似乎无法捕捉农村创业的本质。因为有些创业虽然发生在农村，但并未雇用当地农民，也并未使用当地资源，这样的创业对于农村地区发展的作用十分有限。因此，斯特芬·科尔斯加德等学者（Steffen Korsgaard 等，2015）认为，有效地界定农村创业需要识别哪些新创企业雇用了农村本地人、使用和提供本地服务以及为农村当地带来收入。他们区分了"农村创业"（rural entrepreneurship）和"在农村创业"（entrepreneurship in the rural）。

科尔斯加德等（2015）认为，尽管这两类创业都发生在农村这一地理空间，但"农村创业"是与农村空间情境互动的创业活动，创业者通过对当地农村资源进行使用和重新组合而嵌入当地空间情境之中。农村创业不仅为创业者，也为农村地区创造价值。由于这类创业与当地农村有紧密的互动，因而不会轻易流动到其他地区。而"在农村创业"的企业只是将农村空间环境作为其创业活动的场所，采用的是利润导向和以流动性为特征的空间逻辑，创业活动的本地嵌入程度很低，缺乏与当地个体、组织及环境的交流和互动，因而，这种类型的创业仅凭经济逻辑（如发现其他地区的要素成本更低）就很可能迁出该农村地区。上述两类创业的区分也有助于识别谁是真正的农村创业者，即只有生活在农村环境中、基于农村社区、被农村本地社会网络和社会特征显著影响的创业者才算得上是农村创业者（Pato 和 Teixeira，2016）。

相比国外学者普遍重视农村环境在创业过程中的作用，我国学者多聚焦于农村创业的主体——农民创业者，关注其个体特征、主观能动性和创业行为规律。因此，国内学者多采用"农民创业"这一概念（孙红霞等，2010），关于农村创业的严格学术界定十分有限。

在为数不多的概念探讨中，学者罗明忠（2012）将农村创业定义为农村居民以市场销售为目的，从事个体经商活动、开办企业以及特色种养殖等；阐述了农村创业的主体（农民）、创业活动内容及其产业选择（经商、开办企业、特色种养殖等）。此外，黄德林（2008）提出，我国农村创业一般是以家庭为单位的自组织创业，具有"规模小、个体化、分散化"的小农经济特征，对我国农村创业特点做出了一定归纳。总的来看，国内学者对农村创业基本内涵的准确界定还有待进一步开展。

（2）农村创业与"三农"创业。农村创业发生于大的"三农"背景下。在我国，"三农"问题是指农民问题、农村问题和农业问题，具体是指在广大的乡村地区，以种植或养殖业为主，身份为农民的人们生存状态的改善、产业发展以及社会进步的问题。以此延伸出的"三农"创业，即农民创业、农村创业和农业创业，彼此交叉，共同以农村创业环境为背景展开。当然，这些创业类型也各有侧重点（见表12-1）。

表 12-1 "三农"创业之间的简要比较

分类	侧重点
农村创业	农村创业的概念在国外使用较多，国内研究较少，但国内外农村创业研究均强调农村环境及其对创业过程的影响。农村创业关注点在于农村地区的环境（农村性），并认为农村创业主体——农村创业者是居住在农村环境中的个体，嵌入农村社会网络，使用农村的资源，提供本地产品或服务，能够为农村创造价值（Korsgaard 等，2015；Pato 和 Teixeira，2016）
农民创业	国内较多使用农民创业的概念，农民创业研究倾向于从创业主体角度出发，研究农民创业者的个体特质、个体经验、创业动机、创业意愿、创业行为与创业绩效等，重视创业者的农民身份和主观能动性（孙红霞等，2010；罗忠明，2012；张玉利和冯潇，2019；易朝辉和罗志辉，2018）
农业创业	在农业创业研究中，农业作为一个产业部门，被视为创业的一种情境。相比其他两类创业，农业创业更为强调农业这一行业的选择和投入，如现代农业、新型农业、绿色农业、休闲农业等。研究农业创业时，需要考虑其特殊性，如农业部门、农业经营的直接环境、家庭农场企业和女性的作用（张玉利和冯潇，2019；Dias 等，2019）

3. 农村创业研究的两个重要议题

近年来，农村创业问题得到了国内外学者的日益关注。ETP 等主流创业期刊开始更多地探讨"三农"创业的话题（例如：Fitz-Koch 等，2018；Müller 和 Korsgaard，2018；Munoz 和 Kimmitt，2019；Pato 和 Teixeira，2016）。本文参考相关文献，重点阐述农村创业的两个研究议题。

（1）农村创业环境及其对农村创业的影响。创业活动和创业过程往往受到所在情境的影响（Anderson，2000；Welter，2011）。农村创业发生在农村情境下，农村的社会、制度、经济、技术和空间情境，将对农村创业产生制约或促进作用。以往创业研究多关注社会、制度、经济、技术等情境因素，对农村创业而言至关重要的空间情境却关注不足。学者认为，农村空间情境，包括以物质、物理为表现形式的地理位置因素，也包括与之相关的社会认知因素，比如表征、意义、社区以及情感归属等（Müller 和 Korsgaard，2018），会对农村创业过程及结果产生重要影响。

在农村空间情境中,一个非常重要的因素就是资源禀赋。张玉利和冯潇(2019)认为,相较于城市,农村往往具有独特的资源优势,比如土地、田园、生态、民俗、节庆传统等。即使是贫困山村,也可能蕴含着自然生态、独特习俗等丰富的资源。通过挖掘并发挥农村当地的优势资源,农村创业能够将资源转化为财富。科尔斯加德等(2015)尤其强调资源在农村创业活动中的独特作用,认为农村创业具有优化利用农村地区资源的潜力,并举例说明农村独特资源对农村创业的影响,如下:

在丹麦斯特林这座小岛上,前帆船船长约翰经营果酱生意。约翰在该岛东部自家的果园中种植浆果,并将其酿成果酱。岛上雨水很咸,附近的兰格兰岛为斯特林岛遮蔽了海风,这些气候条件与数小时的日照时间相结合,提供了极佳的自然条件,使其浆果风味儿非常独特。约翰使用的果酱配方是根据当地业余果酱制造者的配方开发的,这些人有时还充当合作研发者和口味品鉴人的角色。如今,约翰的果酱在丹麦各地的特产店都有出售。该合资企业的年营业额约为14万欧元。虽然不算多,但足以让约翰谋生。在这个约200个居民的小岛上,约翰的这项创业活动为整个小岛的发展做出了重要贡献。

在这个案例中,正是斯特林岛自然资源的独特性,以及这种独特性与当地社会、经济和空间环境的有机结合,使得约翰的创业成为可能。作者认为,约翰的创业活动不可能在其他农村地方发生,而且该企业的过去、现在和未来都很可能与斯特林岛密切相关;约翰的创业活动也不太可能发生在城市,因为其创业过程中纳入了农村性(rurality)这一特殊元素(Korsgaard 等,2015)。

国外农村创业学者使用农村性这一概念刻画农村环境及其蕴含的独特资源。传统意义上的农村性表现为人口密度、人口变化率、村落规模、地方经济结构和地貌(Skuras,1998),用以刻画某一农村地区的基本状况。如今,学者将农村性视为一种动态的创业资源(Bryant,1989)。索菲亚·斯塔多普卢等(Sophia Stathopoulou 等,2004)认为,农村性界定了一种具有鲜明的自然、社会和经济特征的特定区域的创业环境;并认为,农村创业的基本创业过程与城市创业没有什么不同,但农村性揭示了多样化的创业机会,对创业行为产生了不同的制约,从而对创业过程和创业结果产生了影响。

在阐述农村性的基础上,斯塔多普卢等(2004)将影响创业过程的农村性因素分为三大类:自然环境、社会以及经济因素。自然环境因素包括三个方面,包括地理位置、自然资源和地貌景观;社会因素包括社会资本、农村治理和文化遗产;经济因素包括基础设施投资、商业和社会网络的经营,以及信息与通信技术的发展水平。作者将农村创业描述为一个受特定地域特征影响的三阶段过程,包括概念阶段、实现阶段和运营阶段。通过刻画不同创业阶段的主要特征,作者探讨了农村情境因素特别是农村性因素对于创业过程的复杂和动态影响,是构建农村创业理论框架的一次重要尝试。

(2)创业者相关因素对农村创业的影响。农村创业活动是创业者与农村创业环境交互的结果，因此，农民创业者能否克服资源限制，洞察农村环境中的资源价值并积极采取行动，决定了哪些创业机会被识别、创造和利用，也决定了创业的绩效。因此，作为"三农"创业主体的农民创业者也是农村创业（也包括农业创业）研究中较为关注的重要议题。

现有文献考察了农民创业者的人口统计特征、心理特征、个人技能、身份、创业行为与绩效等广泛的议题（Pato 和 Teixeira，2016；Fitz-Koch 等，2018；Wu、Song 和 Yang，2019；易朝辉和罗志辉，2018）。例如，在农民创业者特征方面，有学者发现，先前的高管经验、行业经验、创业经验使农民创业者更可能发现创业机会，并且显著促进企业成长（杨学儒和李新春，2013）。在农民创业者创业行为方面，国内外学者考察了农村创业者的资源拼凑行为（Hota 等，2019；孙红霞和马鸿佳，2016；张敬伟等，2017）、创业学习行为（张敬伟和裴雪婷，2018）以及商业模式设计行为（陈寒松等，2019），等等。

在农民创业者身份方面，莎拉·菲茨-科赫等（Sarah Fitz-Koch 等，2018）发表于《创业理论与实践》的文献回顾文章值得一提。NET2019 公众号"经典重温"栏目曾发表杨俊教授的文章《农村创业：创业研究的新主题》。在文章中，杨俊教授针对菲茨-科赫等（2018）的文章做出评论，认为当前主流创业研究呼吁进一步丰富和发展创业者个体身份与社会身份之间的交互对于创业行为和结果的影响，说明身份是农民创业者的关键问题，农村也是研究个体身份与社会身份交互的重要情境。这种身份纠缠，可能引发了农民创业者不同的创业行为和结果，值得深入研究。

4. 农村创业研究与实践启示

（1）理论启示。目前，在国际期刊上的农村创业研究主要以欧洲国家学者为主，且主要针对发达国家，对于欠发达国家的研究相对较少（Pato 和 Teixeira，2016）。在国内，农村创业研究尚处于起步阶段（杨学儒等，2013），缺乏对农村环境、产业特性以及农民创业行为等展开深入研究。综合上述讨论，提出几项研究议题以供参考。

首先，厘清农村创业的内涵。我国学者多关注农民创业者，尚未对农村创业做出清晰的界定，这无疑会阻碍农村创业学术研究工作的开展。国外学者认为"农村创业"与"在农村创业"等其他形式的创业存在明显差异（Korsgaard 等，2015），并强调农村创业的特殊性源自农村创业情境的独特性。因此，国内学者可以参考这一观点，对我国农村创业情境的独特性开展理论提炼，在此基础上清晰地界定农村创业内涵，不仅有利于学术研究的开展，也能够为农村创业支持政策的制定提供理论依据。

其次，构建农村创业的理论框架。国内外学者（Pato 和 Teixeira，2016；张玉利和冯潇，2019）均指出，农村创业不同于城市创业，不能将以往的创业理论简单地移植过来，而是需要构建坚实的理论框架来分析农村创业问题。张玉利和冯潇（2019）强调，不仅是农村创业，整个"三农"创业研究的视野都不应局限于主流创业研究的分析框架，因为新的理论贡献更有可能诞生于突出"三农"独特性的研究情境之中。挖掘农村创业的情境独特性，从中识别重要的理论问题，这在中国具有独特意义的"三农"创业背景下尤为突出。

最后，可以借用社会创业、绿色创业等领域的理论逻辑开展农村创业研究。当前，我国农村原有的自然生态和社会价值观均遭受严重破坏，农村发展正面临着经济、社会和生态的多重危机（庄晋财和王春燕，2016）。因此，采取社会创业、绿色创业等理念和理论探索农村创业的新逻辑，推进可持续的农村创业，有助于农村的可持续发展。例如，最近杨学儒和李浩铭（2019）从企业社区参与理论视角，揭示了企业社区参与影响其环境行为的作用机理及其情境条件，对于治理"小而散"的农家乐环境污染行为的政策制定具有较强的借鉴价值。总之，这方面的研究应该具有较大潜力，值得学者从不同理论视角开展深入的研究。

（2）实践启示。近几年，持续的政策利好吸引越来越多的农民企业家、返乡农民工以及涉农创业者加入农村创业的大军，推动乡村振兴战略的实施。可以预期，随着中央政策的稳步推进，未来更多的产业要素将流向农村，农村创业的活跃度也将持续攀升，当下正是推进农村创业的大好时机。

因此，对农村创业者而言，熟悉和了解创业政策及相关创业知识，发挥创造力开展有形和无形资源拼凑，挖掘当地农村独特资源价值，积极利用现代信息技术手段，运用家庭农场、农村合作社等新组织形式和新业态，开展创业和创新，不仅有利于自身增收减贫，还有助于逐步改善农村社会经济发展的整体面貌。对政府管理者而言，需要加强顶层政策和制度设计，遵循创业逻辑而不是工业化逻辑开展农村创业，不能简单地复制美国的乡村发展之路（张玉利和冯潇，2019；庄晋财，2019），而是需要立足于我国独特的农村国情，因地制宜地推动农村创业生态系统的建设和完善，包括加强对乡村基础设施与公共服务的优先投入，重视农民的主体地位（庄晋财等，2019），注重对农民创业的引导和培训，建设农村一二三产业融合发展体系，促进农村经济、社会和生态效益的和谐发展。

短论

农村创业与可持续发展

杨学儒 / 华南农业大学

当前中国农村创业的兴起是历史的选择。如果说 20 世纪随着"包干到户"而全面开启的改革开放拉开了中国经济社会快速发展的大幕，那么这 40 年中国经济快速增长光辉历程中的最近 30 年，农业和农村的发展却不尽如人意，而大量农民离开农村谋求发展又进一步加剧了乡村的凋零。近年来，乡村振兴、共享经济、社会创业、"三农"变化、城乡互动等众多因素共同推动了涉农创业，围绕农业、农村、农民的创业活动日趋活跃。

农村创业活动，通过发现和构建农村创业机会，不拘泥于现有资源禀赋，创造性地整合和利用资源以实现机会价值，从而为乡村发展插上梦想的翅膀，成为"创业改变命运"的最佳诠释。当然，探索新机会的冒险之旅，也往往伴随高的失败风险，如何持续优化有助于创业成功和创业失败者卷土重来的文化和制度环境是培育"双创"友好型社会的应有之义。另外,即使"成功的"创业活动也总有或正或负的外部性,限于创业者的资源、能力和视野,在外部监管和激励常常缺位的情况下,农村创业活动的负外部性常常"有意"或"无意"地被放大。比如,某些单一作物的大面积长期种植带来严重的生态风险,大规模动物饲养而缺乏配套措施带来环境污染,游客的爆发式增长冲击宁静的乡村自然环境和社会生活等,不一而足。因此,乡村振兴战略的贯彻落实不仅呼唤农村创业,更是呼唤农村可持续创业活动的不断涌现!

农村可持续创业是指兼顾经济、环境和社会三重底线的创业活动,意在寻求创业的经济、环境和社会目标之间的某种动态平衡。具体地看,农村可持续创业的经济目标不仅需要关注成长和利润,还需要关注收入和利润的可持续,甚至需要考虑代际公平;环境目标需要关注资源的可再生性或是不可再生资源如何可持续,需要兼顾环境保护的需求;社会目标需要关注当地社区和人的发展问题,需要考虑创业活动对当地社会文化系统的短期和长期影响。

值得指出的是,农村可持续而非掠夺式创业氛围的营造不仅需要政府和其他力量的外部监管,更需要当地社区参与的内生动力。政府、非政府组织(NGO)和其他力量或许能够通过约束和激励机制,让城市创业守住环境和社会底线,然而,限于广袤乡村的特点(如政府管制能力相对较弱、社区相对封闭、人口密度较小、交通不便、环境污染承载力相对较强等),农村创业的可持续导向可能难以单纯依赖乡村社区外部力量的约束和激励,这意味着当地社区需要更多地参与或介入农村创业活动。

不过,和主要由陌生人组成的城市不同,乡村社区总体而言依旧保留着较强的熟人社会特性,因此,如果说城市创业与当地社区的关系可以若即若离的话,那么农村创业常常甚至不得不深深扎根于当地社区,获取社区供给的有形和无形资源,这为社区参与提供了得天独厚的条件。另外,正因为农村创业的可持续发展依赖于社区的支持,农村创业主体的企业社区参与活动也成为其重要的战略举措。那么,企业的社区参与、社区参与创业活动,它们对农村创业机会识别和开发的过程及其绩效有何影响,也是农村创业非常值得关注的现实和理论话题。

本文是国家自然科学基金面上项目(71673090)资助成果。

参考文献

[1] 张玉利,冯潇.三农创业实践驱动的学术问题与研究建议[J].南方经济,2019(7):72-82.

[2] 庄晋财,尹金承,庄子悦.改革开放以来乡村创业的演变轨迹及未来展望[J].农业经济

问题，2019（7）：83-92.

[3] 杨学儒，李浩铭. 乡村旅游企业社区参与和环境行为——粤皖两省家庭农家乐创业者的实证研究[J]. 南开管理评论，2019，22（1）：76-86.

[4] 杨学儒，梁强，李军. 农村家族创业研究：文献评述与研究展望[J]. 南方经济，2013（6）：70-79.

[5] Pato L, Teixeira A A C. Twenty Years of Rural Entrepreneurship: A Bibliometric Survey[J]. Sociologia Ruralis, 2016, 56（1）: 3-28.

[6] Korsgaard S, Müller S, Wittorff T H. Rural Entrepreneurship or Entrepreneurship in the Rural-between Place and Space[J]. International Journal of Entrepreneurial Behavior & Research, 2015, 21（1）: 5-26.

[7] Müller S, Korsgaard S. Resources and Bridging: The Role of Spatial Context in Rural Entrepreneurship[J]. Entrepreneurship & Regional Development, 2017, 30（1-2）: 224-255.

[8] Munoz P, Kimmitt J. Rural Entrepreneurship in Place: An Integrated Framework[J]. Entrepreneurship & Regional Development, 2019（3）: 1-32.

[9] Fitz-Koch S, Nordqvist M, Carter S, et al. Entrepreneurship in the Agricultural Sector: A Literature Review and Future Research Opportunities[J]. Entrepreneurship: Theory and Practice, 2018, 42（1）: 129-166.

[10] Stathopoulou S, Psaltopoulos D, Skuras D. Rural Entrepreneurship in Europe: A Research Framework and Agenda[J]. International Journal of Entrepreneurial Behaviour & Research, 2004, 10（6）: 404-425.

[11] Elkington J. Cannibals with Forks: The Triple Bottom Line of 21st Century[M]. Canada: New Society Publishers, 1997.

[12] 杨学儒，李新春. 地缘近似性、先前经验与农业创业企业成长[J]. 学术研究，2013（7）：64-69，78.

第 13 章

如何创业？浅析创业行动方法论

凡事都要讲方法，
创业也不例外。
秉承正确的创业方法论，
能够降低创业失败概率，
减少创业失败成本。
本章聚焦于两种创业方法论：
战略创业，侧重思维指引；
假设驱动型创业，侧重行动指南。
本章将对此详细阐述。

战略创业：融合战略思维与创业思维

◎张敬伟 侯瑜静 / 燕山大学

1. 战略创业提出的背景与演进

21世纪之初，由全球化和新技术两股浪潮驱动的企业经营环境的不连续变化，为企业可持续经营带来了严峻的挑战。高度的不确定性构成产业竞争图景的新常态，而互联网企业的兴起和蓬勃发展，则昭示着不确定性中蕴含着宝贵的商机。那么，企业应该如何应对环境变化，并利用不确定性中的机会呢？这个问题引发了一些战略学者的新思考。他们意识到，战略管理和创业研究都关注价值和财富创造，而两者的整合将有助于企业创造更多的价值。

受丽塔·麦克格拉斯和麦克米兰（Rita McGrath 和 MacMillan，2000）提出的创业心智概念的启发，著名战略学者迈克尔·希特（Michael A. Hitt）等在2001年开创性地提出战略创业的概念，并在国际顶级期刊《战略管理学报》（*Strategic Management Journal*，SMJ）组稿一期专刊，探讨如何整合战略管理与创业这两个学科的优势，将战略管理中的优势寻求（advantage seeking）和创业中的机会寻求（opportunity seeking）的思想和活动加以整合，以获取应对环境变化的新思路。

战略创业的概念很快得到了战略与创业学者的广泛关注，美国战略管理学会甚至在2007年创办了专门的期刊《战略创业学报》，成为战略创业学术思想的宣传阵地。战略创业关注的主要问题是：企业如何在创造和保持竞争优势的同时（simultaneously）识别和利用新机会？10年后，希特等（2011）进一步明确，战略创业探究企业如何将优势寻求活动和机会寻求活动相结合,从而为个体、组织和社会创造价值;战略创业旨在将源自战略管理和创业领域的知识结合在一起,从两个交叉的维度寻求应对新环境图景的解决之道。

由此可见,战略创业概念自诞生伊始,就承担着整合战略管理与创业研究的使命。由于战略创业涉及两个学科,研究领域宽泛而多样,经济学、社会学、心理学以及组织行为与组织理论均为战略创业理论的发展提供滋养。如今,对战略创业的讨论方兴未艾。杜安·爱尔兰(R. Duane Ireland)等知名战略学者在2003年提出战略创业的概念模型(Ireland等,2003),2011年进一步提出战略创业的"投入–过程–产出"模型(Hitt等,2011),是持续探究战略创业内涵与过程的重要尝试。此外,来自战略和创业领域的很多学者均对这个新概念做出探讨(Mazzei,2018)。但是,作为一个纯理论驱动的概念,战略创业的内涵界定以及构念维度划分等基本问题仍未在学者中达成共识(Mazzei,2018)。本文主要从其提出者希特、爱尔兰等知名学者对战略创业概念持续演进的理解,对战略创业进行解读,并在此基础上,提出我们的独立思考。

2. 战略创业的基本内涵

(1)两个基本维度。希特等(2011)认为,有效的战略创业要求在优势寻求活动和机会寻求活动两个方面寻求平衡,因此,从内涵维度来看,战略创业是二维的:一方面在既有业务领域创造和保持竞争优势,另一方面持续搜索新的机会(戴维奇,2015)。在希特等学者看来,战略创业概念中的战略部分是寻求稳定性和可预测性,而创业部分是要实现弹性和新颖性,因此,在资源有限的前提下,要想在两类活动中寻求平衡,要么在利用当前竞争优势和探索未来机会之间做出取舍,要么采取双元组织以支持探索和利用同时展开。

(2)两点基本思路。希特等学者认为,探索新创企业如何更具战略眼光,以及在位的大企业如何变得更具创业思维,是开发和实证战略创业这一构念的动力。按照这一理解,战略创业有两层含义:第一,用战略思维开展创业活动(initiating entrepreneurial activity strategically)。比如,新创企业创业初期的关键问题是探索可行的商业模式,这就是战略思维的创业;在位企业开发新事业时,也需要战略性布局,才能提高创业效果(Burgelman,1983)。第二,用创业思维开发战略(formulating strategy entrepreneurially)。对在位企业而言,这意味着更新现有主导逻辑和商业模式、主动变革的思维和气魄;对新创企业而言,则意味着基于已有创业手段与利益相关者积极互动、利用而非回避不确定性,通过开创机会可能性空间,探索有潜力的市场定位和最有利可图的商业模式,这就是用创业思维开发初创企业的战略。斯坦福大学艾森哈特教授团队长期研究环境高速变化情境下(或创业情境下)的战略制定和战略形成,提出机会逻辑、简单规则等重要理论逻辑,就是启发战略决策者像创业者那样思考和开发企业的战略。

战略思维和创业思维的结合是战略创业这一新概念的迷人之处。首先,战略思维体现为重新定义需求和竞争,关注如何竞争,如何以全局观、愿景和长期视角审视与引导企业成长。正如北大光华管理学院路江涌教授(2018)在其专著《共演战略》中所言,战略思维就是"知时局、览全局、见终局、应变局"。其次,创业思维体现为创新、积极行动和风险承担。创业思维意味着对新市场、新需求、新价值等新的机会空间的探求;意味着尝试以新的方式打破行业现有格局、树立新的游戏规则;意味着探索和构建新的商业模式和组织形式,以实现更具潜力的价值创造。可见,将战略思维与创业思维相结合,将有助于企业将短期与长期、利用和探索等方面有机地融合在一起,实现企业的可持续成长。

3. 战略创业的两个理论模型

爱尔兰、希特等学者分别在 2003 年和 2011 年提出了战略创业的理论模型(Ireland 等,2003;Hitt 等,2011),为深入理解战略创业的内涵、关键维度、创业过程与结果提供参考。

(1)战略创业的四维度概念模型。爱尔兰等(2003)将战略创业解构为由四个维度组成的独特构念,包括创业心智、创业型文化和创业型领导、战略性资源管理,以及运用创造力和发展创新。通过这些逐渐展开的维度,创业者开展机会寻求和优势寻求活动,实现竞争优势构建和财富创造(见图 13-1)。

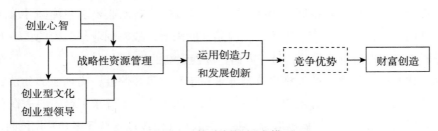

图 13-1 战略创业概念模型

创业心智是一种成长导向的思维,关注灵活性、创造力、持续创新和更新,力求从不确定性中获益;同时,创业心智也是一种认知能力,能够为模糊和不确定的情境赋予某种意义,从而识别和利用新机会。创业心智有助于创业型文化的发展,后者鼓励新思想、新创意,鼓励承担风险,鼓励学习和持续的变革,并能够容忍失败。因此,创业型文化有助于持续地搜寻新机会,并推动战略性地管理资源。创业型领导重在对他人施加影响,以战略性地管理资源;通过培养创业能力,质疑现有主导逻辑和商业模式,感知新机会,实现机会寻求和优势寻求活动的结合。只有在创业型文化中,创业型领导才能充分运用创业心智开展战略创业活动,与此同时,创业文化也会在创业型领导的开发和培育下得以发展。

战略性资源管理是指对财务资本、人力资本和社会资本等关键资源进行战略性管理,以推动机会寻求和优势寻求活动的同时展开。战略性地管理资源,使创造力和创新得以充分地在组织中发展起来。企业可通过实现破坏性创新和维持性创新的动态平衡建立竞争优势,实现财富创造(董保宝和向阳,2012)。

综上所述,这一模型提出了战略创业的核心要素,揭示了财富创造的机理,在战略创业理论发展过程中具有里程碑意义。

（2）战略创业的"投入－过程－产出"模型。在上述战略创业模型的基础上，希特等（2011）提出了一个多层次"投入－过程－产出"模型（见图13-2）。作者将环境、组织和个体等不同层面的前因变量引入战略创业过程，并通过资源编排，开展机会寻求活动和优势寻求活动，实现资源价值的最大化，从而为社会、组织和个人等利益相关方创造价值。

这一模型具有两个突出特点：第一，将外部环境因素引入战略创业模型中，提供了更为完整的视角剖析战略创业过程，从而与提出战略创业概念的初衷更为契合；第二，将战略创业视为多层面的概念，在战略创业中，个人、组织和社会等不同层次的主体会投入资源，同时这些主体又会受到战略创业产出的影响。此外，该模型也突出了创业型文化、创业型领导以及战略性资源管理在战略创业过程中的重要作用，是对上一个战略创业模型思想的继承和发展。

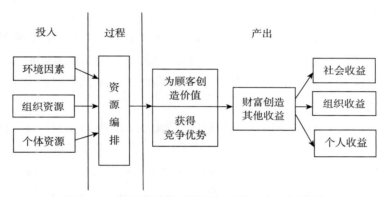

图13-2 战略创业的"投入－过程－产出"模型

4. 对战略创业研究的讨论

（1）战略创业的独特贡献。第一，从理论初衷来看，尝试将战略思维与创业思维相结合，将机会寻求与优势寻求活动结合起来开展价值创造，这是非常好的理论思路。按照这样的理论指引开展研究尝试，或许能够对战略管理和创业理论的发展都能做出有益的贡献。

第二，战略创业的一个重要贡献是相对于已有的公司创业理论而言的。首先，不同于公司创业（只是针对在位企业），战略创业面向在位企业和新创企业，因此，战略创业的一个明显优势是，随着企业生命周期的延续，战略创业能够从时间维度更好地为企业成长提供理论指引。其次，与公司创业旨在为在位企业保持初创精神而持续寻求新机会所开展的理论探索不同，战略创业在概念内涵上更为丰富：不仅注重对未来机会的寻求和把握，还关注现有优势的创造和利用。当然，也有不少学者认为，战略创业是公司创业的一个维度，体现为战略更新、商业模式重构等五种形式（戴维奇，2015）。

（2）战略创业研究的相关探讨。第一，战略创业是在经营环境日益复杂和动态的变化趋势之下，由几位知名战略学者创造出来的一个理论概念，希望从战略管理和创业两个互补的研究领域，寻求应对环境挑战的新思路，以实现企业的可持续成长。这个思路无疑是正确的，从理论上阐明如何整合战略思维与创业思维对于企业发展具有重要的启发意义，因而，战略创业具有相当高的潜在理论价值。但类似于动态能力这种高度抽象的概念，战略创业一方面在理论界定上难以达成共识，另一方面面临着理论落地的困难。一个突出的表现就是，战略创业概念出现已经接近20年了，目前还没有一致认可的概念定义和维度划分，就优势寻求和机会寻求活动如何结合，战略创业如何实现，还没有清晰的解答（Mazzei，2018）。

最近《战略创业学报》刊发了一期专刊，从商业模式角度提出了一些发展战略创业理论的思路，有可能是一个可行的方向。学者们认为，对新创企业而言，它们创立后面临的最重要和最紧迫的任务就是探索到可行的商业模式（张敬伟，2012；Blank，2013；McDonald 和 Eisenhardt，2019），因此，战略性地开展创业活动至关重要；对在位企业而言，特别是对那些陷入或即将陷入大企业病的在位企业而言，它们急需创业思维引导其未来战略方向，以实现商业模式重构或创新。因此，商业模式有可能是连接战略思维与创业思维，将优势寻求与机会寻求行动、探索与利用行动相结合的黏合剂和理论工具，是将战略创业思想落地的重要抓手。

第二，战略创业从其基本内涵上强调利用当前优势的同时探索新机会，特别强调"同时"和"平衡"（Ireland 等，2003；Hitt 等，2011）。这一点值得商榷。首先，当前优势利用和新机会探索不一定需要同时进行。马奇（1991）在研究组织学习时提出的探索和利用是一对悖论。按照悖论管理的理论，处理悖论可以通过建设性地使用悖论、时间上隔离、空间上隔离、在更高层面上整合等多种途径（Poole 和 Van de Ven，1989），不一定要同时进行。其次，当前优势利用和新机会探索也不一定是平衡的，因为在动态环境下，平衡永远是暂时的，不平衡更为常见。持续的创新、持续的战略适应、持续的变形，可能是战略创业在企业实际经营中的表现形式。在快速移动中命中靶心，越来越成为这个时代对于企业经营的基本要求。基于上述讨论，本文认为，进一步厘清战略创业的内涵和思想内核，对于这个领域的发展具有至关重要的意义。

第三，无论是战略还是创业，都可以区分为头脑中的和行动中的两类。战略家头脑中的战略就是他的使命和愿景，创业家头脑中的创业就是创新精神、风险承担和积极行动的倾向。战略落地需要体现在行动上（Porter，1996），创业落地也需要体现在创业行为上。因此，最近战略领域和创业领域研究对认知与行动及其互动的关注，也为战略创业研究提供了新的思路。

例如，艾森哈特教授团队从战略的机会逻辑、简单规则，到创业情境下的战略形成，持续关注如下研究议题：第一，新创企业如何战略性地创业以探索和建立可行与有利可图的商业模式；第二，在位企业如何在混沌边缘持续发现和构筑新竞争优势。他们考察了心智模式、类比、身份等认知要素，还考察了即兴发挥、创造性拼凑以及试验试错等行动要素，以及认知与行动的结合（Ott 等，2017），为战略创业提供了新思路。艾森哈特等学者虽然并没有使用战略创业这个标签，但其研究思路和内容更接地气，有助于将战略创业的思想更好地落地。

短论

战略创业与持续竞争优势

戴维奇 / 浙江财经大学

　　战略创业的概念源自希特和爱尔兰等知名战略学者的洞察与思考——随着VUCA时代的来临，企业基于定位观或资源观所建构的竞争优势难以长时间维系，越来越多的企业通过追求多个短期竞争优势并将其在时间轴上串联的方式来建构持续竞争优势。显然，这种持续竞争优势的获取途径不同以往。希特等学者指出，VUCA时代卓越企业不仅要尽可能在既有业务上维持竞争优势，更要识别与利用新的机会，开拓新的方向与领域。前者是传统的战略管理所讨论的核心议题，而后者是创业关注的焦点。据此，希特等学者提出"战略创业"的概念以体现战略管理与创业的整合。

　　从本质上讲，战略创业体现了利用与探索以及双元（ambidexterity）的思想。如果将保持既有业务优势视为利用，那么开拓新业务就是探索，而战略创业概念的核心要义就是利用与探索的结合，即双元。从这个意义上讲，战略创业与其说是一种创业的类型，不如说是一种心智模式，它为VUCA时代的管理者提供了一种底层的思考逻辑。当然，若将其放在组织层面创业的范畴加以考察，那么战略创业也可被视为公司创业的一种具体类型。考虑到战略创业的内涵既包括既有竞争优势的维系，也包括新机会的识别与利用，而公司创业概念仅强调后者，基于内涵与外延的逻辑关系，战略创业可被视为公司创业的一部分。事实上，库拉特科和大卫·奥德雷奇（David B. Audretsch）等学者在对公司创业重新进行概念化时，就明确地将战略创业作为公司创业的两个维度之一。

　　这里需要指出的是，战略创业作为一种体现底层逻辑的心智模式，其重要性不言而喻。而从具体创业类型的角度分析，战略创业相对于一般的公司创业行为更是难能可贵。一方面，从事战略创业的企业在做好既有业务的基础上开拓新业务，前者为后者提供资源和能力基础。相较于那些对既有业务不管不顾、一味开拓新业务的企业来说，这类行事稳健的企业更可能实现平稳的过渡与转型。另一方面，倘若企业能在时间轴上连续实施战略创业，那么就能为VUCA时代持续竞争优势的获取提供现实路径。例如，万达集团的第一次战略创业以住宅地产开发为既有业务，开拓商业地产新业务，而第二次战略创业以商业地产为既有业务，开拓进入文化旅游新业务。"新"业务和"旧"业务随着时间的推移不断转换，持续地将企业推向新的高度（戴维奇和魏江，2015）。它不仅体现了卓越企业把握节奏、革故鼎新并最终实现跃迁的历程，而且也演绎了VUCA时代获取持续竞争优势的一种可行方式。

　　本文是国家自然科学基金面上项目（71672168）资助成果。

参考文献

[1] 戴维奇."战略创业"与"公司创业"是同一个构念吗?——兼论中国背景下战略创业未来研究的三个方向[J].科学学与科学技术管理,2015,36(9):11-20.

[2] Hitt M A, Ireland R D, Camp S M, et al. Strategic Entrepreneurship: Entrepreneurial Strategies for Wealth Creation[J]. Strategic Management Journal, 2001, 22(6-7): 479-491.

[3] Ireland R D, Hitt M A, Sirmon D G. A Model of Strategic Entrepreneurship: The Construct and Its Dimensions[J]. Journal of Management, 2003, 29(6): 963-989.

[4] Hitt M A, Ireland R D, Sirmon D G, et al. Strategic Entrepreneurship: Creating Value for Individuals, Organizations, and Society[J]. Academy of Management Perspectives, 2011, 25(2): 57-75.

[5] Matthew J. Mazzei. Strategic Entrepreneurship: Content, Process, Context, and Outcomes[J]. International Entrepreneurship and Management Journal, 2018, 14(3): 657-670.

[6] 董保宝,向阳.战略创业研究脉络梳理与模型构建[J].外国经济与管理,2012,34(7):25-34.

[7] 路江涌.共演战略[M].北京:机械工业出版社,2018.

[8] 戴维奇,魏江.创业心智、战略创业与业务演化[J].科学学研究,2015,33(8):1215-1224,1231.

假设驱动型创业：用精益思想开展创业

◎张敬伟 毛彦丽 / 燕山大学

1. 假设驱动型创业因何兴起

假设驱动型创业的提出者埃里克·莱斯（Eric Ries）在《精益创业》一书中分享了他亲历的创业故事：2004年，莱斯团队创立了一家软件公司，最初的设想是在现有即时通信软件的基础上开发新产品，这样，公司就可以借用顾客现有的即时通信社交网络实现新产品的快速扩散。为了打造最好的产品，莱斯率领研发团队连续攻关6个月，费尽心力研发出第一款产品，结果却发现用户寥寥。绝望之下，他们去和顾客交谈，才知道顾客根本不想把自己的朋友介绍进来，也不想把一个陌生人添加到好友列表中。这些反馈推翻了他们创业想法中的核心假设。创业团队半年来的心血付诸东流，没有创造任何价值！

类似的故事并不鲜见。今夜酒店特价、顺丰嘿客等国内新创公司也都经历过这样的磨难。创业团队开发并执行了一个貌似完美的商业计划，希望打造完美的产品打动顾客，结果在新产品推出之际才发现，理想与现实相差万里。这样的创业不仅造成了人、财、物的巨大浪费，而且消耗了创业团队最宝贵的资源——时间，导致贻误战机，铩羽而归。

其实，这样失败的结局完全可以避免。以莱斯创业故事的续集为例，创业团队从惨痛失败中反思：我们到底能够为顾客创造哪些价值？如何用成本更低的方式学习，以避免各种不必要的浪费？莱斯团队开始对顾客真实需要进行探察，不断地采取试验方式检验创业假设，持续调整产品和战略使之与顾客需要相匹配，逐渐在持续验证和迭代的认知中实现了成长。

莱斯对自身创业经验教训的总结，引发了他的进一步思考：创业者如何才能避免资源浪费，提高创业成功率？莱斯随后学习了硅谷创业教父史蒂夫·布兰克（Steve Blank）的客户开发方法，并将其与敏捷开发、设计思维等进行融合，在借鉴丰田精益生产理论的基础上提出了精益创业（lean startup）的方法论（Ries, 2012）。2013年，莱斯等提出假设驱动型创业（hypothesis-driven entrepreneurship）的概念，细致地阐述了假设驱动型创业（或精益创业）的核心要义、实施步骤与适用条件（Eisenmann等, 2013）。由于假设驱动型创业能够为创业者提供系统、规范和科学的实践指导，这种创业方法论很快成为风靡全球的创业宝典。

2. 什么是假设驱动型创业

莱斯等认为，在创业过程中，创业者通常会面临两个关键的挑战：一个是严重的资源约束，另一个是商业模式可行与否具有高度的不确定性。创业者需要借用某种方法，将单位资源产生的价值最大化，并最大限度地获取新信息以回应不确定性（Eisenmann等, 2013）。显然，像火箭发射那样预先制订详细的计划，然后严格执行的思路是无效的，这也是莱斯团队早期失败的根本原因。莱斯认为，创业者应该像驾驶汽车那样通过转动方向盘不断地进行调整。为此，创业者应该把创建新企业视为一次大型试验。创业者不需要一个完美的想法，但他需要一种可以形成反馈通道的方法，这种方法使创业者能够持续地收集和整合反馈信息，不断地学习和改进（Ries, 2012）。

这种方法就是假设驱动型创业。假设驱动型创业将创业活动定义为基于创业想法的假设检验过程（宋正刚等, 2016）。其基本要义是：创业者把创业想法转化成一系列可被检验的商业模式假设，然后使用一系列具备基本功能的最小可行产品（MVP）检验商业模式假设的有效性，进而创业者能够从顾客反馈中学习，决定是否坚持、调整或放弃原有的商业模式假设。创业者持续地重复这一过程。当所有的商业模式假设通过检验时，就意味着企业实现了产品与市场的匹配，可以实施规模化扩张了。

假设驱动方法的最大价值在于帮助创业者有效地解决资源约束和商业模式不确定性两大难题，减少创业者面临的最大风险——开发了根本没人要的产品（Eisenmann等, 2013）。与传统创业方式相比，假设驱动型创业有助于创业者将初始愿景与创业行动紧密结合，最大化地发挥单位资源的学习价值，在认知与行动的互动迭代中实现新企业的成功创建。假设驱动型创业与几种传统创业方式的比较如表13-1所示。

表 13-1　假设驱动型创业与传统创业方式的比较

创业方法	做好产品，顾客即来（build-it-and-they-will-come）	瀑布式计划（waterfall planning）	想做就做（just do it）	假设驱动型创业（hypothesis-driven entrepreneurship）
基本含义	创业者围绕机会是什么形成有关完美产品的愿景，并以此为指引集中精力开发完美的产品，很少寻求顾客反馈和需求验证	创业者将愿景转化成计划，然后按照既定步骤有条不紊地执行。只有在完成上一阶段的工作后才会开始下一阶段的工作	创业者没有产品愿景、清晰的计划和假设，而是采取即兴的方法，完全根据资源提供者和顾客的反馈调整产品和商业模式	创业者把创业想法转化成一系列商业模式假设，使用一系列具备基本功能的MVP检验假设的有效性，然后从顾客的反馈中学习，决定是否坚持、调整或放弃原有的商业模式假设
开展的前提条件	创业者对完美产品的愿景的强烈自信	创业者全知全能，即创业者只要能收集全面的产业或市场信息，就能制订出完美的计划	创业是受路径依赖和偶然因素影响的自然过程，假设市场会对创业者的努力进行反馈	把创办新企业或是新产品开发看作一个不断检验假设、学习和迭代的过程
是否有明确的方向	方向明确，创业者拥有强烈的产品愿景	方向明确，创业者具备初始的产品愿景和详细的计划	方向不明确	有初步的方向，依赖于创业者的初步创业想法和高度迭代的实施步骤
是否进行市场反馈	没有进行市场反馈	往往出现在后期阶段（产品开发完成后）	高度依赖市场反馈	作为学习手段，反馈持续出现在产品或商业模式的形成过程中
高不确定性环境下的实施效果	在需求不确定性高的环境下，开发出正确的新产品的概率低，创业失败风险极大	开发新产品的初创企业严格遵循该方法往往导致在发现失误时已经造成了大量的浪费或假设过时	虽然有可能引导新企业逐步抓住机遇，但缺乏明确方向有可能导致反馈产生的调整是错误的，试错成本高	帮助新创企业在最大限度利用资源和信息的条件下，快速检验假设，持续迭代改进，以应对不确定性，最终进化出可行的产品和可持续的商业模式

注：根据 Eisenmann 等（2013）、宋正刚等（2016）、张玉利等（2011）的观点整理。

3. 假设驱动型创业如何实施

假设驱动型创业的基本思路是：创业者将创业想法转化为商业模式假设，然后快速高效地实施假设验证，在此过程中持续地学习和改进，直至建立可行的商业模式。莱斯等将此过程总结为七大步骤（Eisenmann 等，2013），如图 13-3 所示。

（1）**提出创业想法**。创业往往起始于创业者的创意开发过程（ideation）。创意可能来自创业者对某个问题的深入思考，对看似不相关概念的组合，或是他与其他领域人员的合作。通过创意开发，创业者形成了有关机会原型和商业概念的基本看法，其中包含了待解决问题（目的）与可能方案（手段）之间的假设性匹配，从而为后续创业行动提供初始的思维指引（张敬伟等，2019）。

（2）**把想法转化为商业模式假设**。在初步想法的基础上，创业者需要开发商业模式假设。商业模式是关于企业如何定义价值、创造和传递价值以及获取价值的基本逻辑，涉及市场定位、经营流程和盈利模式等几个相互联系的基本维度（张敬伟和王迎军，2010）。艾森曼（Eisenmann）等（2013）认为，商业模式假设需要满足两个条件：一是可证伪性，如果商业模式假设不可能被证伪，那么创业者就无法从假设验证中有效地学习。二是综合性。商业模式往往体现为一系列相互关联的决策，具有内在的一致性。因此，在提出商业模式假设之前，创业者需要识别商业模式各要素之间的联系。例如，如果创业团队还没有形成有关目标顾客的假设，那么有关获客成本的假设也就无从谈起。

（3）**明确 MVP 测试**。对面临高度不确定性和资源约束的创业者来说，通过最少的时间和资源投入实现最多和最快的学习至关重要。加速学习的重要方式就是"提前并经常性推出新产品"。莱斯（2012）提出了"构建 – 测量 – 学习"（build-measure-learn）模型来说明创业者如何实现这种闭环的学习。在这个模型中，MVP 是创业者开展学习行动的载体，创业者需要用最快的速度和最少的资源推出 MVP 测试，然后根据用户的反馈持续地进行迭代优化。

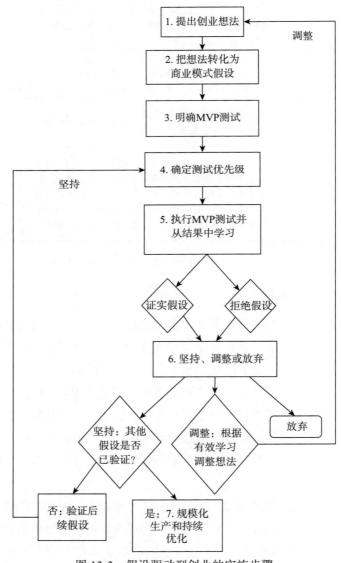

图 13-3　假设驱动型创业的实施步骤

那么，什么是 MVP 呢？莱斯认为 MVP 是用于验证商业模式假设的一组最精简的产品特征或价值活动。创业实战家阿什·莫瑞亚（Ash Maurya, 2013）形象地将 MVP 比喻为"一碟浓缩调味酱，够味、够浓，而且香气四溢"。莱斯（2012）提出了开发 MVP 需要遵循的原则：放弃对学习目的没有直接助益的一切功能、流程或努力。因此，作为创业者用于学习的"测试产品"，MVP 需要精简、再精简，只需要具备最必要的产品功能或价值活动即可。例如，对一个软件产品来说，MVP 可能只是一个简短的演示视频；对一家餐馆来说，MVP 可能只是一辆摆放着新式菜品的流动餐车；对一家电商公司来说，MVP 可能只是一个简单的实验性网站。

MVP 测试有两大优势：一是缩短产品开发周期，加快客户反馈速度；二是小批次的产品特征调整使测试结果易于解释，帮助创业者快速诊断问题所在。创业者可以通过设计和实施一系列的 MVP 测试，以不断迭代的方式改进产品并验证关键的商业模式假设。

（4）**确定测试优先级**。形成商业模式假设并确定好用于测试的 MVP 后，创业者需要对测试进行优先级排序。一个基本原则是，创业者应该优先选择那些能够以较低成本消除较大风险的环节进行测试。当商业模式假设在顺序上相互关联时，需要采取顺序测试的方式，反之，则可以采取并行测试的方式。比如，进入市场的行动假设有赖于顾客价值主张假设，因此需要先测试后者，再测试前者，而对于渠道假设与顾客关系假设则可以并行进行。

（5）**执行 MVP 测试并从结果中学习**。最新的研究表明，创业团队可以将内部验证、外部验证、直接验证和间接验证等不同的方式相结合，更为快速和低成本地获取有价值的信息（张敬伟等，2019）。创业者从 MVP 测试中获得反馈后，应对反馈的真实性与有效性做出进一步识别，考察测试结果是否存在误报（false positive）和漏报（false negative）的情况。此外，创业者还需要考察另外两个潜在的错误来源：一个是顾客真实的偏好可能与其表达的偏好存在不一致；另一个是创业者自身的认知偏差，比如盲目乐观、计划谬误、证实偏误等。这些都会对测试结果产生干扰，从而影响决策质量。

在测试过程中，创业者应该学会拥抱意外，因为这样有可能发现一些重要的机会（Eisenmann 等，2013；MacDonald 和 Eisenhardt，2019）。例如，贝宝公司（PayPal）的初衷是让奔迈掌上电脑（Palm Pilot）用户通过电子方式交易货币。为了引起人们的兴趣，贝宝做了个演示网站，该网站很快大受欢迎；贝宝很快抛弃了原来的设想，专注于网站建设，并在此基础上开发了新的商业机会。

（6）**坚持、调整或放弃**。对 MVP 的试验结果和市场信息进行评估后，创业者需要做出决策。如果商业模式假设通过测试，那么创业者应该坚持当前路径，继续检验剩余的假设，直至所有的假设通过验证，就可以规模化地投入生产。如果 MVP 测试拒绝了商业模式假设或是揭示了更好的商业机会，创业者应该进行调整（Eisenmann 等，2013）。当然，创业者更有可能坚持最初的想法而对行动路径进行调整（Eisenmann 等，2013；张敬伟等，2019）。最后，如果 MVP 测试完全拒绝了某个关键的商业模式假设，创业者又无法找到可行的替代方案，那么他应该果断地放弃该业务。

（7）规模化生产和持续优化。如果所有关键的商业模式假设都得以验证通过，这意味着产品与市场是匹配的，产品能够满足市场的需要。同时，这也意味着产品有了稳定的早期用户和盈利条件，并表明企业具备了向利益相关方传递价值的实力。此时是新创企业扩大规模的最好时机。当然，创业者仍旧可以采用假设驱动的方法持续地改进和优化其商业模式，以提升其竞争优势。

上述七步法能够有效地解释为何有的新创公司能够成功，有的却失败了。答案很简单：运用这套方法和流程，成功创业者在资源耗尽之前做出了足够的改进。莱斯（2012）指出，对创业者而言，"这个产品能够开发出来吗"不是个好问题，他更应该思考和探求如下两个问题的答案：第一，我们需要开发这个产品吗？第二，围绕这个产品，我们能够建立起可持续的业务吗？换言之，创业者应该首先进行用户的探索与验证。通过更小和更快的迭代流程验证创业想法，假设驱动型创业能够有效地避免浪费和应对不确定性，提高创业成功率。

4. 假设驱动型创业能否所向披靡

假设驱动型创业提供的方法和原则能够有效地解决不确定性环境中的产品开发和新企业创建问题，从而成为备受推崇的创业行动指南。当然，任何事物都有两面性，假设驱动型创业有其优势，也有其适用条件和局限性，具体阐述如下。

（1）假设驱动型创业的独特价值。首先，与关注产品的传统创业思路不同，假设驱动型创业强调建立可行商业模式的重要意义。创业者不只是针对顾客问题提供解决方案，而是要形成一套完整的商业模式（Maurya，2013），这是建立可行业务的保障。其次，假设驱动型创业引入两个重要概念——MVP和调整，强调用有限的资源和时间快速做出"产品的测试版本"并投入市场，通过连续的小规模试验，不断更新、改进产品和商业模式，使其最终通过市场验证。快速和低成本地验证商业模式假设，避免浪费，是假设驱动型创业的重要价值（Eisenmann等，2013）。再次，假设驱动型创业有效地平衡了创业者想法和市场反馈之间的关系（宋正刚等，2016），有助于避免创业者闭门造车，把战略决策建立在对顾客需求的学习和理解之上，提高了创业成功率，降低了失败成本。最后，假设驱动型创业不仅有利于为创业者提供实践指导，对于创新型人才培养也有重要的启发意义（宋正刚等，2016）。

（2）假设驱动型创业的局限性。首先，假设驱动方法能否被成功地运用，主要依赖于创业者从错误中学习的能力，但现实并不总会给创业者学习的机会。如果创业者无法在产品引入之后再纠错，或是所犯错误会对顾客利益造成重大损失，或是社会对错误的容忍程度较低，假设驱动型创业往往难以发挥其威力（Eisenmann等，2013）。比如，有关法律限制公司在测试新产品时犯错，例如新药物开发、临床试验等必须严格遵守相关规定，使用未经证实的药物进行试验是违法的。

其次，当需求不确定性较低，寻求顾客需求反馈并非必要之举时（Eisenmann 等，2013），假设驱动型创业也不是最佳的创业方法论。例如，创业者推出低成本的且没有副作用的癌症治疗方案，可能不需要持续小规模地迭代产品和商业模式。再如，可靠而又低成本的绿色发电方案无疑为社会所需，尽管创业者仍有可能运用假设驱动型创业的某些步骤或原则对产品进行测试，却未必需要提前或经常性地推出新产品以寻求顾客的反馈。

再次，当需求不确定性比较高，而产品开发周期又比较长时，创业者可能无法在早期阶段提供 MVP 供顾客体验。当然，此时创业者仍有可能需要用假设驱动方法洞察目标客户的真实需求，并且对认知偏差（尤其是"承诺升级"）保持高度的警惕（Eisenmann 等，2013）。

最后，假设驱动型创业难以为创业者如何调整产品或商业模式的问题提供具体指导。毕海德（2004）认为，发现假设未能得到验证，与找到可行的替代方案相比，后者更有价值，因为创业者做试验的目的是解决问题，而不是验证某个或某些假设。尽管如此，假设驱动型创业通过让创业者走出办公楼积累实践智慧，鼓励创业者积极运用设计思维、敏捷开发等方法，这一创业方法论仍能为解决上述创业问题提供重要的启发。

短论

假设驱动型创业对大学双创人才培养的启示

宋正刚 / 天津中医药大学

梳理假设驱动型创业的方法体系，不难发现它与研究型大学开展的以知识创造为目的的科学研究不仅不相违背，甚至可以相得益彰、相互促进——作为重要的方法论工具，假设驱动创业方法既可以用来指导学生创业，也可以融入专业教育之中，丰富高校创新人才培养的内涵，促进人才培养质量的提升。

假设驱动型创业方法强调创业教学不能只教知识，更重要的是改变学生的认知和思维，只有让学生学会用创业的思维开展创业，才能激发创造力，才能创造价值。比如，针对创业学院或创业班开设的信息科学方面的课程，其实不只是为了让学生了解一些信息科学方面的前沿知识，更不是要求他们通过课程学习达到所谓的专业水平，而是要就该学科领域的"问题史"，告诉学生这些问题在信息科学领域是如何被提出、被探讨并发生演化的，以及伴随这一过程产生了哪些创业机会，这些机会又是如何被开发的。通过这样的课程设计，教师不仅能够帮助学生领会科学探索的旨趣和境界，同时也是在帮助学生思考在该学科领域可能蕴含哪些创意或潜在的商业机会。这样的课程设计不仅有专业水准，而且具备相当的思想深度。所以，创业课程不是纯粹的知识学习与技能训练，其更深层次的目的是培养学生独特的思考问题的方式，一种把握机遇、挑战自我的精神素养。

创业的本质是创新，创新的本质是基于科学的方法发展一个假设，然后测试并证明或证伪这一假设。这既是创业的核心思想和逻辑，同时也是研究型大学基于知识创造目的的对学生进行训练的科学方法。从这一思路出发，创新创业教育的核心任务在于推动高校教育和人才培养模式的改革，引导学生运用科学的思维和方法关注社会问题，促进大学与社会的融合，增强大学生服务社会的能力，而不是简单地创办企业。从这一点来看，研究型大学的创业教育往往是潜移默化地融会于专业教育之中的，而专业教育从某种程度上看也可以被理解为创业教育的一种完成形态。

因此，假设驱动型创业方法的应用如果不局限于专业领域或是对现实社会问题的关注，而是聚焦在两者有效融合路径与机制的探讨上，毫无疑问将大大推进研究型大学创新型人才的培养，激发更多创新型创业活动的开展。因此，把握住了假设驱动型创业方法，也就是把握住了创业教育的着力点和方向。

参考文献

[1] 莱斯. 精益创业 [M]. 吴彤，译. 北京：中信出版社，2012.

[2] Thomas E, Eric R, Sarah D. Hypothesis-driven Entrepreneurship: The Lean Startup[EB/OL]. http://www.hbs.edu/ faculty/ Pages/ item.aspx? num = 41302, 2013-07-10.

[3] 宋正刚，张玉利，谢辉. 假设驱动型创业与培养创新型人才研究 [J]. 教育评论，2016（2）：3-7.

[4] 莫瑞亚. 精益创业实战 [M]. 张玳，译. 北京：人民邮电出版社，2013.

[5] 张玉利，田新，王瑞. 创业决策：Effectuation 理论及其发展 [J]. 研究与发展管理，2011（4）：48-57.

[6] 张敬伟，王迎军. 基于价值三角形逻辑的商业模式概念模型研究 [J]. 外国经济与管理，2010，32（6）：1-8.

[7] 张敬伟，杜鑫，成文，等. 新企业商业模式形成过程中认知与行动的互动：一项跨案例研究 [J]. 外国经济与管理，2019，41（2）：44-57.

尾声

创业实践、研究与创业教育

当今世界正面临深刻而广泛的变革。
对于创业实践、研究与教育而言，
机遇与挑战并存。
把握时代脉搏，洞悉创业实践、研究与教育的新趋势，
有助于为未来创业领域发展指引方向。
因此，探索创业实践、研究与教育的趋势，
是本章探讨的核心主旨。

创业新起点和方向

◎张玉利 / 南开大学

2018年是改革开放40周年，2019年是中华人民共和国成立70周年，一系列纪念活动自然不会少，也必然要总结取得的成就，换个角度总结我们做出了什么贡献会让人有新的感受。例如，我国在经济规模上跃升为世界第二大经济体，这是成就，数亿人脱贫既是了不起的成就也是贡献；嫦娥四号在月球背面着陆，是人类首次，自然是巨大的成就，但非专业人士可能不知道这对人类有什么贡献。同样，以前我总说要提升创业质量，换个角度，看看今天创业面临什么样的新起点，也会有新的认识。起点也是约束，"低于新起点"意味着无法生存。例如，在商品供不应求的时代，粗制滥造当然会有市场，在商品过剩的时期保证质量显然就是基本的准入证。

下面我结合近期的几个学术报告，谈谈我的认识，和大家交流一下。

1. 创业面临的新起点

以前我总是习惯于把创业和社会转型联系起来，工业社会向信息社会转型给创业带来了巨大的机会，也带动了创业热潮。今后我不想说社会转型了，因为从工业社会向信息社会的转型基本结束，信息化、大数据、人工智能已经渗透到各个角落，制造服务几乎是一个词了。线上线下互动、现代物流等不少产业和商业业态与工业社会没有什么联系；轻公司、组织生态化与工业社会时代的金字塔组织完全不同；商业模式、顾客体验、组织生态化等理论工具同样脱胎于信息社会，与工业社会没有什么联系；社会发展进入了新的时期。这是新的起点。

再来说国内，改革开放 40 年，我国取得了天翻地覆的变化。改革开放初期，我国的创业是从农村经济落后地区、由社会边缘群体小心翼翼地起步。今天，创业者群体大众化了，还包括大量的海归创业者，但创业仍然具有从零起步的特点，只是起点不同了；短缺的时代基本过去了，产能过剩成为主要问题，质量成为进入市场的基本门槛，创造价值、工匠精神、创造需求成为竞争优势的来源。

2018 年 8 月 17 日，《人民日报》"人民眼·改革开放 40 周年"栏目发表一整版的记者调查，题目是《"无中生有"看义乌》，文中有两组时间序列事件值得关注，其中一组记录了义乌信用体系建设的：

- 2002 年，义乌启动信用体系建设；
- 2006 年，"诚信包容"被确立为"义乌精神"的重要内容；
- 2008 年，义乌发布市场信用指数；
- 2017 年，义乌获得"国家城市信用建设创新奖"；
- 2018 年，义乌入选国家首批社会信用体系建设示范城市。

义乌的信用信息共享平台上，汇集了 58 个政府部门、104 家金融机构的 1 550 项信用数据，覆盖 41 万法人和其他组织、220 万自然人，记录超过 1.8 亿条。

在义乌经商，有一个特别的门槛：新入场的经营户必须通过培训才能上岗。培训什么？诚信意识和服务意识。信用等级最低的 E 级企业禁止入驻市场、园区，限制办理金融信贷、参与招投标等。

在义乌，进入市场的条件不是注册资本，而是信用。

创业不能只看身边的企业，不能只看周边的环境，应该看趋势，看社会变化，做出大势的判断，然后将愿景使命与大势的判断结合起来，使创业的起点顺应社会潮流和发展方向，相信会更有助于持续发展。上面只是举了两个例子，有了对于新起点的认识，大家还可以总结具体有哪些新起点，但希望不要陷入具体琐碎的约束条件中。

2. 值得注意的几个方向

下面说几点值得注意的方向，也是对新起点的一种呼应。首先，大企业参与创业的积极性高值得关注。谈到创业，在多数情况下会把它和个体创业者（当然可以表现为创业团队）联系起来，因为创业具有白手起家的特点。近些年来，大公司参与创业的现象越来越普遍。

从实践层面看，面对 20 世纪 80 年代以来的创业热潮，大公司开始表现为观望者，在切身地感受到自身规模大、组织庞杂且僵化、灵活性不足而难以适应信息社会竞争的压力后，从克服"大企业病"的角度尝试开展战略创业、组织内新事业开发等与公司创业高度相关的创业活动，之后又大力开展内创业活动，积极推动组织变革，不断推出二元组织、扁平化、平台化、战略更新等新的举措。如今，大公司不仅自身积极创业，还通过各种形式积极推动创业活动。对于一些新的尝试难以直接归纳到哪一类创业活动中，我简单地称其为与公司关联的创业（C Related E）或中间体不清楚是什么的 CxE。

其次，科学、技术。把科学和技术分开来，是近些年来的重大进步。以前科学和技术是不分的，研究和开发也是不分的，产生了重技术轻科学的现象，实用主义盛行更加剧了这种现象。以储能技术为例，储能技术是技术，储能材料是科学，科学比技术更重要、更基础。我国 100 多年前的改革，先是洋务运动，主张"师夷长技以制夷"，后来五四运动强调的科学、民主（所谓赛先生、德先生）则推动了更深层次的变革，更深层次地影响了中国的发展。创业要关注技术，关注创新，但容易忽略科学。与科学、发明、技术等相比，创业所依赖的创新更加强调商业化，更加偏向市场和用户，这些会偏离基础科学端，前些年倡导"企业是自主创新的主体"在一定程度上也加强了应用技术的开发强度，这在扩大生产、满足需求方面有效，但在产能过剩、产业转型升级、深层次竞争的时代，容易导致落后。中美贸易战更加让国人意识到对科学技术的外部依赖非常危险。好在一些大公司特别是数字经济类的大公司（如 BAT、华为等）早已开始投入巨资支持基础科学研究。我国人口众多，人口红利明显，消费拉动是经济增长的重要动力，这些是优势也会形成惰性。以 AI 为例，我们在应用端方面有优势，甚至是让人自豪的优势，我们承认在基础科学方面、数据科学家的数量方面还存在很大的差距，但对这种差距的危机感会被应用优势的自豪感所淹没。NET2019 公众号连载 AI 与创业专题文章，也是想呼吁大家重视科学。科学驱动的创业本来就是重要的创业类型。在技术方面，从侧重于提高效率到关注民生的转变也特别值得注意。

最后，"三农"创业、社会创业。某些民宿的住宿价格已经超过城市五星级酒店的价格，这就是乡村创业、"三农"创业兴起的信号。2019 年国家自然科学基金重点课题指南将"三农"问题纳入资助范围的课题数量大幅度增加。这不仅是国家大力推动乡村振兴、精准扶贫、农民工返乡创业等政策的结果，也是经济、社会发展到一定阶段的产物。但是"三农"（农村、农民、农业）创业一定要考虑改革开放 40 年的发展基础，要多考虑"三农"创业的独特性和关键所在。

社会创业必将受到重视。社会创业，简单地说，是用创业机制和方法解决社会问题。什么是社会问题？我曾简单地说，是和大家都相关但具体个人又不关心的问题。既然是社会问题，就该由政府来解决，就不关企业的事情。和社会责任一样，自然就产生了冲突观（创业要追求经济效益）、先后观（用赚钱的事业养活不赚钱的梦想），我觉得现在到了一体观的阶段了。产能过剩的时代、竞争异常激烈的时代，不考虑社会效益只追求经济效益，是追求不到经济效益的！需要更多地考虑社会价值，设计社会价值前提下的经济效益，才更符合社会发展趋势。当然，也要特别注意打着社会价值的幌子使公益事业庸俗化、投资化、实用化的现象和趋势。

让赚钱的路径和手段引领社会发展

◎张玉利／南开大学

想一想下面几点：

只想赚钱，不认真研究赚钱的路径，不研究如何长期赚钱、如何让赚钱的路径和手段引领社会发展；

只愿意听观点，不愿意听和探寻观点背后的原因，纵容"标题党"；

喜欢说观点，不习惯陈述支持观点的证据；

读论文急于看结论，不愿意看结论的来源和论证过程，更不思考论文背后的设计；

……

上述习惯你有吗？

大部分人都有。不信，接下来做个练习：

请你推荐一家你认为最成功的创业企业，你会依据什么来推荐？

你是否会想到上市、成长速度、销售收入、利润、创造的就业机会、估值、市值等这些指标性的依据？这些基本上都是财务绩效、经营绩效，基本上都是果。

你是否会想到独角兽、高成长企业等这些用来描述企业高成长性的概念？

根据这样判断的结果，如果哪天你所推荐的企业衰落了、出问题了，你又有何感想呢？是否又会立即想这家企业存在的问题？几次下来，事后诸葛亮的感觉越来越强。

这说明不能单纯依据结果判断一家企业，也不能用是否盈利来判断。一家企业是否盈利，具有阶段性，还具有偶然性。大家不都说"风口来了，猪都能飞起来"吗？

接下来，我们把问题变一下：

请你推荐一家你最喜欢或最让你尊敬的创业企业，你会依据什么来推荐？

你可能还会想到绩效指标，如创造了大量的就业机会，但你还会只想到绩效指标吗？

不会！你会想这家企业创新、创造、追求社会价值，你会关注这家企业的经营管理措施，想那些你认为美好的东西，想这家企业成功的道理。

再接下来，做个尝试：

当你向别人介绍和推荐你喜欢的企业时，10分钟之内只说其特色、创新、管理等，不说或尽量少说其绩效，下次尝试将时间延长至15分钟、20分钟，你看看自己说了什么，感觉到了什么。

十一国庆节期间，我和夫人驾车去河北易县清西陵附近的听松书院。动因是之前在网上看到有关听松书院的介绍，说清华大学的一位毕业生在北京工作一段时间后，回老家在祖宅处创建了听松书院，该书院很安静也很儒雅，好奇想去体验。下了高速，在路边的餐馆吃饭，向服务员询问听松书院，对方知道而且说挺好的，进一步问为什么好，则说不清楚。饭后到听松书院，已经没有房间，在内部走动，感觉不错，除客房外，任何空间都是开放的，书架上的书还没有摆满。门口挂着接受图书捐赠和易县图书馆分管的牌子，室内布置得很舒适，坐下来翻书感觉很放松。院落外的空地种植了蔬菜，一间平房里有工人在雕琢崖柏工艺品。书院门口的墙上张贴着邀请清华大学教授举办园艺设计讲座的海报，经询问，此类讲座经常举办，而且一直是免费开放。转天到易县博物馆参观，在博物馆内有书院的工艺品展售，博物馆的服务人员很愿意介绍听松书院，赞誉其举办的很多公益活动，还特别喜欢书院办的幼儿园……没来之前，我不会把听松书院归类于农家乐，但也只是觉得它就是民宿。体验之后，我不知道该如何定义，但激发了我对"民宿"的好奇。不少实例显示，"民宿"的住宿费已经远高于大城市的五星级酒店的价格。这些并不能保证听松书院成功，但成功的概率会大一些。

说到此，相信你也能说出这样的故事。那么，我发起一个倡议：

关注创业实践，剖析创业实践所推动的管理创新，可以是新的实践探索，可以是管理变革，也可以是商业模式创新，和大家一起分享。

先看业绩，再回头找原因。这是主要的问题所在。这是一种习惯，教育也在强化这种习惯，战略研究的核心任务就是解释绩效差异的成因。最近，对共享单车ofo的剖析文章有很多，基本上都是事后回顾总结。近期读到一篇公众号文章《中国共享单车的创新在哪里？》(诸大建，2018㊀)，该文具体指出三个方面的创新：企业与消费者间的消费模式创新、企业与资本间的制造技术创新、企业与政府间的公共服务创新。这样的分析很好。既然这种创新是必要的，ofo没有尝试成功，今后还会有其他尝试，创业本来就是在尝试。至于ofo的运营和管理问题则是另外的话题。有人说，共享单车在国民素质没有达到一定程度时无法存在。前些天见到香港地区的朋友，他告诉我，在香港地区也有共享单车"坟场"。

俗话说：种瓜得瓜，种豆得豆。当然，商场的环境要复杂得多，但道理是一样的。中

㊀ 诸大建. 中国共享单车的创新在哪里？"诸大建学术笔记"公众号，2018-10-28.

国人很相信因果轮回，不忘初心也是这个道理。效果逻辑理论提出者、美国弗吉尼亚大学萨阿斯瓦斯教授指出，专家型创业者经常从手段入手，也就是从三类资源开始：他们是谁——他们的特质、个性和能力；他们知道什么——他们受过的教育、培训、专业知识和经验；他们认识谁——他们的私人网络和专业网络。这些资源是创业的最初手段。

效果逻辑的思路与先从果再找因有显著不同。效果逻辑讲究从已有手段思考可能的结果，坚持"手段－目的"导向，在面对不确定的未来时，思考如何利用可控的手段或资源积极行动，去利用不确定性。因果逻辑则坚持"目的－手段"导向，因为环境可预测，所以可以先定目标，再去组织手段、资源去实现目标。前者强调创造，而后者强调按计划走。情境不同，思路不同，并无优劣。

创业源于创新，也会推动创新。分析创业者在创业实践中所用手段和路径的创新与价值，使其传播，这样更能发挥创业的价值。

创业成长管理：应对成长中的复杂性

◎张玉利 / 南开大学

网上阅读美国时任总统特朗普于美国当地时间 2019 年 2 月 5 日晚 9 点（北京时间 6 日早 10 点）在美国国会发表的 2019 年国情咨文。他在罗列成绩时有这么一条："本届政府在短时间内削减的条例，比往届任何政府的整个任期内削减的都要多。有赖于我们历史性地减少税收和规定，大量企业正纷纷回到我们国家。"读到这一段时，我突然想起之前经常讲的"救火"问题。

创业首先是一项辛苦的活儿，中国人勤奋，中国的创业者更勤奋，美国的创业者也如此，可能世界各地的创业者都一样。美国《公司》（*Inc.*）杂志从 1982 年开始以企业过去 5 年间销售收入总的增长率为排名依据，对美国高速成长的私营企业进行排名，推出了 Inc. 500（即成长速度最快的 500 家私营企业排序的简称）。我曾经找到了进入 2001 年 Inc. 500 的企业的基本情况描述，发现进入 2001 年 Inc. 500 的 500 家快速成长企业平均增长速度为 1 933%，有 5 个企业群体的增长速度高于平均值，创业者勤奋工作对企业快速成长特别重要。

2002 年我在美国访学，读到一本书，书名是 *Growing Pains*，中文译为《成长之痛》，作者开篇即指出创业企业在成长过程中经常面临的 10 种痛处，很形象，特别契合实际。我将其翻译如下。

（1）大家都感觉时间不够，事情越干越多。企业家、各单位、各部门、个人都是如此。企业家更多地投入并陷入日常琐事之中。员工感到负担太重、压力太大而较多离职，人员流动性大。

（2）大量的时间被用于"救火"。人们利用很多的时间去处理一个又一个危机，没有时间及时做出正确的决策，组织完全陷入日常事务。

（3）缺乏协调。人们不知道自己的工作，也不知道自己的工作与别人工作间的联系，他们做他们想做或认为应该做的事情，余下的事情便认为不是"自己的职责"。结果大家都在做很多重复性的工作，而有的工作却没有人去做。

（4）缺乏被理解的发展方向。人们对公司的发展方向感到迷惑不解，不知道企业将往何处走，企业家（创业者更为准确些）成了"瓶颈"。

（5）缺少称职的管理人员。许多人都被冠以"管理者"或"经理"的头衔，但公司里称职的管理者很少。许多人认为自己有责而无权，工作人员不知道该干什么，企业借助在岗培训而不是正式的组织开发项目来提升管理水平。

（6）什么事情都自己做。大家感觉在组织系统中工作难以开展，所以干脆自己干。

（7）感觉会议是在浪费时间。由于缺少沟通和协调，事情又多，因此便召开更多的会议，会议成了大家讨论的场所。在会议期间，没有日程表，没有事先充分的沟通，无法做出决策。

（8）计划缺乏沟通，因为没有控制系统。

（9）员工的不安全感增大。企业家发现问题后，往往从外部聘请高人，组织成员看不到自己目前的工作对组织发展的价值。

（10）销量增加但利润没有增加（只见销量不见利润）。企业初创时期的销售导向还在起作用。

成长之痛来自成长，成长带来了更多的客户、更多的事务，形成了复杂性。面对复杂性，创业者本能地要投入更多的时间来应对、处理，甚至把家都安在了公司，工作时间越来越长，陷入《管道的故事》这本小册子所刻画的"拿时间换金钱"的陷阱。时间长了，创业者会因为身体的透支而无法持续，严重者会出现"成也萧何，败也萧何"的局面，有的甚至会影响家庭。这样的例子比比皆是，并非局限于创业者。

勤奋并不能解决问题，需要另寻他途。教科书的建议是加强组织建设，建立规章制度，合理分工，授权，还可以雇用职业经理人帮助处理，通过别人开展工作，发挥团队和组织的作用。此路径合情合理，但做起来并不容易。这样做会影响效率、加大管理成本，甚至开始染上官僚化等"大企业病"。更为关键的是，如果企业缺乏系统设计，遇事就制定规章制度，很快会从"工作救火"演变为"制度救火"，制度越来越多，用处却不明显。制度救火比工作救火更可怕，工作救火可以快速调整，制度有强制性、连续性和稳定性。一所大学一年内颁布校级文件过百项，每个文件要几页的篇幅，还具有强制性。大家可以想一下，哪位老师会有意愿了解这么多文件，何况还有学校上级和学院层面的文件呢。这也是我读特朗普国情咨文会产生联想的原因。

成长必然会遇到各种问题，企业成长本身就是不断跨越管理障碍的过程。伊查克·爱迪思（Ichak Adizes）的《企业生命周期》一书给我一个很重要的启发：不同成长阶段会遇到不同的问题，有些问题看似问题其实不是问题，是正常现象，犹如青春期的孩子容易叛逆一样自然。不正常现象需要防范处理，对正常现象没有必要刻意纠正，一个好的办法是用成长的方式解决成长过程中遇到的问题，也就是说，进入下一个阶段后，上一个阶段的正常问题也就消失了。这本书介绍了创业初期经常出现的正常现象和不正常现象。

企业孕育期所列举的正常现象应该不会让人感到有歧义，但婴儿期的一些正常现象就不见得被认为是正常的。比如缺乏管理深度、缺乏制度、缺乏授权、出差错，对照管理学教材，缺乏制度、缺乏授权显然是问题，是问题就应该予以解决，怎么能是正常现象呢？

实际上这真就是正常的问题，相反，过早授权、过早制定制度和流程、不容忍出差错，才真是不正常的现象。设想一下，在制度不完善、缺乏有效的控制系统的情况下如何授权？初创企业为什么不加强制度建设，不制定有效的控制系统呢？道理很简单，因为初创企业没钱，所有的钱都要用于赚钱，谋生存求发展，制度建设、控制系统会加大管理成本而且还会影响效率，这些是初创企业无法承担的。这是我在初创企业的真实感受，也让我悟出"小企业不是规模小的大企业"的道理，体会到很多管理课程知识对中小企业、初创企业并不适用，因为目前管理教材和著作多数是对工业社会企业实践创新的总结，刻画的是上规模甚至是成熟的公司管理实践，适合对职业经理人进行培训。之后与更多的创业者接触，更加验证和强化了我的判断。

采用大公司的管理模式，从职业经理人、专业化管理的角度看初创企业出现的问题，不少还真是问题。有问题就该解决，坚持正常的思维，但在行动上容易进入前面所述的"救火"模式。

有一次参加学术研讨会，席酉民老师建议大家"关注趋势而非批示"，我对此很赞同。批示往往针对当前的问题，趋势才是未来。还有一次和一位领导交流，他告诉我，解决当前问题会产生新问题，作为领导担心的是解决当前问题所产生的收益小于产生新的问题所带来的成本或损失。道理都差不多。

应对复杂性，"救火"和"用成长的方式解决成长过程中的问题"明显不同。产生差异的原因有对规律的把握不同，也有认识上的差异。

当然还有对创业实践的探索和研究。到 20 世纪末，如果翻阅中小企业管理或创业管理方面的书，经常是第 1 章讲创业或中小企业，后面的章节基本上都是在讲一般的企业管理，很少能够体现创业或中小企业的本质和独特性。现在变化很大，《精益创业》《从 0 到 1》《新企业的起源与演进》等针对性很强的书越来越多，国内的教材和著作也有了很大的进步。

能否像创业者寻找创业机会那样识别学术研究机会

◎张玉利 / 南开大学

运用创业精神和技能开展目前的工作,是我从事创业研究与教学以来一直坚持的基本观点。

对于有创业天赋的人,我当然不反对其创业,甚至觉得应该鼓励其创业,对其创业行为也要予以尊重和感谢,因为创业者在改变并且多数也是在改善我们的生活方式;对于不具有创业天赋的人,特别是大学生,我更希望其好好读书,把读书这一本职工作做好,如果连本职工作都做不好,还要去做自己不擅长的工作,不值得鼓励。当然,我承认我判断不出谁具有创业天赋,但每个人可以判断自己是否喜欢创业,是否喜欢过和过去、和别人不一样的生活。创业比就业更锻炼人,这毫无疑问。反过来说就是,创业比就业难,就业比创业容易。用创业带动就业长期有效,短期不成立。试想:就业比创业容易,就业都就业不了,怎么能创业呢?

从狭义创办企业的角度看,创业是小众行为,即使在大众创业、创业者大众化的今天仍然如此。GEM 调查的数据显示,2002 年前后,我国 18~60 岁成年劳动人口中参与(注意是参与,合伙人和创业团队成员都算)创业的人口所占比例是 12.3%,这在当年参与全球创业观察项目的国家和地区中排第 9 位;之后的几年,这一比例不断上升,曾经超过了 16%。那时有记者朋友问我这个比例估计最高能到多少?我估计不会超过 20%。现在我不知道这个比例具体是多少,但估计不会超过 20%。

从广义的角度看,创业又是大众行为,创新、承担风险、快速行动等创业的重要属性是开展任何工作都或多或少需要具备的,这就是我鼓励运用创业精神和技能开展现有工作、呼吁用企业家精神课程代替创业基础课程面向全体学生开设的主要依据，也是我结合多年的积累，从思维、行为等主题，在NET2019公众号上坚持写一些短文的原因，希望让更多的人了解创业的本质，了解创业精神的基本维度，在工作、生活中运用创业相关知识。

那么，我们如何运用创业精神和技能开展现有的工作？或者说，能否像以及怎么像创业者那样开展自己的工作？

2019年9月22日在长春参加"2019吉林大学创新创业国际会议"，我想把近期的思考和我认为值得关注的几个问题和大家分享，精心准备之后，在现场以"当前创业研究值得注意的几个方向"为题做了报告，反响还不错。其中有些内容在前面章节中做了阐述，下面我根据当时报告的内容，再结合学者发现学术机会这一主题做一些探讨。

创业者要识别创业机会。关于创业机会，学术界的研究成果有很多。创业机会是被识别的还是被创造的？创业机会是偶然发现的还是系统搜索而得的？创业机会来自哪里？这一系列问题研究起来都很费力。在日常生活中，创业者经常展现即兴而作，创业机会来自德鲁克所说的意想不到的事件，属于偶然发现而不是系统搜索而得（系统搜索类似于学者进行周密细致的文献研究）……创业者需要识别创业机会，类似地，从事研究工作的学者也要找研究方向。找研究方向很不容易，要承担很大的风险，那么我们能不能像创业者寻找创业机会那样识别学术研究机会呢？

我觉得我是这样做的。当年写博士论文时，导师陈先生要求博士生要研究空白点，我在看世界竞争力报告时发现，世界竞争力排名靠前的多是小的国家或地区，这和当时以国力等总量指标为主的排名截然不同，这正是促使我以"小企业竞争力"为题撰写博士学位论文的主要原因。后来我关注创业也主要是因为看到公司创业、社会创业等词汇，打破了已有"创业主要是个体户的事情"的认知，觉得创业研究有广泛的空间，因为公司和社会都可以创业。

也许这就是我的习惯，我习惯于从特别刺激我或者说颠覆我以往认识的因素判断我想关注的方向。我举三个例子来说明我的判断。首先是农村创业，我觉得这是很好的研究方向，理由是民宿的价格超过五星级酒店的价格，城市越来越雷同，但乡村是独特的，比如剑门关天下只有一处。改革开放初期，我国的创业和民营经济发源于社会边缘群体，我觉得现在农村的创业者一定不是农村的社会边缘群体，而是农村的能人，农村创业者群体一定是很有意思的研究对象。

第二个例子是社会创业。我相信创业者（包括一般意义的企业经营者）需要越来越重视社会价值，理由很简单，改革开放40年，生产力得到了极大的释放，短缺的时代基本过去了。这会极大地改变商业规则。20世纪80年代初期，物质极度短缺，重视质量的意识很超前，现在不能保证产品质量还做什么生意？工匠精神变得有竞争力了。不管是否出于真心，重视社会价值一定是越来越多的企业选择。我到企业参观能够明显地感受到，不管企业规模大小，都注意展示本企业是如何重视并实际承担社会责任的。两年前我就觉得该呼吁经济效益和社会价值融合，而不再坚持"先后观"或"交替观"。前段时间看到美国一些企业联合发布"公司的目的"声明，强调公司的目的是追求社会价值而不应局限于股东利益最大化，就更加强化了我的认识，进而在原来有关经济效益和社会价值的PPT上做了补充。

第三个例子有关公司创业。尽管10多年前看到公司创业的研究刺激了我，但我总是认为大公司开展创业活动是为了克服"大企业病"，是被动行为。一段时间以来，我经常跑企业，我听到不少大公司的管理者谈论创业的好处，我感受到他们是发自内心的。我认为他们不是为了克服"大企业病"而被动创业，创业是其主动的行为。这一点非常重要，因为一旦大公司主动创业，创业也就真的进入社会主流了。针对个体创业者的创业，机会、资源、创业者是基本的要素，高度资源约束自然是创业的基本情况，那大公司创业呢？资源高度约束还会是主要的特征吗？我以前总说创业热潮源自从工业社会向信息社会的转型，现在我感受到转型基本结束了，我们真的进入信息数字经济时代了。

基于这样的认识，我建议年轻学者在夯实基本研究训练、在扎实的文献研究的基础上，一定要深入社会，相信会更好地发现研究问题，改变从文献到文献和练习题式的实证研究，从国家和企业需求的角度出发开展微观研究。我认为这是方向，尽管这样做很难。

创业教育的"ASK-DO"学习模式

◎张玉利／南开大学

作者综合10多年来的创业研究成果与教学实践，提出了"观念、知识、技能和行动"框架，并构建了"改变观念（attitude）、培养技能（skill）、掌握知识（knowledge）、付诸行动（do）"的"ASK-DO"模式，即在创业教育工作中注重培养学生树立用创业精神开展工作的意识；认识创业活动的内在规律；掌握企业家和创业者所特有的技能与素质；在行动上体现创新性。

——《创业管理》（张玉利等编著，机械工业出版社）教材封底文字

就学习而言，总结比记录或记忆更重要！我上课时经常在课程介绍阶段和同学们分享ASK-DO，建议大家对所修的课程或所听的讲座从这四个方面进行总结。改变观念了吗？学习到新知识了吗？觉得应该掌握什么新技能吗？有采取行动的冲动吗？下面我分享一下我对ASK-DO的理解，希望对创业教育和提高学习效果有帮助。

1. 转变观念或态度

A（attitude）可以是观念，也可以是态度，今天还可以升华到思维、认知、心智模式等。选择这个英文单词，主要是为了组合出ASK，以坚持问题导向。

请看下面两个公式：

$$价格 = 成本 + 利润$$
$$利润 = 价格 - 成本$$

这两个公式在数学上含义相同，在经济意义上则差别很大。前者属于营销中的成本加成定价，价格不能低于成本，否则"赔本赚吆喝"。为了显示成本的精确计算，很多商品在定价上都采取尾数定价，如一支笔售价 9.98 元。买菜时，如果我们遇到摊主说"进价高，没赚钱"，往往就不好意思讨价还价了。后者是竞争定价，此时价格是给定的，想赚钱吗？降低成本去！打火机、以前的冰棒，都属于这样的商品。

观念的转变非常重要。半杯水，有人认为半空，有人认为半满，各自的观念不一样！热带荒岛上的居民不穿鞋，有人认为鞋在这里没有市场，因为居民不穿鞋；有人则认为鞋在这里有巨大的市场，因为居民还没有能够穿上鞋。这个故事是我上本科时，市场学教授李景泰先生讲的。

看文章、读书、听课，如果自己的观念受到刺激甚至改变，这应该是很大的收获。改变观念，别有洞天！

NET2019 公众号的"原创文章"主要希望发挥这样的作用。

2. 学习新知识

K（knowledge）是知识，也可以说是理论。在中国，理论常常被神化，一说到理论，人们往往本能地认为是我们这些教授的事，与实践距离遥远，甚至内心认为理论都是一些花架子，没什么用处；在美国，理论往往被泛化，会时不时地冒出一些理论来。

简单地说，理论就是经过验证的要素之间的因果关系。举几个例子：人的行为产生于需求，或者说需求决定行为，这就是需求理论，更直观地讲是条件反射理论；战略中的核心能力理论、资源基础理论都在解释竞争优势的来源，都在研究什么影响甚至决定竞争优势，用以解释公司绩效出现差异的原因。想想这些，我们每个人是不是都会知道不少理论？

当然，要素之间存在因果关系也不是绝对的。在管理实践中，说什么一定导致什么，多数都不对。因果关系也因人、因地、因时而异，多数只是一般规律，我们还是容易找到特例的。例如，根据双因素理论，工资收入是保健因素，发了工资也不会产生激励作用，因为工资本来就该发，不发工资员工就要抗议，麻烦就大了。但是，对于一家常年发不出工资的单位来说，发工资难道还是保健因素而不是激励因素吗？理论要具有普适性，但绝大多数管理理论都是有条件的普适性。管理科学更多地具有社会科学的属性，不像物理学那样确定。

尽管如此，我们还是要多积累理论知识。管理知识也是人们长期积累的结果，对实践当然有指导意义。试想，你做什么工作离得开计划、组织、领导、控制？而且，越是偶然性、不确定性的活动，就越需要加以研究，因为针对这样的活动，积累的相对成熟的理论少。创业就是如此。

3. 学习新技能

S（skill）是技能。提升技能当然重要，这是长本事的重要手段。我认为技能可以简单地分为两类：一类是基于天赋、特殊经历的技能，这类技能不是不能学习，而是很难学，可能需要磨炼；另一类是基于知识、经验、理论的技能，这类技能相对容易掌握，也是教育能够给予的。现实中，人们多喜欢前者，忽视后者。

以前看过一本官场小说，里面描述了下面这样一个故事，具体出处不好查，但令我记忆深刻。

有一位负责任的县长通知大家第二天早上八点要开一个非常重要的会议，会议由县长本人主持，都不能迟到。县长本人很重视这次会议，晚上到家早早睡觉，并设置闹铃提醒，比以往早 20 分钟出发，以便能够提前到达会场。不巧的是，路上出了问题，他没能准点到达，反而要迟到 5 分钟才能到会场，此时参会人员都已经在会场等候了。他当然不想迟到，但还是迟到了。假设你是这位县长，此时你该怎么做？我曾经和大家讨论过，有的说通知会议延后，有的说通知大家先看材料，有的说县长应赶快进入会场向大家道歉并开会……实际情况呢？县长什么也没做，他到了自己的办公室，沏茶、抽烟，晃悠了 15 分钟，将迟到 5 分钟变成了迟到 20 多分钟。而后进入会场，表情严肃，不做解释，开会，会场很快就安静下来。

当然，我相信这是一个虚构的故事。这么重要的会议，迟到 5 分钟，怎么解释都是迟到。迟到 20 分钟，就超出了大家的想象，这不是迟到，一定是县长遇到了比这个重要的会议更重要的事情要处理，而且县长没有解释，就意味着这更重要的事情不可问。

尽管不值得效仿，但这的确是技能，而且这是多数人不能模仿的技能。明知道说谎仍能面不改色心不跳，你能做到吗？！

关于道和术，当然道更重要，但多数人喜欢术。MBA 缴纳了学费，就想来学校学习怎么赚钱而且要赚大钱。学校没有这个本事，而且学校也不是培训咨询机构，MBA 来学校要学理论，提升基于理论和知识的技能。

这也是我们在 NET2019 公众号设置"经典重温"栏目的原因，不少朋友可能觉得内容过于学术化，建议你别排斥，抽空读读，会有收获的。

4. 去实践

DO 是实践，是做。行动胜于一切！这也是创业者的习惯。1996～2002 年，我受聘在摩托罗拉公司内部大学（MU）授课，讲授管理基础和项目管理两门课程。授课要用 MU 提供的教材，MU 还给我们提供了教学手册和胶片（初期还没有 PPT），我记得上课先要放的胶片上写了四行字：

You hear, you know.（听到知道）

You see, you believe.（看到才信）

You do, you realize.（做才有感悟）

Learning by doing!（从做中学！）

我不赞成不能引发行动的励志报告。我读过《谁动了我的奶酪》，虽受其刺激，但想想干不了什么。后来读到的《管道的故事》，启发我可以建自己的"管道"。毕竟，学习最终要落实到行动上才有意义。

问题导向：重要但难以培养的技能

◎ 张玉利 / 南开大学

提问，谁不会？小时候总问问题，哪个孩子没有"十万个为什么"？的确，孩子愿意问问题，长大了就不愿意问了。爱因斯坦说："问题的形成往往比问题的解决更重要。"德鲁克说："最重要、最艰难的工作从来不是找对的答案，而是提出正确的问题。因为世界上最无用，甚至最危险的情况，就是虽然答对了，但是一开始问错了。"有人说，创新者总是质疑常识，创新者将世界看作一个问号，总是在不断思考。

研究型大学一定会坚持问题导向的教学与科研，问题导向的学习与研究一定是创新型人才的主要特征和技能。从管理问题中挖掘科学问题是管理研究的基本要求。

你可以做个小测试：询问你的伙伴，"你最近在研究一个什么问题？"我相信在多数情况下，你的伙伴都会以一个陈述句作答，比如"我在研究饮食与肥胖的关系问题"。而很少有人会告诉你一个问句，如"我在研究饮食与肥胖有关系吗"。你可能觉得这没有什么差别。其实差别很大！陈述句隐含的假设和认识是饮食与肥胖有关系，这等同于认定二者之间有关系，研究工作是验证关系；问句则并不预设饮食与肥胖之间有关系，探究的意味更浓。

如果你认为自己善于发问，那你能够经常以一句话提出问题而不拖泥带水吗？你能问出正确的问题吗？

下面我引用《创新者的基因》一书中有关提问的一段话来说明人们为什么不提问。

你为什么不提问题？

你为什么不提问题？主要有两大障碍：①你不想让自己显得很傻；②你不想让别人觉得自己不合作或唱反调。从小学时代开始，我们就在面对第一个阻碍。我们不想在朋友和老师眼中显得很傻，一味保持安静就不会犯错。这样一来，我们就学会了不问破坏性的问题。不幸的是，这一模式一直阴魂不散，我们成年之后还是无法摆脱。

第二个阻碍是不想让人觉得自己不合作，甚至不敬。易趣的创始人奥米迪亚承认，有时候当他质疑别人的想法或观点时，别人会觉得他不尊重人。

怎样才能克服这两个阻碍呢？一个创新者给出如下的建议："我提问之前，总是会先说，'我接下来要问一些傻乎乎的问题，搞清楚事情为什么是现在的样子。'"他说，这可以帮助他投石问路，看看是否可以问一些基本的（看似很傻）问题，或是否可以质疑现状（同时又不会显得很不合作）。但是任何人都会面临一个共同的挑战，那就是我们是否有勇气，是否勇敢到能说出："等一下，我不懂，为什么我们一定要像现在这样做？"

我们的问题看似是"你愿意让自己显得很傻吗"，而实际上，这背后有一个更有力的问题，那就是"你是否有足够的自尊自信，让你能够谦虚地提问"。伟大的发问者都有很强的自尊心和自信心，同时能够谦虚地向他人学习，甚至向学识不如自己的人学习。

一旦你学会了提问题，能够提出切题的、合适的、有价值的问题，你就已经学会了学习，此后再也没有人能够阻止你学习任何你需要知道的知识。

我用上述这几段文字作为引子，简要地说明问题导向的重要性。建议大家再读一读《管理科学学报》2019年第5期发表的两篇有关问题导向的文章（这是一组文章）：第一篇是南京大学盛昭瀚教授的文章《问题导向：管理理论发展的推动力》，第二篇是现任上海财经大学常务副校长徐飞教授的文章《管理理论研究中"问题导向"之问题》。

我个人受益于问题导向。我认为，不能提出科学问题（我个人认为科学问题没有固定的标准，也没有止境，需要不断追问），至少要能关注反差大的问题，比如多数成功创业者都经历过挫折甚至失败，对创业来说，失败是大概率事件，那么多有创业失败经历的人，为什么只有少数人连续创业并获取成功？失败经历如何转化为创业能力？反差大的问题相对容易激发起兴趣。我鼓励博士生也包括我自己，关注那些熟视无睹的问题，关注有气势的问题……

基于这样的认识和习惯，看到《管理科学学报》上这组有关问题导向的文章，我就被其吸引了，并急于和大家分享。文章有些长，目前没有时间阅读的话，建议大家可以先收藏下来，有时间慢慢读。

参考文献

戴尔，葛瑞格森，克里斯坦森. 创新者的基因 [M]. 曾佳宁，译. 北京：中信出版社，2013.

创业基础应该包含哪些内容

◎张玉利／南开大学

近来总在思考这个问题，《创业管理》教材自 2008 年出版以来，2013 年出版了基础版，2016 年修订出版了第 4 版，2017 年出版了行动版。依据时间周期，我们又开展了修订工作。此次对于《创业管理》教材第 5 版的修订工作，经过认真思考，我们决定从基础版的修订入手，先修订基础版，再修订全本《创业管理》教材，努力解决"基础版不够基础"的难题。

第 4 版及之前的修订工作是这样进行的：先修订《创业管理》全本教材，在修订后的全本教材基础上，在内容甚至章节上进行压缩、精简，力争突出基础课程的要求，使基础版基本上成为全本的压缩和精简版。全本教材始终坚持和保留研究型教材的特点，及时反映创业领域的最新研究成果和实践界的动态；基础版偏重于教学型的教材，追求基础，篇幅上适应每周 2 学时的教学要求，也呼应教育部关于面向全体学生开设创业基础课程的号召。行动版是配套教材，是一系列具有迭代性质的团队练习或个人训练。

何谓基础？这个问题挺难回答。基础不见得就简单、篇幅小、容易。工商管理学科由于其实践性、艺术性、交叉性等学科特性，不容易在难度和层次上有明显的区分，但大家又在努力做出区分。以管理学课程为例，面向本科生开设了《管理学概论》或《管理学基础》，面向研究生开设了《管理学研究》，面向博士生开设了《高级管理学》，这样在名称上刻意做出区分的例子很普遍。假设一门课程的内容有 10 点，本科生只讲 5 点，硕士生和博士生不断增加内容，显然也不是好办法，甚至不合理。

但我们的确又需要考虑和讲授创业基础！

这几年中央和各地政府都在大力推动双创——大众创业、万众创新。对于大众创业，我理解的指的是创业者队伍大众化，是属性不是数量。据工商总局统计，2015 年我国每天新增注册企业 1 万家，2016 年达到 1.2 万家，2017 年达到 1.5 万家。改革开放 40 多年来，以个体和私营经济为主体的创业活动从无到有，我国的民营企业近 2 500 万户，其作用和贡献可以用 5 个数字来概括，就是"56789"："5"是民营企业对国家的税收贡献超过 50%，"6"是民营企业的国内生产总值、固定资产投资以及对外直接投资均超过 60%，"7"是高新技术企业占比超过了 70%，"8"是提供的城镇就业超过 80%，"9"是民营企业对新增就业贡献率达到了 90%。创业者群体也从改革开放初期的"社会边缘群体"到 20 世纪末的"精英群体、海归创业者群体"并进一步向大众化群体演变。创业者群体的确大众化了，不再是社会边缘群体或精英这样两极化了，人人都可以创业的时代来临了，但创业者群体在数量上、在占人口的比例数字上，仍然是小众。美国弗吉尼亚大学萨阿斯瓦斯教授把创业教育对象区分为天生的创业者、天生的非创业者和一般大众，后者占人群的大多数，这些人在某种条件下就有可能成为创业者而在其他条件下则不会，比如降低这大多数人的创业障碍，让他们了解创业知识，掌握创业技能，这些人就有可能去创业，这是我们创业教育的主要对象。萨阿斯瓦斯教授的这个分类也说明了创业者可以大众化，创业可以是普通人开展的职业活动。

既然创业者群体能够大众化，就应该也值得开展普及性的创业教育和创业培训；同时又由于创业者在数量上和人口比例上是小众，那就不能讲授只适合于小众的内容，而应该讲授基础，围绕基础培训。

1886 年《英国机械工程师学会学报》上发表了亨利·鲁滨逊·汤恩（Henry Robinson Towne）的《工程师也是经济学家》一文，强调工程师应该关心经济效益，汤恩呼吁工程师也应该学习经济学。同理，在信息社会的创业时代，自我实现的机会增多，人类从来没有如此方便的条件来实现自己的创造愿望，更多的人掌握创业基础显然是好事。

如何才算基础？大家各自理解，各自探索。

一种做法是介绍创业的关键影响因素、企业的创建与初期生存发展过程中经常面临的一些问题，这种做法主要源于教育部 2012 年发布的《教育部办公厅关于印发〈普通本科学校创业教育教学基本要求（试行）〉的通知》及其所附"创业基础"教学大纲。该大纲在教学内容上设六部分，分别是创业、创业精神与人生发展，创业者与创业团队，创业机会与创业风险，创业资源，创业计划，以及新企业的开办。这些内容是创业的基础，是针对狭义的创业教育而言的，是较明确的"开店式""创建企业式"的创业教育。如果我是一位广义创业概念的信奉者，把开拓新事业、公司创业都认为是创业，但并不见得一定要注册公司才叫创业，这些内容有的就不适合我。

这样的探索不仅涉及狭义广义问题，还容易引发专业教育与创业教育的融合问题。有些做基础科学研究工作的人，有些主要从事自然科学研究的人，尽管他们的研究成果今后有可能转化为创业项目，但短期与狭义的创业真看不出有什么关联。让他们去学创业基础课程，的确不合适。对此，我想过很多，觉得共性是创新。创新在任何学科、任何工作领域都会被触及，大众创业强调创业者群体可以大众化，万众创新的万众绝对指的是数量多。我还鼓励同学们跨学科交流，了解离自己专业特别远的专业，了解那些专业的人如何开展创新，如何追求创新。我自己也身体力行，看历史学的书，找艺术系的教授了解他们如何授课、如何教学生画画，找医学院的教授了解他们如何带领学生实习。

创业的本质是创新！创新引领创业！创新的确是基础，一直是人们重视的内容。试想，哪个领域会规避创新呢？创新一直受重视，没有必要因为"双创"政策而更加受重视。结果是，面对"双创"教育的要求，有人用学科前沿讲座这类课程代替创业创新课程，有人把实验室开放，有人鼓励研究实践中发生的真实问题，用创新的办法解决社会需求问题，我们也不能说这样做没有道理。侧重于创新，探索开展"双创"教育路径、形式、方法的创新，效果也不错。但这类探索不会深入钻研创新理论，这样的话又不够基础了。把创业基础定位于创新似乎也不够科学。

把企业家精神或创业精神作为创业创新教育的基础，我倒是很赞成，前提是不能把企业家精神空泛化、教条化、口号化、政治化。2019 年 1 月 2 日，NET2019 公众号在《创业是一种机制》文后推荐了"哈佛商业评论"公众号的一篇文章《创业精神是一种综合的管理理念》，值得再看看。我呼吁将开设创业基础课程的创业教育深化普及为侧重企业家精神的双创教育。

经过反复思考、比较，结合我们连续多年在暑期举办的创业师资训练营等其他活动中的收获和感受，在《创业管理》第 5 版（基础版）的修订工作中，我把基础定位于：改变自我！改变学生和读者的自我认知与心智模式，基于创业的基础知识，结合创业情境的实用 / 适用工具，树立和强化创业思维，熟悉和深刻理解创业行为逻辑，敢于挑战和超越自我——这或许也是创业教育最大的价值所在！

突出企业家精神，深化创业教育

◎张玉利／南开大学

教育部2012年颁布《普通本科学校创业教育教学基本要求（试行）》，国务院办公厅2015年印发《关于深化高等学校创新创业教育改革的实施意见》，各地也陆续出台了一系列文件，进一步推动了高校创业教育工作。目前几乎所有的高校都或多或少地开设了创业课程，有的学校包括部分双一流高校已经开始面向全体在校学生开设创业课程，创业课程教学基本普及了，也产生了显著的效果。中国人民大学2018年1月发布的《中国大学生创业报告》显示，近90%的大学生对于创业都有着不同程度的意愿，26%的在校大学生有强烈或较强的创业意愿，3.8%的学生表示一定要创业，43.6%的学生认为创业是开创一份新事业。如果从1997年清华大学开展创业竞赛算起，高校的创业教育已经经历了20多年的历程，该总结、深化、提升了。

我国高校的创业教育热潮从表面上看是由政府推动的，实质上顺应了社会转型和技术进步。20世纪七八十年代，信息社会已经基本成型，工业社会向信息社会的转型势不可当，这是形成全球性的创业热潮的根本原因。工业社会时代，规模经济、稳定性、连续化生产等是竞争优势的主要来源；进入信息社会，速度、创新、个性化等成为关键。互联网的普及、人工智能、商业模式创新，新技术带动新的商业业态、新的产业、新的商业模式出现，更孕育了年轻人的创业潮。政府倡导的"大众创业、万众创新"，高校大力推动的创业教育，顺应了时代发展。大众创业、万众创新，不仅体现在"双创"方面，更带来了"双众"，创业者群体的确大众化了，创新也远远地超出了技术的范畴，商业模式创新就是实例。

这些年，我走访了不少高校，参加了很多有关创业教育的研讨会，参与了教育部

2012 年文件的论证起草工作，参与了国务院办公厅的文件论证工作，并且在创业教育师资培训方面也做了很多工作。据我了解，各校开展创业教育的形式不同，开设的课程也五花八门，但主题都落实在了新企业的创建上。尽管大家基本认同创业有狭义和广义之分，新企业创建只是狭义的创业，广义的创业是开创新事业，但南开大学的创业研究团队基于大量的研究，把创业界定为"资源高度约束、不确定性强前提下的假设验证性、试错性、创新性的快速行动机制"。实际的创业教育关注企业创建的原因是企业创建有抓手，相对容易讲授，不空洞，也容易把握。各校在总结创业教育效果时也愿意用学生创建企业数量、参加创业竞赛获奖等来衡量，与科研工作重点考核论文一样。

这并不是错了，但不能只停留在这个层次，创业的本质是创新，创业教育要立足于创新型人才培养，要紧扣立德树人这一根本。我建议：在继续开设创业类课程、提升创业类课程教学的针对性和科学性的同时，开设企业家精神方面的课程，强化企业家精神教育。企业家精神不强的创业活动尽管成功也不可能是高质量的创业活动，企业家精神强的创业活动尽管失败也会是高质量的创业活动，创业活动的质量不能用创新程度、投资多少、挣多少钱来衡量。具体理由如下。

第一，强化企业家精神应该是高校创业教育深化和升级的重点。大学生的数量在增加，但创业质量不高，创新性不强。有的教授干脆直接呼吁：大学生创业，请给农民工留口饭吃！与前几代创业者不同，现今的创业者群体的确大众化了，创业成为青年人包括大学生的职业选项，大学生的创业数量在增长方面还有空间，社会各界还需要投入更大的精力支持大学生创业，同时提升大学生创业质量也需要提到日程。而要提升大学生创业质量，要优先强化大学生的企业家精神，要引导大学生把创业动机定位于为社会做贡献，为社会创造价值，为人类生活更加美好而贡献力量，通过贡献赢得尊重，获取收益。这样的动机有助于大学生创造性地解决问题，把社会价值和经济效益更好地融合起来。

第二，强化企业家精神教育更有助于从源头提升创业质量。2017 年 9 月，中共中央国务院发布了《关于营造企业家健康成长环境弘扬优秀企业家精神更好发挥企业家作用的意见》，引起社会各界的广泛关注。自中华人民共和国成立以来，这是首次将企业家写入中央的文件，具有重大的历史和现实意义，该意见的发布在社会掀起了弘扬企业家精神、重视企业家作用的热潮，一些省市也结合本地实际出台了具体的措施。文件界定了企业家精神的时代内涵：创新发展、敢于担当、专注品质、追求卓越、诚信守约、履行责任、艰苦奋斗、爱国敬业、服务社会。有企业家精神并表现出强烈的创新、承担风险与推动改革发展行为的企业经营者、创业者、高级管理人员都可以被称为企业家。企业家并不局限于创业者，但企业家群体中创业者比例最大，主要因为创业情境更有助于培育和强化企业家精神。企业家精神培育需要也应该和创业结合起来，进而解决大学生为什么创业、创什么样的业等问题。

第三，强化企业家精神教育更有助于创新型人才培养，并长期服务于国家创新驱动发展战略。企业家精神并不局限于新企业的创建。随着社会的进步，科技创新的任务也在发生变化。有人统计，人类 80% 以上的科技发明与创新都是为了提高效率，今后会更多地向民生、健康、生活质量改善等方面倾斜，国家重视环境保护、注重可持续发展都给出了清晰的导向。在科学研究阶段，科学家与企业家结合有助于改善产品创新体系和品位；在工程制造阶段，工程师和企业家结合有助于优化产品的制造体系和品质；在商品化阶段，经营团队和企业家结合有助于产品的市场表现和利润。与创业相比，企业家精神教育的覆盖面更宽，更有助于强化素质教育，强化创新意识和社会责任，更适合于在普及企业家精神教育的基础上开设创业课程，更有助于培养创新型人才。

企业家精神方面的课程不同于思想政治课程，更不是单纯的励志，需要为"创新发展、敢于担当、专注品质、追求卓越、诚信守约、履行责任、艰苦奋斗、爱国敬业、服务社会"这些有关企业家精神内涵提供科学的依据，探索出强化和培育的路径，需要实际的案例支持。

建议吸收学者、企业家、政府官员组成专门的工作团队，专门研究、设计企业家精神方面的课程，把中央文件具体落实到教学工作中，力争早日率先在国内开设出相关的课程。教育系统牵头，有利于推动。当然，民间推动也可以，如果大家认同的话。

附：作者参与《关于营造企业家健康成长环境弘扬优秀企业家精神更好发挥企业家作用的意见》文件的论证解读及后续撰写的论文如下：

1. 参与论证国家发改委组织编写的《关于营造企业家健康成长环境弘扬优秀企业家精神更好发挥企业家作用的意见》的文件，获得肯定，南开大学收到感谢信。

2. 受邀解读《中共中央国务院关于营造企业家健康成长环境弘扬优秀企业家精神更好发挥企业家作用的意见》（2017年9月8日）文件并有以下文章被发表：

（1）张玉利. 让优秀企业家精神代代传承 [EB/OL]. 光明日报，2017-09-26，http://news.gmw.cn/2017-09/26/content_26332214.htm.

（2）Zhang Yuli. Government Supports Entrepreneurship[J]. China Daily, Updated: 2017-09-27.

（3）新浪财经. 保护企业家合法权益，弘扬优秀企业家精神 [EB/OL]. http://finance.sina.com.cn/roll/2017-09-27/doc-ifymfcih6249690.s html.

（4）张玉利. 弘扬优秀企业家精神 更好发挥企业家作用 [EB/OL]. http://www.l318.com/detail/17/926/1j814w0j1.html.

（5）张玉利. 保护企业家合法权益，弘扬优秀企业家精神 [N]. 第一财经日报，2017-09-27，第11版.

（6）接受采访："企业家吃上法制建设'定心丸'" [N]. 人民日报·海外版，2017-10-20，第3版.

3. 张玉利. 弘扬优秀企业家精神需多方面努力 [N]. 经济参考报，2018-06-25.

4. 张玉利，谢巍. 改革开放、创业与企业家精神 [J]. 南开管理评论，2018，21（5）：4-9.

5. 张玉利. 容错机制与激发保护企业家精神 [J]. 社会科学辑刊，2019（1）：71-78.

6. 孙黎，朱蓉，张玉利. 企业家精神：基于制度和历史的比较视角 [J]. 外国经济与管理，2019，41（9）：3-16.

致　　谢

本书得益于国内同行的共同努力和集体智慧。共计20所国内知名高校的40余名学者和研究生参与了本书内容的研究与撰写工作。除了两位主要作者外，提供内容并入选本书的作者包括：北京林业大学李华晶教授、浙江大学杨俊教授、上海大学于晓宇教授、安徽财经大学郝喜玲副教授和涂玉琦博士、吉林大学李雪灵教授、中国海洋大学李志刚教授和杜鑫博士、山东大学刘振副教授、广州大学罗顺均副教授和周翔助理教授、深圳大学潘燕萍助理教授和王青博士、南开大学吕峰副教授、浙江财经大学戴维奇教授、东南大学杜运周教授、吉林大学葛宝山教授和赵丽仪博士、天津大学郭峰助理教授、汕头大学梁强教授、天津中医药大学宋正刚副教授、南开大学田莉教授、浙江大学邬爱其教授、浙江工商大学项国鹏教授、华南农业大学杨学儒副教授、吉林大学尹苗苗教授、东北财经大学尤树洋副教授、浙江大学张慧玉教授、吉林大学朱秀梅教授、哈尔滨工业大学邹波教授和郭津毓博士、天津大学刘依冉助理教授。燕山大学靳秀娟、刘丽娟和张晓宏三位博士以及研究生田志凯、毛彦丽、李金霞、常晓兰、杜雪晴、马金月、李琪琪、侯瑜静、王静怡参与了初稿的撰写，靳秀娟博士和涂玉琦博士还参与了书稿的编辑工作。

本书的文章全部首发于NET2019公众号"观点思想"栏目、"创业类型解析"专题和"不确定性"等多个专题。我们在组稿过程中与各位作者沟通了文章定位、写作要求，作者们积极响应，并对稿件进行了持续的修改完善，确保了稿件的质量。在此，我们衷心感谢各位作者的精心准备，作者们认真负责的态度、乐于分享的学术精神以及对相关议题的深刻理解和洞察，令我们印象深刻。同时，感谢各位作者对NET2019公众号的大力支持，作者们的积极参与和无私分享，使NET2019这一聚焦创新创业协同创新的学习和交流平台快速成长为国内创新创业学者、教育者和实践者的重要精神家园，本书就是各位作者通力打造的集体智慧的结晶。

在本书的形成过程中，除上述作者的辛勤付出和富有价值的贡献之外，我们也得到了众多国内外同行和相关机构的大力支持与帮助。通过为我们提供选题建议，参与文章讨论与转发，对相关文章进行转载，同行和相关机构提供的各种帮助扩大了文章的受益面，也有助于实现我们的初衷，在此一并表示衷心感谢！最后，本书的顺利出版离不开机械工业出版社华章分社吴亚军老师、施琳琳老师以及各位编审老师在审校、出版过程中给予的大力支持和各种帮助，在此一并致以诚挚的谢意！

张玉利　张敬伟

2021年2月于南开园